김병옥 목사 자서전(참회록)

기죽지 않고 사는법

가난해도 실패 했어도 기죽지 말고 힘차게
살자고 외치는 김병옥 목사의 자전 에세이!!

김 병 옥 지음

도서출판 조 은

자서전(참회록)을 쓰게 된 동기

자서전은 주로 정치인 혹은 크게 성공하거나 유명한 사람들이 쓰는 것으로 알려져 있습니다. 저는 작은 성공도 이루지 못한 시골 조그마한 교회의 담임목사입니다. 하지만 저의 실패한 이야기나 죄를 짓고 수치를 당했던 이야기가 어떤 사람에게는 위로가 될 수도 있음을 생각하고 용기를 내어 글을 쓰게 되었습니다.

죄 많고 보잘 것 없는 저 같은 사람에게도 자서전을 쓸 수 있도록 "자서전 쓰기 프로그램"을 만들어 주신 영양공공도서관 관계자 분들과 10주(20시간) 동안 강의해주신 시인 이동백 선생님께 깊이 감사를 드립니다.

성공한 사람들은 성공한 이야기를 쓰겠지만 저는 죄를 짓고 실패한 것밖에 없으니 그러한 이야기를 쓰도록 하겠습니다. 그런데 사람 보기에 성공한 것처럼 보여도 하나님 보시기에는 실패한 사람이 있습니다. 반면에 사람 보기에 실패한 것처럼 보여도 하나님 보시기에 성공한 사람이 있습니다.

저는 어느 날 교회를 부흥시키려고 아무리 애를 써도 교회가 부흥이 되지 않아서 크게 낙심하고 탈진상태에 이르렀습니다. 그 때 기진맥진한 모습으로 성경 요한계시록을 읽다가 이 말씀을 읽고 큰 위로를 받았습니다.

〈계 2:9〉 "내가 네 환난과 궁핍을 알거니와 실상은 네가 부요한 자니라. 자칭 유대인이라 하는 자들의 비방도 알거니와 실상은 유대인이 아니요 사탄의 회당이라."

저는 개척교회를 4번씩이나 하면서 많은 환난과 궁핍을 겪었습니다. 하지만 하나님께서 저를 영적으로 "부요한 자"라고 칭찬해 주시는 것 같았습니다. 그리고 이어서 요한 계시록 3장 8절 말씀도 제에게는 큰 위로가 되었습니다.

〈계 3:8〉 "볼지어다. 내가 네 앞에 열린 문을 두었으되 능히 닫을 사람이 없으리라. 내가 네 행위를 아노니 네가 작은 능력을 가지고서도 내 말을 지키며 내 이름을 배반하지 아니하였도다."

저는 성도 2명이 출석하는 조그만 시골 개척교회를 섬기는 목사입니다. 그래서 능력이 작다고 말할 수 있습니다. 그런데 저는 작은 능력을 가지고서도 전도하라는 말씀에 순종하여 전도지를 제가 직접 만들어 종종 길거리에 나가서 노방전도를 힘쓰고 있으니 나도 천국에 가면 빌라델비아 교회 담임 목사님처럼 예수님께 칭찬들을 수도 있겠구나! 하는 생각으로 큰 위로가 되었습니다.

아무쪼록 저의 초라한 글이 가난하고 실패한 자리에서 힘들어 하시는 분들에게 그리고 조그만 교회를 섬기시는 목사님들이나 성도님들께 작은 위로가 되었으면 합니다.

2018년 12월 25일

김 병 옥 목사

추 천 서

김병옥 목사님은 자서전 조차도 '기죽지 않고 사는 법' 이란 제목으로 출간할 정도로 수줍음이 많은 목사님입니다. 60이 다 된 나이에 목사안수를 받으실 때 눈물을 흘리던 모습을 잊을 수 없습니다. 전도사님으로 오래 계시다가 인생의 후반기에 목사님이 되셨고, 경북 영양이라는 시골의 작은 목회지에서 하나님의 선한 목양사업을 맡아 묵묵히 담당하시는 목사님은 이 시대의 살아있는 성자이십니다.

김병옥 목사님이 자서전에서 밝혔듯이 그 분의 목회는 물질로 하는 것이 아니요, 그 어떤 세상 권세로 하는 목회도 아닙니다. 오직 순수하게 하나님만 의지하며 그야말로 '기죽지 않고' 담대히 나아가는 모습은, 이 분이 청년이 아닌가하는 신선한 충격을 주고 있습니다. 목사님의 자서전 구석구석에 녹아 있는 순수함, 소박함, 어쩌면 어린아이와 같은 그 믿음, 그 천성 그대로의 모습은 하나님이 크게 기뻐하시며 큰 상을 내리실 성품 바로 그 자체 입니다.

성경 눅 18:17절의 '내가 진실로 너희에게 이르노니 누구든지 하나님의 나라를 어린 아이와 같이 받아들이지 않는 자는 결단코 거기 들어가지 못하리라.' 는 말씀처럼, 세상에 많은 목사님들이 계시지만 이 분처럼 순수하고 진실되며 숨김없이 '기죽지 않고 사는 법' 을 명쾌하게 만 천하에 증언하는 목사님은 드물 것입니다.

총신학장(합동제일) 송운선 목사

추 천 서

언젠 가는 닥칠 인생의 벽을 당당하게 뛰어넘고 싶은 젊은 그리스도인들에게 이 책을 강력하게 추천합니다.

대한예수교장로회(합동제일)
총회장 최 벧엘 목사

추 천 서

김병옥 목사님의 자서전은 그리스도인의 성령 충만한 모습이 어떤 것인지를 잘 보여주고 있습니다. 읽는 이로 하여금 하나님의 사랑에 감격하게 하고 벅찬 희열과 감동을 주는 이 책을 적극 추천합니다.

영양 입암교회
손준일 장로 (전 동양대 교수)

추 천 서

김병옥 목사님의 자서전 출간을 축하드립니다. 이 책을 읽는 모든 분들에게 기를 살리고 용기를 불러일으키는 희망의 메시지가 되기를 바랍니다.

영양 노달교회 서동일 목사

추 천 서

제가 오래 전부터 잘 알고 있는 김병옥 목사님은 시대와 타협하지 않는, 곁눈질하지 않는 그리고 헌신과 희생을 실천하시는 목사님이십니다. 기쁜 마음으로 이 책을 추천합니다.

안동 용계교회 임응빈 목사

추 천 서

우리 목사님은 정직하시고 오직 기도하며 전도하는 것으로 힘을 얻고 기쁨으로 생활하십니다.

노옥자 집사 (감천교회 성도)

목 차

4부 | 전도지와 블로그에 올렸던 글

1부 ◆ 어린 시절

어린 시절 짝사랑했던 소녀

내가 초등학교 시절에 짝사랑했던 소녀는 초등학교를 졸업한 후에 멀리 부산으로 이사를 가버렸습니다. 나는 꿈에 그녀를 몇 번 만났습니다. 군대 가기 직전에 전도하기 위해서 부산으로 달려가 그녀를 한 번 만났습니다. 전도는 했지만 좋아했었다는 말은 하지 못했습니다. 동성동본이었기 때문에…… 그리고 종교도 다르고…… 초등학교 졸업 40년 후 동창회를 할 때에 그녀를 또 한 번 만났습니다. 그녀는 여전히 예뻤습니다. 그녀는 처녀시절에 저의 전도를 받고 고민하다가 그 때부터 성당에 나간다고 했습니다.

초등학교 시절의 가난과 도둑질

나는 의성 김가 집안에서 태어났습니다. 나는 아버지의 얼굴이 잘 생각나지 않습니다. 아버지는 제가 5살 무렵에 병을 오래 앓으시다가 돌아가셨기 때문입니다. 저는 6남매의 막내아들로 태어났습니다. 위로 큰 형님과 큰 누님은 배다른 이복형제들입니다. 아버지의 전처 되시는 분이 남매를 낳고 병으로 일찍 돌아가셔서 저의 어머니가 후처로 저의 아버지에게 시집을 오신 것입니다.

그런데 아버지께서 일찍 돌아가셔서 저의 어머니는 자녀들을 양육하느라 고생이 많으셨습니다. 전처 소생의 남매는 일찍 출가하고 분가하였고 저의 어머니는 보따리 행상을 하시며 저희 4남매를 양육하셨습니다. 그런데 둘째 형님께서 사업에 실패하셔서 빚잔치를 했습니다. 먹을 것이 없어서 돼지 사료용 보리등겨를 쪄서 먹었습니다. 죽을 쑤어 먹기도 하고 볶아서 먹기도 했습니다. 어떤 때에는 보리등겨도 없고 쌀도 없어서 묽은 된장 건더기를 조리로 건져서 먹고 너무 짜서 물을 많이 마셨더니 배탈이 나기도 했습니다.

저는 어린 시절에 저의 집에서 운영하던 조그만 구멍가게에서 사탕이나 과자를 훔쳐 먹기도 하고 돈을 훔쳐서 다른 가게에 가서 과자를 사먹기도 하고 학교에 가서 친구의 도시락을 사서 먹기도 했습니다. 왜냐하면 저의 집은 너무 가난해서 도시락을 싸주실 형편이 되지 않았기 때문입니다.

그런데 지금 생각해보면 어린 시절의 가난이 저를 강하게 만들어주고 철이 빨리 들게 하는 유익한 계기가 되었으며 예수님을 믿게 된 결정적 동기가 되었습니다. 그래서 저는 어릴 때의 가난을 오히려 감사하고 있습니다. 그리고 어릴 때 가게를 운영하시며 농사일도 하시며 저를 길러주시고 돌보아 주신 어머니와 둘째 형님께 감사드립니다.

"형님 감사하고 그리고 죄송해요. 그 때 제가 과자도 훔쳐 먹고 돈통에 들어있는 돈까지 훔쳐서 다른 가게에 가서 과자 사먹은 것 용서해 주세요. 그리고 예수님을 믿으시고 구원 받으세요."

중학교 시절의 도둑질

저는 어릴 적에 동네 어른들에게 착하고 공부도 잘 한다는 칭찬을 여러 번 들었습니다. 하지만 제가 제 자신을 생각해 볼 때 저는 착하지도 않았고 가끔 도둑질을 했던 도둑놈이었습니다. 저는 남의 가게에서 노트와 풍선을 훔친 적이 있습니다. 그리고 친구와 함께 밤중에 남의 과수원에 들어가서 사과를 따먹은 적도 있습니다. 그래서 나중에 전도사가 되고 결혼한 후에 제가 도둑질했던 가게와 과수원 주인을 찾아가서 사과하고 변상을 했습니다.

제가 만일 예수님을 믿지 않았더라면 도둑질을 계속하다가 붙잡혀 교도소를 드나드는 흉악한 범죄자가 되었을 것입니다. 그런데 예수님을 믿고 나서 지난날의 도둑질했던 죄를 회개하고 지금은 정직하게 살려고 애를 쓰고 있으니 복음의 능력은 정말 놀랍고 신기합니다.

고등학교 때 부정행위와 자퇴

저는 안동 경안고등학교 재학 중 기말고사 때 부정행위를 하다가 들켜서 담임 선생님이신 김기봉 선생님께 매를 맞기도 하고 정학 처분을 받았습니다. 저는 제 잘못을 깨닫지 못하고 나를 때리신 선생님을 미워했습니다. 그런데 나중에 예수님을 믿고 성령 충만을 받고 보니 저를 때리신 선생님이 전혀 밉지 않고 오히려 고마운 생각이 들었습니다.

만일 그 때 선생님이 모르는 척 부정행위를 눈감아 주셨다면 저는 계속해서 부정행위를 할 뿐만 아니라 거짓말과 더 큰 죄를 짓는 범죄자가 되었을 것입니다. 그런데 그 때 선생님에게 크게 혼이 났기 때문에 자퇴를 하고 방황하다가 예수님을 믿게 되었습니다. 예수님을 믿고 성령 충만을 경험하게 되니 부정행위나 거짓말이 무서운 죄라는 사실을 깨닫게 되었습니다. 지금은 거짓말하던 습관을 완전히 끊고 새사람이 되기로 결심하고 노력하고 있습니다.

그래서 목사고시에 6번 떨어져도 부정행위나 뇌물로 목사고시에 합격하려고 애쓰지 않고 군소교단에 가입해서 목사안수를 받은 것입니다. 거짓말을 하거나 부정직한 행동을 하다가 지옥에 가는 것보다는 정직하게 살다가 천국에 가는 것이 백번 천번 더 좋은 일이 아닐까요?(계 21:8, 계 21:27, 계 22:15)

2부 ◆ 청년 시절의 고난과 방황

창녀촌 경험

저는 안동경안고등학교를 중퇴하고 어머니가 거래하시던 옷가게 아주머니의 소개로 대구 칠성시장에 있던 대영전당포 서기로 취업하게 되었습니다. 그곳에서도 저는 도둑질하던 버릇을 못 고치고 가끔씩 주인을 속이고 삥땅을 쳤습니다. 손님들에게 이자를 두 달 치를 받고서는 한 달 치만 받았다고 거짓말을 하며 삥땅을 쳤습니다. 혹시 김기태 사장님이 살아 계시다면 연락 주세요. 찾아뵙고 사죄드리겠습니다. 저는 그 당시 제 월급이 너무 작다고 생각했기 때문에 삥땅을 쳐도 죄책감을 느끼지도 못했습니다. 그러다가 어느 날 밤 대구역 앞 창녀촌 앞을 지나가게 되었습니다. 어떤 아주머니가 잠깐 놀다가라며 저의 팔을 잡아끌었습니다. 다른 날은 뿌리쳤는데 그날은 제 마음속에 음란한 욕망이 생겨서 못이기는 척하고 따라 들어가고 말았습니다. 돈이 조금 밖에 없다고 하니까 쇼트타

임(Short Time)으로 적은 금액을 제시하더군요. 저는 돈을 지불하고 허름하고 컴컴한 작은 방으로 따라 들어갔습니다. 잠시 후 다른 여성이 들어오더니 누워서 치마를 걷어 올리며 빨리 하라고 했습니다.

1분도 안 되어 일이 끝나고 숙소로 달려와서 허겁지겁 씻었습니다. 다행히 성병이 발병하지는 않았습니다. 저는 결혼 후 이 일을 아내에게 고백했습니다. 창녀촌 출입은 그 날 한번으로 끝냈습니다. 저는 지금까지 그 날 이후로 창녀촌을 출입하거나 결혼 후 바람을 피워본 적이 없습니다.

제가 결혼 후 바람 피운 적이 없는 것은 제가 훌륭해서가 아니라 오직 하나님의 은혜입니다. 그리고 가난했기 때문입니다. 저 역시 돈이 많았더라면 성적으로 타락한 삶을 살다가 동성애자가 되었을 수도 있고 에이즈에 걸려 고생하다가 자살했을는지도 모릅니다.

다행히 전도사 생활을 계속했기 때문에 그리고 교회가 부흥이 되지 않았기에 저를 유혹하는 여자도 없었습니다. 가난은 불편한 점도 많지만 좋은 점도 있습니다. 부자들은 성적인 죄를 지을 가능성이 훨씬 많습니다. 교회가 크게 부흥되면 담임 목회자가 거의 대부분 부자가 되기 때문에 죄를 지을 가능성도 높아지고 유혹도 많아집니다. 그래서 제가 섬기는 교회가 부흥이 되지 않은 것도 저의 타락을 방지하기 위한 하나님의 세심한 배려인지도 모릅니다.

어둠에서 빛으로

저는 고등학교를 자퇴하고 공무원 시험 준비를 열심히 하고 싶었지만 공부를 하려고 하면 잡념이 떠올라서 도무지 공부에 집중하기가 어려웠습니다. 무기력과 우울증과 외로움과 절망으로 죽고 싶은 생각이 종종 나를 엄습하였습니다. 어느 날 전봇대에 붙어있는 교회 부흥회 포스터를 보고 물에 빠진 사람이 지푸라기라도 잡으려고 하는 것처럼 저는 교회를 찾아갔습니다. 강사 목사님의 설교가 처음에는 거짓말처럼 들리기도 하고 반신반의 했지만 두 번 세 번 계속 참석해서 말씀을 들었더니 말씀이 믿어지기 시작했습니다.

부흥회 마지막 날 저녁 통성기도 시간에는 저도 함께 더듬거리며 기도를 몇 마디 했습니다. 그랬더니 눈물이 쏟아지며 그동안 내가 죄를 지은 일들이 생각나서 하나님께 죄를 고백하였습니다. 그 다음날 새벽에 또 교회에 갔는데 또 다시 눈물이 쏟아지며 펑펑 울면서 기도를 했습니다. 새벽 예배를 마친 후에도 몇 시간을 혼자서 울며 기도를 하고 예배당 문을 나올 때면 기분이 상쾌해져서 춤이라도 덩실 덩실 추고 싶은 심정이었습니다. 그 때부터 저는 어머니와 형님들 몰래 교회에 다니기 시작했습니다. 그러다가 용기가 생겨서 어머니와 형님들에게 전도를 했더니 가족들의 박해가 시작되었습니다.

어머니는 저의 성경책을 여러 번 찢고 불 태우시고 바로 위의 형님께서는 저의 따귀를 때리시기도 하고 결국 저는 집에서 쫓겨났습니다. 잠잘 곳이 없어서 교회 의자 밑에 들어가서 자기도 하고 세차장에 취직해서 숙식을 해결하기도 했습니다. 몸은 고달프고 돈은 모아지지 않았지만 교회에만 가면 마음이 평안해지고 기쁨이 넘쳐났습니다.

하지만 현실은 여전히 냉혹했습니다. 좀 쉽게 돈을 벌 수 있는 직장을 구하기가 너무 어려웠습니다. 세차장에서 일을 하면 손에 항상 검은 기름때가 지워지지 않아서 그것이 사람들 보기에 부끄러웠습니다. 그래서 손에 기름때가 묻지 않는 깨끗한 일자리를 찾다가 그만 술과 식사를 함께 파는 레스토랑 웨이터로 일자리를 옮기고 말았습니다.

웨이터로 일할 때 주일 낮 예배는 겨우 참석할 수가 있었지만 주일 밤 예배와 수요예배 그리고 새벽기도회는 참석하기가 어려웠습니다. 점점 신앙심이 약해지고 손님들이 마시다가 남긴 술도 가끔씩 마시게 되었습니다. 그러다가 군대에 입대해서 고된 훈련을 받게 되자 다시 정신이 번쩍 들어서 죄를 회개하고 하나님을 간절히 찾기 시작했습니다.

저는 환경이 조금만 좋아지면 게을러지고 교만해지는 습성이 있습니다. 그래서 하나님께서 저를 낮추시고 저의 교만을 깨뜨리시려고 오랫동안 훈련시키시는 것 같습니다. 저는 올해 환갑입니다. 저희 부부는 얼마 전 자녀들과 함께 베트남 효도관광을 다녀왔습니다. 제 나이가 벌써 환갑을 맞이했지만 아직도 저의 교만과 게으름을 완전히 제거하지 못했습니다.

그런데 제가 100% 완벽해져야 천국에 들어가는 것이 아니라 나의 죄를 인정하고 겸손한 태도로 예수님을 나의 주인으로 모시면 예수님의 피로 나의 죄를 씻음 받고 천국에 갈 수 있다는 성경의 가르침이 저는 너무나 감사하게 생각됩니다.

〈롬 3:23〉 "모든 사람이 죄를 범하였으매 하나님의 영광에 이르지 못하더니 그리스도 예수 안에 있는 속량으로 말미암아 하나님의 은혜로 값없이 의롭다 하심을 얻은 자 되었느니라."

〈롬 4:25〉 "예수는 우리가 범죄한 것 때문에 내줌이 되고 또한 우리를 의롭다 하시기 위해 살아나셨느니라."

〈엡 2:8~9〉 "너희는 그 은혜에 의하여 믿음으로 말미암아 구원을 받았으니 이것은 너희에게서 난 것이 아니요 하나님의 선물이라 행위에서 난 것이 아니니 이는 누구든지 자랑하지 못하게 함이라"

〈찬송가 252장〉 “나의 죄를 씻기는 / 예수의 피 밖에 없네. / 다시 정케 하기는 / 예수의 피 밖에 없네. / 예수의 흘린 피 / 날 희게 하오니 / 귀하고 귀하다 / 예수의 피 밖에 없네.”

다방 아가씨와 동침 아닌 동침

강원도 양구에서 군대 말년 시절을 보내던 무렵 어느 날 동기 두 명과 함께 양구에 있는 어떤 다방에 놀러 갔습니다. 동기 두 명은 이미 잘 아는 사이였고 저는 대타로 얼떨결에 따라 갔습니다. 그 날 다방에는 다방 종업원인 아가씨 세 명이 저희들을 기다리고 있었습니다. 우리는 술을 마시며 놀았습니다. 아마 동기 두 명이 3:3으로 짝을 맞추기 위해서 저를 데려 간 것 같았습니다. 술도 좀 마시고 밤이 깊어져서 둘씩 짝을 지어 방을 얻어 잠을 자러 갔습니다. 저 혼자 부대로 돌아갈 수 없어서 어쩔 수 없이 아가씨 한 명과 동침을 하게 되었습니다. 저는 돈이 없어서 아가씨가 방값을 지불했습니다. 난생 처음으로 여자와 단 둘이 여관방에서 잠을 자려니 기분이 묘했습니다. 아가씨가 그렇게 예쁘지는 않았지만 착해 보였습니다. 기독교에 대해서도 별로 거부감이 없는 듯 했습니다. 저는 그날 밤 그 아가씨에게 결혼하자고 말했습니다. 그리고 오늘 첫날밤을 치르자고 했습니다. 그랬더니 그 아가씨가 이렇게 말하더군요.

“김병장님, 제대 후에 신학을 공부해서 목사님이 될 거라고 했잖아요? 저는 목사님의 아내가 될 자격이 없어요. 쓸 데 없는 소리 하지 말고 잠이나 자요. 나 피곤해요. 귀찮게 하지 마세요.”

저는 그 말을 듣고 부끄러워서 얼굴이 화끈거렸습니다. 지금도 그 생각을 하면 부끄러워집니다. 하나님께서 그 아가씨를 통해서 저를 책망하신 것이 분명합니다. 그날 밤 다방 아가씨와 한 방에서 잠을 잤지만 아무런 일 없었습니다. 이튿날 부대에 돌아오면서 함께 갔던 동기 두 명에게 그 이야기를 했더니 믿을 수 없다는 표정을 짓더군요.

첫 목회지에서 첫 딸을 잃다

저는 27살 때부터 총각의 몸으로 시골교회 담임 전도사 노릇을 했습니다. 경북 영풍군 연당리에 있는 연당교회가 저의 첫 목회지입니다. 총각 전도사 8개월 만에 지금의 제 아내를 만나 결혼을 했습니다. 그리고 1년 후 아내가 임신하여 첫 딸을 출산하였습니다. 그런데 갓 태어난 아기의 왼쪽 손목이 비틀어져 있었고 너무 말라 있었으며 젖을 빨지 못하여 3일 만에 죽고 말았습니다.

저는 아기의 왼쪽 손목이 비틀어져 있는 모습을 보는 순간 저의 중학교 시절에 밤에 남의 가게에서 노트와 풍선을 훔친 죄가 생각났습니다. 죽은 아기의 시신을 산에 묻고 내려와서 즉시 돈을 어렵게 마련하여 고향 마을로 내려가 그 가게 주인을 찾아가서 도둑질했던 죄를 고백하고 변상을 했습니다. 그리고 과수원 주인을 찾아가서 또 변상했습니다. 저는 밤에 친구와 함께 남의 과수원에 들어가 사과를 따먹은 적도 있습니다.

하나님은 다윗의 간음죄와 살인죄를 용서하셨지만 그 죄 값을 치르게 하셨습니다. 저에게도 도둑질한 죄 값을 치르게 하셨다고 생각됩니다. 그 일 후에 저는 죄를 짓지 않으려고 정직하게 살고자 애를 썼습니다.

제가 오랫동안 소속되었던 교단에서는 목사고시 과목이 모두 6과목이었습니다. 목사고시를 두 번 치르는 동안에 5과목을 합격하고 3년차 세 번째 시험에는 '교회헌법' 한 과목만 합격하면 드디어 목사가 될 수 있는 기회가 왔습니다. 그런데 교회헌법 과목은 재미도 없고 작은 교회 목회자들에게는 별로 중요하지 않은 것 같아서 공부를 열심히 하지 않았습니다.

그런데 시험 당일에 공부도 아주 잘하고 제가 개인적으로 잘 아는 후배 전도사님이 교회헌법 시험시간에 바로 제 옆자리에 앉게 되었습니다. 큰 교단이어서 목사후보생 1,600명 가량의 많은 학생들이 시험을 치르는 곳에 잘 아는 학생과 바로 옆자리에 앉는다는 것은 보통 우연이 아닙니다. 하나님이 저의 정직함을 시험해 보시려고 일부러 그 학생 옆자리에 앉게 하신 것 같았습니다. 부정행위하기에 딱 좋은 위치였습니다. 주관식 시험이었는데 제 생각으로 100점 만점에 60~70점 정도의 점수가 나올 정도로 답을 썼습니다. 세 문제 가량 답을 쓰지 못했는데 옆에 앉은 그 전도사님이 제가 답을 못 쓴 것을 알았는지 자기 시험지를 제게 밀어주며 자기가 쓴 답을 보고 쓰라고 신호를 보냈습니다.

고개를 들고 슬쩍 앞을 보니 감독관 두 분 중에서 한 분은 복도에 나가서 전화 통화를 하고 있었고 또 한 분의 감독관은 책상에 신문을 펼쳐놓고 들여다보고 계셨습니다. 하지만 저는 고등학교 때 부정행위를 하다가 들켜서 매를 맞고 정학 처분을 받은 적이 있기에 끝까지 고개를 돌리지 않고 부정행위를 하지 않았습니다.

그리고 답을 못 쓴 자리에 저의 개인적인 신상을 기록하고 합격시켜 달라고 부탁하는 글을 적었습니다. 그 결과 그 해 시험에 또 불합격 통보를 받게 되었습니다. 그리고 그 다음해에도 불합격 또 불합격 무려 6년 동안 계속 불합격 통보를 받고 결국 작은 교단에 가입해서 목사안수를 받게 되었습니다.

사람들은 저를 융통성이 없다느니 고지식 하다는 둥 저를 나무라지만 저는 지금도 후회하지 않습니다. 왜냐하면 저는 거짓말하는 자는 천국에 들어가지 못한다는 성경 말씀을 그대로 믿기 때문입니다.(계 21:8) 우리 한국교회가 세상 사람들로부터 비난을 받는 이유가 무엇일까요? 목사님들의 학력이 부족해서 비난을 받고 있습니까? 박사학위를 가진 목사님들이 별로 많지 않아서 비난을 받고 있나요? 아닙니다. 저는 목사님들과 교인들이 정직하지 못하고 윤리적으로 바르게 살지 못해서 비난을 받고 있는 것이라고 생각합니다.

저는 초 · 중 · 고등학교 시절에 도둑질도 하고 부정행위(커닝)도 했습니다. 그리고 20살 무렵에는 창녀촌에도 한번 출입했던 죄인입니다. 하지만 21세 때 예수님을 믿은 후로는 정직하게 살고자 애를 쓰고 있습니다. 예수님의 모습을 닮아가고자 애를 쓰고 있습니다.

〈시 112:2〉 "그의 후손이 땅에서 강성함이여. 정직한 자들의 후손에게 복이 있으리로다."

〈시 15:1~2〉 "여호와여 주의 장막에 머무를 자 누구오며 주의 성산에 사는 자 누구오니이까? 정직하게 행하며 공의를 실천하며 그의 마음에 진실을 말하며"

군대에서 만난 친구

"이 새끼! 철모를 어디서 잃어버린 거야?"

"모르겠습니다! 그냥 없어졌습니다!"

"뭐야? 그냥 없어져? 이 자식이 군기가 쏙 빠졌구먼!"

"퍽"

"으윽…"

1979년 8월 어느 날, 제가 군에 입대해서 신병교육대에서 훈련을 받을 때의 일입니다. 그 당시 구타는 군대에서 날마다 일어나는 당연한 일이었습니다. 매일 저녁 점호시간에 내무반 청소를 하고 개인에게 지급된 총이나 철모 같은 장비를 제대로 관리하고 있는지 확인을 합니다.

만일 분실했을 경우에는 점호시간에 실컷 두들겨 맞습니다. 어느 날 저 바로 옆자리의 훈련병 동료가 철모를 잃어 버렸습니다. 안절부절 못하는 모습을 보니 안 됐다는 생각이 들었습니다. 하지만 저도 어쩔 수 없었습니다.

점호시간은 가까이 다가오고 있었습니다. 그 때 내무반 바닥에 놓여있던 실내화들이 조금 어질러 있어서 제가 내려가서 다시 정리하고 돌아오니 관물대 위의 저 철모가 몇 초 사이에 없어지고 말았습니다. 그런데 바로 옆자리의 관물대 위에 내 철모가 반듯하게 얹혀 있었습니다. 가까이 가서 확인해보니 가운데 부분이 조금 움푹 들어간 내 철모가 분명했습니다.

"아니, 이거 내 철모가 아냐? 아무리 군대이지만 바로 옆자리에 있는 철모를 가져가다니, 너무 한 거 아냐?"

그 친구는 시침을 떼며 무조건 자기 철모라고 우겼습니다. 너무 어이가 없었습니다. 그런데 저는 그 당시 훈련도중 휴식시간에 그 친구에게 몇 번 전도한 적이 있었습니다. 전도하려면 이 정도는 참고 양보해야 하나님께서 기뻐하실 것 같은 생각이 들었습니다. 그래서 참고 모른척 하기로 했습니다.

드디어 완장을 두른 내무반장과 몽둥이를 든 조교들이 우르르 들이닥쳤습니다. 철모를 잃어버린 죄로 저는 그날 저녁 실컷 두들겨 맞았습니다. 그 친구에게 서운한 마음이 있었지만 예수님의 십자가 고난을 생각하며 참았습니다.

그리고 그 친구에게 아무렇지도 않은 듯 웃으면서 잘 대해 주었습니다. 두 달 동안의 고된 훈련이 끝나고 그 친구는 강원도 원통으로, 나는 양구에 있는 사단 사령부로 각각 자대 배치를 받았습니다.

나는 그 친구와 헤어진 이후로 철모 때문에 억울하게 얻어맞았던 일을 까맣게 잊고 있었습니다. 20여년의 세월이 흐른 어느 날 내가 경북 영양군 영양읍 감천리에서 개척교회를 하고 있던 어느 날 낯선 남자 목소리의 전화가 걸려왔습니다.

군대동기라면서 자기 이름을 말하는데 나는 도무지 기억이 나지 않았습니다. 하지만 자기는 나를 잘 기억하고 있다면서 며칠 후 우리 집에 놀러오겠다고 했습니다.

오라고 했더니 정말 먼 길을 달려서 자기 부인과 함께 우리 집에 찾아왔습니다. 트럭에 온갖 선물을 잔뜩 싣고서……. 그 친구는 제대하고 몇 년 후에 예수님을 믿게 되었다고 하더군요. 그리고 나를 찾기 위해서 경찰의 도움을 받아가며 전국의 교회들을 수소문해서 나를 찾았다고 했습니다.

이 친구는 군대에서 저에게 전도를 받고 예수님을 믿게 되었다면서 고맙다고 했습니다. 고향교회에 출석하며 그 교회의 안수집사님이 되었다고 했습니다.(지금은 장로님이 되었음) 그리고 매월 선교비를 보내주겠다고 했습니다. 친구가 돌아간 후에 나는 의아해 했습니다. 나는 기억도 잘 안 나는데……. 자대에서 함께 3년 동안 군생활을 한 것이 아니라 훈련소에서 두 달 동안 함께 훈련만 받고 헤어졌다는데 나를 오랫동안 기억하고 있었다니 놀랍기만 했습니다.

그 친구 부부가 돌아간 후에 곰곰이 옛날 기억을 더듬으며 하나님께 감사기도를 했습니다. 그런데 조금씩 옛날 기억이 떠오르며 철모에 관한 일이 생각났습니다. '아, 그랬었구나!'

나는 잊고 있었지만 그 친구는 오랜 세월 동안 나에게 미안한 마음을 품고 있었나 봅니다. 이 친구처럼 예수님을 제대로 믿기만 하면 사람이 달라집니다. 부정직했던 사람이 정직한 사람으로 달라집니다. 하루아침에 달라지기는 어렵지만 하여간 새사람이 됩니다. 그 친구는 그 때부터 지금까지 약 20년 동안 계속해서 매월 선교헌금을 보내주고 있습니다. 너무 고맙고 감사한 일입니다. 그런데 좀 부담도 됩니다. 왜냐하면 그 친구의 생활 형편이 그렇게 넉넉하지 않기 때문입니다.

저는 이 일을 통해서 남에게 친절을 베풀며 때로는 억울한 일을 당해가며 전도하는 것은 결코 어리석은 일이 아니라는 것을 느꼈습니다. 때가 되면 하나님께서 다 갚아주신다는 것을 절실하게 체험하게 되었습니다. 그리고 모든 일을 합력해서 선을 이루어 주시는 하나님의 사랑을 다시 한 번 깨닫게 되었습니다.

〈롬 8:28〉 "우리가 알거니와 하나님을 사랑하는 자 곧 그 뜻대로 부르심을 입은 자들에게는 모든 것이 합력하여 선을 이루느니라."

〈갈 6:7~9〉 "스스로 속이지 말라. 하나님은 업신여김을 받지 아니하시나니 사람이 무엇으로 심든지 그대로 거두리라. 자기의 육체를 위하여 심는 자는 육체로부터 썩어질 것을 거두고 성령을 위하여 심는 자는 성령으로부터 영생을 거두리라. 우리가 선을 행하되 낙심하지 말지니 포기하지 아니하면 때가 이르매 거두리라."

착한 거지와 나쁜 거지

지금으로부터 약 27~28년 전의 일로 기억됩니다.(약 1988 ~1989년경?) 서울 중랑구 중화2동 태능시장 근처에서 저희 부부가 개척교회를 목회할 때였습니다. 하루는 노숙자로 보이는 남루한 옷차림의 남자가 찾아왔습니다.

"목사님 도와주세요. 사흘 동안 밥을 굶었습니다. 밥 사 먹을 수 있도록 돈 좀 주세요."

"이를 어쩌나? 내 주머니에는 500원짜리 동전 하나밖에 없는데……. 아, 마침 제 아내가 지금 저녁을 준비하고 있는데 들어오셔서 같이 저녁식사를 하시지요? 들어오세요."

머뭇거리던 노숙자 차림의 남자가 계단을 내려와서 13평짜리 좁고 어두컴컴한 개척교회 지하 예배실 안을 들여다보았습니다. 바닥에는 오래된 장판이 군데군데 갈라져서 물이 새어나오고 벽에는 검은 곰팡이가 잔뜩 끼어있어서 초라하기 짝이 없었습니다.

한 평이 될까 말까한 지하 계단 아래 좁은 공간을 부엌으로 사용하고 예배실 한 쪽 구석을 베니어(합판보다 더 얇은 나무판자)판으로 대충 막아서 우리 네 식구가 함께 사는 사택으로 사용했으니 거지 소굴보다 별로 나을게 없었습니다.

그 날 구걸하던 거지 아저씨는 지하 예배실 입구에서 한참 머뭇거리더니 자기 주머니에 손을 넣어서 한 움큼의 동전을 꺼냈습니다.

"제가 오히려 목사님을 도와 드려야겠군요. 이거 작지만 받으세요. 오늘 하루 종일 구걸한 돈입니다. 십일조로 받아주세요. 목사님 힘내세요." 하며 그 분은 제 손에 3000원 가량의 동전을 쥐어주었습니다.

저는 지금도 "목사님 힘내세요."하면서 저녁도 사양하고 그냥 돌아가던 그 분의 모습을 잊지 못합니다. 그 분은 무슨 사연이 있어서 구걸하며 거지 노릇을 했는 지 저는 알 수가 없습니다.

지금은 거지생활을 청산하고 행복하게 잘 살고 있기를 바랄 뿐입니다. 저는 지금도 가끔 그 노숙자 아저씨가 그리워 집니다. 혹시 이 글을 읽게 된다면 저에게 꼭 연락을 주시기를 바랍니다. 제가 식사라도 한 끼 대접하고 싶습니다.

그런가 하면 저는 그 당시에 나쁜 거지를 만난 적도 있습니다. 이 거지는 잠을 재워 달라고 부탁해서 역시 그 초라한 개척교회 예배실에서 보름가량 잠을 재워 드렸습니다. 그리고 천사처럼 착한 제 아내가 매일 아침 식사를 대접했습니다.

그는 실컷 자고 늦게 일어나서 제 아내가 차려준 밥을 먹고 출근(구걸행위)하여 밤늦게 술 취한 모습으로 돌아왔습니다. 그런데 그 거지는 나쁜 냄새를 풍기는 것까지는 견딜만 했는데 함께 며칠을 동거하고 나니까 차츰 주인행세를 하기 시작했습니다.

'새벽기도를 왜 하느냐? 새벽에 잠 자는데 불 켜놓고 시끄럽게 굴지 마라. 내가 자립을 하고 싶으니 장사 밑천을 마련해 달라' 며 행패를 부리기 시작했습니다.

며칠 고민하다가 할 수 없이 경찰을 불러서 그 거지를 쫓아내고 얼마동안 문을 잠그고 살았습니다. 그 일을 통해서 저는 거지도 착한 거지가 있고 나쁜 거지가 있다는 것을 알게 되었습니다.

자기도 어렵지만 남을 도우려고 애쓰는 거지가 있습니다. 또한 도움 받는 것을 당연히 여기고 더 많이 도와주지 않는다고 불평하고 욕하는 거지도 있습니다. 물론 부자들 중에도 착한 부자와 나쁜 부자가 있겠지요.

3부 ◆ 개척교회의 실패와 고난

똥 싼 이야기 1

성공한 사람들은 성공한 이야기를 자서전에 기록합니다. 하지만 저는 성공한 일은 별로 없고 실패와 허물투성이의 삶을 살았습니다.

지난 날을 돌이켜보니 죄짓고 수치스런 일들만 생각납니다. 저의 수치스러운 일 중 하나는 옷을 입은 채로 설사를 했던 일일 것입니다.

저는 약 4년 전에 똥을 쌌던 일을 소재로 하여 11편의 글을 인터넷에 올렸습니다. 또 전도지로 만들어 영양과 안동지역에 수천 장을 뿌린 적이 있습니다. 보통 사람들은 수치스런 일을 숨기려고 하는데 저는 똥 싼 이야기를 자랑삼아 인터넷에도 올리고 전단지를 만들어 전도지로 사용했으니 제가 상당히 뻔뻔한 모양입니다.

그런데 저의 뻔뻔함과 무지함에 아내가 질렸나 봅니다. 어느 날

똥 싼 이야기 제발 그만 좀 하라는 아내의 핀잔에 저는 마음이 상했습니다. 그래서 인터넷에 올렸던 11개의 글 중에서 10개를 내리고 하나만 남겨 두었습니다. 대구 충의교회 카페에 올렸던 그 글을 그대로 옮겨봅니다.

〈똥 싼 이야기〉 제가 똥을 쌌습니다. 안동에 있는 어떤 큰 교회 현관 앞에서 옷을 입은 채 설사를 하고 말았습니다. 지난 월요일(2014년 5월 26일) 저녁 9시 30분경에 일어난 일입니다. 저는 그날 부산 백양로 교회에서 열린 미자립교회 목회자 세미나에 참석했다가 저녁 늦은 시간에 자동차를 주차해 놓은 안동의 어떤 큰 교회 주차장에 도착했습니다. 그런데 갑자기 화장실에 가고 싶어서 그 교회의 정문과 옆문과 뒷문을 왔다갔다 하다가 결국 옷을 입은 채로 설사를 하고 말았습니다. 안동댐에 구멍이 뚫린 것처럼 엄청난 압력을 더 이상 견디지 못하고 똥물은 팬티를 뚫을 듯이 사정없이 쏟아졌습니다.

아! 그 때의 수치심과 민망함과 창피함 그리고 찝찝함을 어찌 말로 다 표현할 수 있겠습니까? 그 때 저는 뜨뜻한 똥물이 줄줄 허벅지를 타고 종아리를 거쳐서 구두 속까지 스며드는 것을 느끼며 이렇게 기도했습니다.

"하나님, 왜 이러세요? 이것도 하나님의 뜻입니까? 좋습니다. 하나님의 뜻이라면 세상에 공개하겠습니다. 저의 고백을 통하여 우리 한국교회에 화장실을 개방하는 교회들이 많아지게 하옵소서."

도시에서 길을 걷다가 급히 화장실을 가고 싶을 때 어느 곳을 찾아가야 할까요? 빨간 십자가 불빛을 찾아가면 될까요? 그 날 제가 화장실을 찾기 위해서 그 큰 예배당을 한 바퀴 돌았지만 모든 문들은 굳게 잠겨 있었습니다. 그래서 저희 감천교회는 개척초기부터 지금까지 예배실과 화장실을 24시간 항상 개방하고 있습니다.

낯선 사람들이 화장실을 쉽게 찾을 수 있도록 안내표지판을 크게 써 붙여 놓았습니다.(지금은 어떤 분의 반대로 작은 표지판만 붙어 있음, 약간 고장난 상태임, 넘칠 우려 있음)

저는 그 날 설사를 시원하게 배설한 후에 씻을 곳이 없어서 안동 경찰서 앞을 지나서(똥 냄새를 풍기며) 사거리를 지나서 허름한 여관을 찾아가서 2만원을 지불하고 그 여관의 세탁실을 빌렸습니다.(객실을 빌리면 2만 5천원) 샤워를 하고 팬티와 양복바지는 물로 대충 헹구어 비닐봉지에 담았습니다.

제가 여관에서 샤워를 하고 있는 동안 아내는 시장에 가서 여자용 몸빼 바지를 하나 사왔습니다. 남자옷 가게는 모두 문을 닫았더라고 하더군요. 저는 샤워를 대충했습니다. 왜냐하면 일행들이 기다리고 있었기 때문입니다. 그리고 종아리가 허옇게 드러나는 여자용 몸빼 바지를 입고 맨발로 질퍽거리는 구두를 신고 상의는 양복 윗도리를 걸치고 머리에는 카우보이 모자를 쓰고 우스꽝스러운 모습으로 안동 시내를 터덜터덜 걸었습니다. 지나가는 사람들이 가끔씩 흘깃 흘깃 쳐다보는 것 같았지만 모른척 하고 고개를 푹 숙이고 앞만 보고 걸었습니다. 아내는 나와 함께 나란히 걷기가 창피했던지 멀찌감치 따라오고 있었습니다. 봉고차를 주차해 놓은 그 교회 주차장에 도착하여 저를 기다리고 있던 이웃교회 목사님들과 사모님들을 가득 태우고 영양으로 돌아왔습니다.

우리 한국교회가 세계 선교를 열심히 합니다. 해외의 굶주리는 아이들을 위해서 그리고 국내의 소외되고 가난한 사람들을 위해서 사랑을 실천하고자 애를 쓰고 있습니다. 하지만 길가는 나그네를 위해서 화장실 개방하는 일에는 좀 인색한 것 같습니다. 화장실 개방하는 일도 좀 적극적으로 해야 하지 않을까요?

〈요일 3:18〉 "자녀들아 우리가 말과 혀로만 사랑하지 말고 행함과 진실함으로 하자"

똥 싼 이야기 2

저는 어느 날 제가 옷을 입은 채 설사를 했던 이야기를 어떤 목사님께 했더니 그 분이 신발을 사라며 돈을 10만원 주시더군요. 그런데 설사를 해서 저보다 더 큰 횡재를 한 사람이 있습니다. 바로 대구 달서구에 있는 충의교회 이유형 목사님이십니다. 이 분은 하반신 마비 중증 장애인입니다. 그 분의 부인은 비장애인이며 대단한 미인입니다.

외모만 아름다울 뿐 아니라 마음씨까지 착하신 정말 천사 같은 분이십니다. 예쁘고 아쉬울 것 하나 없는 분이 어떻게 중증 장애인 남자와 결혼하였을까? 많은 사람들이 궁금해 합니다. 저는 그 사실이 너무 궁금하여 수년전 저의 감천교회에 그 부부를 초청해서 간증집회를 열었습니다.

CBS "새롭게 하소서"와 C채널 기독교TV와 여러 신문에도 소개된 그분들의 러브스토리를 들어보면 많은 감동을 받게 됩니다. 제가 간단히 소개한다면 아래와 같습니다.

대학생 시절의 김현숙 사모님은 착하고 꿈 많은 평범한 여대생이었습니다. 어느 날 장애인 단체의 나들이 행사에 휠체어를 밀어줄 도우미를 구한다는 소식을 접하게 되었습니다. 그녀는 함께 가자는 친구의 권유로 얼떨결에 도우미로 참여하게 되었습니다.

그 행사가 끝난 후 어떤 장애인 남자로부터 전화가 걸려왔습니다. 만나서 데이트를 좀 하자는 전화였습니다. 그녀는 심심하던 차 별생각 없이 중증 장애인 이유형 총각을 만나서 휠체어를 밀어주며 데이트를 즐겼습니다. 그런데 시원한 팥빙수와 찬 음료를 많이 함께 마신 탓인지 장애인 남자가 설사를 하고 말았습니다. 수년전 제가 옷을 입은 채 설사를 했던 것처럼 이유형씨도 좋아하는 아가씨와 데이트를 하다가 옷을 입은 채 설사를 하고 말았으니 어쩌면 좋을까요?

당황한 남자가 아가씨에게 부탁했습니다.

"저를 집에 좀 데려다 주세요."

"아니 왜 벌써 집에 가시려고 하세요. 제가 싫어졌나요?"

"아니에요. 사실은 갑자기 배가 좀 아프더니 설사를 하고 말았어요. 찬 음식을 먹어서 그랬나 봐요."

"네에? 그러고 보니 좀 이상한 냄새가 나는군요. 그러면 집으로 가실 것이 아니라 가까운 여관으로 가요. 제가 씻겨 드릴게요."

두 사람은 가까운 여관으로 들어갔습니다. 착하고 예쁜 여대생 김현숙씨는 데이트 하던 장애인 남자 이유형씨의 바지를 벗기고 오물을 깨끗이 씻겨 주었습니다. 마치 엄마가 아기 똥 싼 것을 깨끗이 씻겨주는 것처럼……. 이것이 인연이 되어 두 사람은 더욱 가까워지게 되었고 결혼까지 하였답니다.

결혼 후 남편 이유형씨는 대구 경산에 있는 영남신학대학교에 입학을 하였습니다. 아내인 김현숙씨는 매일 남편을 차에 태워서 학교에 같이 다니며 공부를 도와주었습니다. 저는 그 신학대학교의 신학대학원에 입학하여 조금 후배였던 이유형 전도사님 부부를 그 때 만나게 되었습니다.

스스로 돌아눕는 일도 못하고 혼자서는 식사도 화장실 출입도 어려운 중증 장애인 총각이 건강하고 예쁜 아가씨를 아내로 얻은 비결이 무엇일까요? 그것은 믿음과 기도와 전도입니다. 그 당시 김현숙 여대생은 불교집안에서 자라난 무신론자였습니다.

그런데 장애인 도우미로 봉사하러 갔다가 장애인 총각으로부터 복음을 들은 것입니다. 하나님의 아들이신 예수님이 우리 인생들의 죄를 대신하여 죽으시고 3일 만에 다시 살아나셔서 온 세상의 구세주가 되셨다는 놀라운 복음을 들은 것입니다.

이유형 청년은 독실한 기독교인 집안에서 태어났으나 예수님을 믿지 않고 세상에서 방탕한 삶을 살았습니다. 그러다가 대학시절 여름 방학 때 친구들과 경북 울진의 어느 계곡에서 다이빙을 하다가 목뼈를 다쳐서 그만 하반신 마비 중증 장애인이 되고 말았습니다. 그 때서야 비로소 정신을 차리고 하나님 품으로 돌아왔습니다.

예수님을 믿고 성령 충만을 받으니 본인은 비록 장애인이었지만 자신감을 가지고 비장애인이며 아름다운 아가씨에게 데이트 신청도 하고 복음을 전했던 것입니다. 이처럼 누구든지 예수님을 믿고 성령 충만을 받으면 자신감이 넘쳐나게 됩니다. 여자들은 자신감이 있는 남자를 좋아 합니다. 꿈도 없고 자신감도 없고 믿음조차 없다면 어떤 여자가 그러한 남자를 좋아 하겠습니까?

그런데 자신감과 교만은 다릅니다. 교만은 하나님의 도우심 없이 내 힘으로 무엇이든 할 수 있다는 태도입니다. 그러나 자신감은 예수님 안에서 하나님의 뜻 안에서 가지는 긍정적인 마음의 태도를 의미합니다.

〈막 9:23〉 "예수께서 이르시되 할 수 있거든이 무슨 말이냐 믿는 자에게는 능히 하지 못할 일이 없느니라 하시니"

〈빌 4:13〉 "내게 능력 주시는 자 안에서 내가 모든 것을 할 수 있느니라."

뭐라고 불러야 할지 모르겠네요. (2018.6.9)

저는 얼마 전 이웃교회 어떤 목사님으로부터 조롱을 당한 적이 있습니다. 지난 부활절 연합예배 때의 일입니다. 전부터 알고 지내던 어떤 이웃교회 목사님에게 다가가서 악수를 청하며 인사를 했더니 그 분이 저에게 이렇게 말씀을 하시더군요.

"뭐라고 불러야 할지 모르겠네요?"

저는 그 분과 같은 큰 교단에 소속되어 있다가 목사고시에 6번 실패하고 할 수 없이 작은 교단에 가입해서 목사안수를 받았습니다. 그러한 저를 목사라고 인정해 주기가 싫었던 모양입니다. 그 분은 작은 교단의 목사는 목사가 아니라고 생각하는 모양입니다. 그리고 제가 교회를 개척했지만 교회를 크게 부흥시키지도 못했기 때문에 더욱 저를 무시하고 조롱하는 것 같았습니다.

우리 그리스도인들은 누가 나를 무시하거나 조롱한다고 해서 일일이 다투거나 상처를 받지 말아야 합니다. 하나님께 아뢰고 인내하면 하나님께서 우리를 높여 주십니다.(벧전 5:6) 설령 이 땅에서 우리를 높여 주지 않으실지라도 죄 용서받고 구원받은 것을 감사하게 생각하고 악을 악으로 갚지 말아야 합니다. 이 땅에서 사람들의 평가는 틀릴 수 있습니다. 우리가 고난당하거나 어려움에 처했을 때에 우리를 위로해 주거나 격려해 주는 사람도 있지만 우리를 조롱하거나 업신 여기는 사람도 있을 수 있습니다.

우리는 그러한 사람들 때문에 상처받지 말고 그러려니 하고 웃어 넘길 수 있어야 합니다. 예수님은 죄 없으신 하나님의 아들이시지만 이 땅에 사람의 모습으로 오셨을 때에 조롱 당하고 침 뱉음 당하고 채찍에 맞으시고 십자가에 못 박혀 죽으시기까지 했습니다. 하지만 하나님께서는 그를 죽은 자 가운데서 다시 살리셔서 온 세상의 주와 그리스도가 되게 하셨습니다.

〈행 2:36〉 "그런즉 이스라엘 온 집은 확실히 알지니 너희가 십자가에 못 박은 이 예수를 하나님이 주와 그리스도가 되게 하셨느니라 하니라"

이 땅에서 크게 성공하거나 부자로 살아도 잠깐이고 실패하거나 가난하게 살아도 잠깐입니다. 우리는 이 땅에서 잠깐 살다가는 나그네입니다.(벧전 1:1)

이 땅에서 사는 동안 실패를 많이 하고 가난하게 살더라도 성경 말씀에 순종하며 끝까지 믿음을 지킨 사람은 천국에서 높은 자리에 앉게 될 가능성이 많습니다.(계 3:8) 그러나 이 땅에서 성공하고 형통하고 영광을 많이 누린 사람은 천국에 들어간다 할지라도 낮은 자리에 앉게 될 가능성이 많습니다.(계 3:16~17)

〈약 1:9~10〉 "낮은 형제는 자기의 높음을 자랑하고 부한 자는 자기의 낮아짐을 자랑할지니 이는 그가 풀의 꽃과 같이 지나감이라"

베트남 효도관광

저는 얼마 전 가족들과 함께 베트남에 여행을 다녀왔습니다. 외국여행을 처음 경험했습니다. 저는 효자라는 말을 조금 들었던 적이 있습니다. 그리고 병 드신 장모님께도 잘 한다는 말을 여러 번 듣기도 하고 그 이유로 기독교 방송 C채널에 방송된 적도 있습니다. 제가 효도를 조금 했더니 세월이 흘러서 이제는 자녀들로부터 효도를 받는 처지가 되었습니다. 그리고 세월이 좀더 흐르면 이 세상의 삶을 마치고 천국에 들어가는 날도 오겠지요.

지금 베트남에는 한류바람이 대단합니다. 바구니 배를 타고 한국인들이 관광을 할 때에 베트남 뱃사공들은 갈대껍질로 반지와 꽃을 만들어 한국인 관광객들에게 선물합니다.

그리고 한국에서 유행하는 한국유행가를 앰프로 크게 틀어놓고 춤을 추며 흥겨워 합니다. 많지도 않은 수고비를 받으며 최선을 다해 고객을 섬기는 그들의 모습을 보면 황송해서 몸 둘 바를 모르겠더군요.

한국인 가이드가 팁으로 1달러만 주면 된다고 해서 1달러만 주었는 데도 그들은 우리 한국 관광객들보다 훨씬 더 행복해 보였습니다. 그런데 단체(패키지)로 여행을 했기 때문에 우상을 섬기는 이상한 종교의 사원이나 절을 여러 군데 방문하게 되었습니다.

또한 베트남 다낭에는 신호등도 거의 없고 자동차들이 중앙선도 예사로 침범하고 자동차와 오토바이와 걸어 다니는 사람들이 한 데 뒤엉켜 혼란스럽고 복잡해 보이기도 했지만 느릿느릿 움직이는 그들의 모습이 평화롭고 여유가 있어 보였습니다.

또한 베트남 사람들은 잘 살아 보겠다는 경제적인 목표가 있기 때문에 비교적 건전한 사회 같아 보였습니다. 그러나 선진국들이나 우리 한국 사람들은 이미 경제적인 풍요를 누리고 있기 때문에 더 이상 목표가 없어서인지 자꾸만 성적으로 타락한 사회가 되어가는 듯합니다.

성적으로 타락한 사회가 되면 동성애가 유행합니다. 음란하고 저질적인 퇴폐업소가 많아 집니다. 인간은 아무리 쾌락을 즐겨도 진정한 만족과 평화를 누리지 못합니다. 참된 평화와 안식은 오직 예수님, 오직 하나님만이 주실 수 있습니다. 베트남 사람이나 한국 사람이나 누구든지 죽음을 피할 수 없습니다.

죽음의 문제가 해결되어야 인간은 진정한 평화와 안식을 누릴 수 있습니다. 죽음의 문제를 해결해 주는 종교는 기독교가 유일하고 확실합니다.

여행을 마치고 돌아오는 길에 베트남 다낭 공항에서 여권과 탑승권을 확인하는 남자 직원의 얼굴표정이 무표정하고 시무룩해 보였습니다. 그래서 내 차례가 되었을 때 저는 그 분에게 한마디 했습니다.

"You are 댑짜이!"(선생님, 미남이시네요!)

그랬더니 북한 군복 같은 유니폼을 입은 그 남자는 씩 웃으면서 베트남 말로 뭐라 뭐라 하시더군요. 아마 기분이 좋았나 봅니다.

저는 이번에 베트남에 가서 베트남 말을 몇 가지 배워왔습니다.

신 짜오(안녕하세요?) 신깜언(감사합니다.) 깜언(고마워, 반말) 댑짜이(잘생기셨네요. 남자) 댑가이(예쁘시네요. 여자) 등등입니다.

그런데 다른 사람을 칭찬하거나 작은 일에도 감사를 표현하려면 내 마음이 밝아야 합니다. 내 마음이 어두워지면 남을 칭찬해주거나 감사를 표현할 수 있는 여유가 없어집니다. 저 역시 기도를 게을리 하거나 성경을 멀리하면 마음이 어두워집니다.

저는 베트남 여행 중에 마음이 어두워지지 않도록 매일 새벽에 일어나서 큐티를 하고 낮에는 관광을 하면서 손에는 부채 대신, 물병 대신, 스마트폰 대신에 성경 장절을 기록한 종이를 들고 다니며 수시로 성경을 암송했습니다. 그 덕분에 제 마음을 그런대로 잘 지킬 수 있었다고 생각합니다. 누구든지 성경을 읽지 않고 기도를 게을리 하면 마음이 어두워지고 죄를 짓게 됩니다. 베트남 공항의 시무룩해 보이는 남자 직원처럼 얼굴표정도 어두워지고 마음까지 어두워지기 쉽습니다.

만일 제가 베트남 여행 중에 아침금식이라도 하면서 좀 더 열심히 기도했더라면 전도도 열심히 했을 것입니다. 그런데 저는 그 공항 직원에게 잘 생겼다고 칭찬을 해주었지만 전도는 하지 못했습니다.

"Believe in Jesus!"(빌리브 인 지저스!, 예수님을 믿으세요.)

이 말 한마디 하지 못한 것이 못내 아쉽습니다. 낯선 사람에게 "예수님을 믿으세요."하고 말 한마디 하는 것이 쉬워 보이지만 쉽지 않을 수도 있습니다.

내 마음이 밝아야 전도도 할 수 있습니다. 내 마음이 밝아야 남을 칭찬해 줄 수 있습니다. 내 마음을 밝게 하려면 어떻게 해야 할까요? 저는 예수님을 믿는 것이 아주 좋다고 생각합니다. 그리고 매일 성경을 읽고 기도생활을 열심히 한다면 누구든지 밝은 마음으로 힘차게 세상을 살아갈 수 있을 것입니다.

4부 ◆ 전도지와 블로그에 올렸던 글

명성교회는 우리의 원수가 아닙니다.(2018.9.11)

하나님께서는 우리를 엄청 사랑하십니다. 외아들 예수 그리스도를 우리 대신 십자가에서 죽게 할 만큼 우리를 사랑하십니다. 예수님은 우리 대신 죽으시고 3일 만에 다시 살아나셔서 우리의 구세주가 되셨습니다.

우리는 이러한 하나님의 사랑을 잊지 말아야 합니다. 날마다 감사하며 살아야 합니다. 서로 사랑하며 살아야 합니다. 그런데 어떤 사람들은 남을 비판하며 남을 헐뜯느라 세월을 낭비하고 있습니다. 대형교회들이 엄청나게 큰 예배당을 짓든지 말든지 명성교회가 세습을 하든지 네습을 하든지 그것은 우리가 간섭할 일이 아닙니다. 우리는 자신의 죄를 회개하고 나에게 맡긴 사명에 충성해야 합니다.

우리는 감사하는 마음으로 기도하는 일에 바쁘고 전도하는 일에 바빠야 합니다. 목사님들은 기도하고 설교 준비하는 일에 바빠야 합니다. 신학생들과 신학대 교수님들은 성경을 연구하고 공부하는 일에 바빠야 합니다.

그런데 우리끼리 서로 다투고 싸운다면 누가 좋아할까요? 마귀가 좋아서 춤을 추겠지요. 명성교회는 우리의 원수가 아닙니다. 우리의 원수는 마귀와 사탄 그리고 어둠의 영들입니다. 귀신들입니다.

〈엡 6:12〉 "우리의 씨름은 혈과 육을 상대하는 것이 아니요 통치자들과 권세들과 이 어둠의 세상 주관자들과 하늘에 있는 악의 영들을 상대함이라"

마음속에 증오심을 품고 남의 교회나 이웃 교회를 비판하는 사람은 사탄에게 미혹된 사람이 분명합니다. 우리는 서로 사랑해야 합니다.

〈요일 4:7〉 "사랑하는 자들아 우리가 서로 사랑하자 사랑은 하나님께 속한 것이니 사랑하는 자마다 하나님으로부터 나서 하나님을 알고 사랑하지 아니하는 자는 하나님을 알지 못하나니 이는 하나님은 사랑이심이라"

시기하는 마음과 질투심이 나를 망하게 합니다. 남을 함부로 비판하는 사람은 스스로 정의롭다고 생각하지만 사실 알고 보면 사탄에게 사로잡혀서 그렇게 행동하는 것입니다. 우리는 남의 교회를 비판할 자격이 없습니다. 우리는 자신의 죄를 찾아서 회개하기를 힘써야 합니다. 하나님은 우리가 하나 되기를 원하십니다.(골 3:15, 엡 4:3)

지금 우리사회는 동성애와 차별금지법이 우리 한국교회를 위협하고 있습니다. 이단들과 이슬람 세력이 우리를 공격하고 있습니다. 이러한 때에 우리 끼리 싸우고 서로 물고 먹으면 피차 멸망하게 됩니다.

〈갈 5:15~16〉 "만일 서로 물고 먹으면 피차 멸망할까 조심하라

내가 이르노니 너희는 성령을 따라 행하라 그리하면 육체의 욕심을 이루지 아니하리라"

추수감사주일을 맞아서 당신은 감사함이 넘쳐나고 있습니까? 아니면 이웃이 잘되는 것을 보고 시기하고 질투하고 있습니까?

동성애, 사랑이라고 말할 수 있을까?

"친 딸들에게 몹쓸짓, 인면수심 40대에 20년간 전자발찌 부착" (2018-05-13, 연합뉴스)

며칠 전 강원도 춘천에서 일어난 사건을 보도하는 연합뉴스의 제목입니다. 45세의 이 남자는 10대의 두 딸들에게 몹쓸 짓을 저지를 때마다 엄마와 다른 사람들에게 말하지 말라며 입단속을 시켰다고 합니다.

그런데 왜 이런 일이 일어나는 걸까요? 음란 귀신에게 사로잡혔기 때문입니다. 더럽고 추악한 귀신에게 사로잡히지 않고서야 어찌 이런 짐승같은 행동을 할 수 있겠습니까?

성범죄자 뿐만 아니라 동성애자들도 더러운 귀신에게 미혹된 사람이라고 말할 수 있습니다. 연세대 의과대학 감염내과 김준명 교수는 최근에 전국 19개 병원에서 진료를 받고 있는 에이즈 환자 1474명을 대상으로 역학조사를 실시하였습니다. 연구결과 18~19세 에이즈 환자의 경우 92.9%가 남자라고 합니다. 남자동성애자들은 항문을 이용해서 성관계를 가지기 때문에 에이즈에 훨씬 많이 걸린다는 것입니다.(국민일보, 2018년 4월 16일자, 백상현 기자)

이러함에도 불구하고 박원순 서울시장, 박상기 법무부장관 ……

등등 유명한 정치인들이 동성애를 조장하고 옹호하는 차별금지법을 제정하려고 애를 쓰고 있습니다. 우리나라는 해마다 서울시청 광장에서, 대구 동성로에서 동성애자들이 수천 혹은 수만 명씩 대규모로 동성애를 홍보하는 '퀴어축제'를 하고 있습니다. 이러한 음란하고 저질적인 행사에 일부 정치인들도 참석하여 응원하고 격려하고 있으니 기가 차서 말이 안 나올 지경입니다.

동성애는 인권이 아닙니다. 그런데 국가인권위원회는 동성애와 다자성애(집단난교)까지 인권이라고 주장하면서 그들을 비판하거나 혐오하면 징역을 살게 하거나 수천만 원의 벌금을 내게 하는 무서운 악법인 차별금지법을 만들려고 합니다.

현재 우리나라는 국민들이 현직 대통령을 비판하고 혐오하여 탄핵할 뿐만 아니라 징역 24년을 선고하였습니다. "대통령을 비판할지라도 동성애를 비판하지 말라?" 동성애를 비판하면 형사 처벌하겠다는 것이 차별금지법의 핵심입니다. 동성애자들이 대통령보다 더 높고 귀하신 분들인가요?

현직 대통령을 임기도 끝나기 전에 끌어내려서 교도소에 가두고 동성애자들을 특별 대우하는 나라가 과연 좋은 나라입니까? 이처럼 성경을 모르고 하나님을 모르면 인간은 아주 어리석은 판단을 하게 됩니다.

〈레 18:22〉 "너는 여자와 동침함 같이 남자와 동침하지 말라 이는 가증한 일이니라"

〈잠 1:7〉 "여호와를 경외하는 것이 지식의 근본이거늘 미련한 자는 지혜와 훈계를 멸시하느니라."

저는 최근에 낯선 사람들로부터 두 통의 전화를 받았습니다. 첫

번째 전화는 대구에 사시는 어떤 분이 C채널에 출연했던 저의 방송과 유튜브 설교를 듣고 은혜를 받았다며 후원금 20만원을 송금하겠다는 전화였습니다. 그리고 그 분은 저의 설교를 과분하게 칭찬해 주는 바람에 기분이 좋았습니다.

그런데 몇 시간이 지난 후 그날 저녁 때 아내와 함께 가정 예배를 드리려고 할 때에 또 다른 낯선 번호로 전화가 걸려 왔습니다. 화가 많이 난 젊은 남자의 목소리가 들려왔습니다. 이 분은 아마 동성애자인 듯 했습니다. 이 분은 동성애가 선천적이라고 주장했습니다. 또 하나님이 세상과 인간을 창조했다면 동성애도 하나님이 만든 것이니 하나님이 잘못한 것이라고 말했습니다. 이 분은 저에게 동성애를 비판하는 전도지(전단지)를 뿌렸다면서 욕을 섞어가면서 거칠게 항의를 하였습니다.

저는 그 분의 말에 동의를 할 수 없었지만 이야기는 끝까지 들어주었습니다. 인간은 피조물입니다. 인간은 창조주 하나님을 비판하거나 대적할 자격이 없습니다.

인간이 하나님을 대항해서 싸우는 것은 주먹으로 바위를 치는 것과 같습니다. 그러므로 우리 피조물들은 겸손한 태도로 성경을 읽으며 성경말씀에 순종해야 합니다. 거룩하게 살라는 말씀에 순종해야 합니다. 때를 얻든지 못 얻든지 말씀을 전파하라는 말씀에 순종해야 합니다.

전도지를 나눠주며 길거리에서 전도를 하면 격려해 주는 사람도 있지만 욕을 하거나 박해하는 사람들도 종종 만나게 됩니다. 전도자는 모든 사람에게 칭찬을 받으려고 기대하면 안 됩니다. 정치인들은 모든 사람에게 표를 얻고자 하여 헛된 공약을 남발하거나 심지어 동성애자들의 표를 의식하여 동성애를 옹호하거나 동성애를 보호받아야 할 인권이라고 주장하기도 합니다.

하지만 우리 그리스도인들은 모든 사람에게 칭찬받으려는 태도를 버려야 합니다.

〈눅 6:26〉 "모든 사람이 너희를 칭찬하면 화가 있도다. 그들의 조상이 거짓 선지자들에게 이와 같이 하였느니라."

우리는 하나님께 칭찬받기를 소원해야 합니다. 그리고 신실한 그리스도인들에게 인정받기를 힘써야 합니다. 그러나 쭉정이 신자들이나 악한 자들에게 칭찬받으려고 해서는 안 됩니다. 동성애는 더럽고 음란한 행동입니다. 동성애는 천국에 들어가지 못하게 하는 10가지 죄 중에서 다섯 번째에 해당하는 무서운 죄입니다.(고전 6:9~10, 레 18:22)

하지만 동성애에 빠졌다 할지라고 빨리 회개하고 하나님 품으로 돌아오면 구원받을 수 있습니다. 동성애를 끊고 새사람이 될 수 있습니다.

우울증을 이기려면

우울증을 극복하려면 부활에 관한 성경구절을 많이 암송하는 것이 좋습니다.

〈요 11:25~26〉 "나는 부활이요 생명이니 나를 믿는 자는 죽어도 살겠고 무릇 살아서 나를 믿는 자는 영원히 죽지 아니하리니 이것을 네가 믿느냐"

예수님의 부활은 약 2천 년 전에 실제로 일어났던 생생한 역사입니다. 예수님의 부활은 사실이기 때문에 우리 그리스도인들의 부활도 확실하게 믿을 수 있습니다. 만일 부활이 없다면, 천국이 없다면 예수님을 믿는 사람들이 세상에서 가장 불쌍한 사람이라고 말할 수 있습니다. 하지만 예수님의 부활은 너무나 확실하고 우리의 부활도 너무나 확실합니다. 그러므로 부활을 묵상하면 우리는 우울한 감정을 쉽게 떨쳐 버릴 수 있습니다.

〈고전 15:16~17〉 "만일 죽은 자가 다시 살아나는 일이 없으면 그리스도도 다시 살아나신 일이 없었을 터이요 그리스도께서 다시 살아나신 일이 없으면 너희의 믿음도 헛되고 너희가 여전히 죄 가운데 있을 것이요"

예수님의 부활과 나 자신의 부활을 믿고 기대하는 사람은 우울증에 걸리지 않습니다. 많은 사람들이 우울증에 걸리는 이유는 부활을 믿지 못하고 땅의 것에만 집착하기 때문입니다.

〈골 3:2〉 "위의 것을 생각하고 땅의 것을 생각하지 말라"

그런데 우리는 현재 땅에서 살고 있기 때문에 땅의 것을 전혀 생각하지 않을 수는 없겠지요. 땅의 것을 구하더라도 항상 하나님의 영광을 위해서 구한다면 별로 문제될 것이 없습니다.

저는 며칠 전에 〈예수를 믿었으면 반드시 부자가 되라〉는 책을 읽어 보았습니다. 그 책은 작가 최승환씨가 예수님을 믿고 실제로 부자가 된 사람의 이야기를 사실 그대로 공개한 내용이라고 합니다. 가난하기 때문에 마음이 우울한 사람이 있다면 저는 이 책을 적극 추천하고 싶습니다. 이 책의 주인공은 예수님을 믿고 십일조를 온전히 드리며 개척교회 목사님들을 도와 드렸더니 큰 부자가 되었다고 간증하고 있습니다.

〈말 3:8~10〉 "사람이 어찌 하나님의 것을 도둑질하겠느냐 그러나 너희는 나의 것을 도둑질하고도 말하기를 우리가 어떻게 주의 것을 도둑질하였나이까 하는도다 이는 곧 십일조와 봉헌물이라 너희 곧 온 나라가 나의 것을 도둑질하였으므로 너희가 저주를 받았느니라 만군의 여호와가 이르노라 너희의 온전한 십일조를 창고에 들여 나의 집에 양식이 있게 하고 그것으로 나를 시험하여 내가 하늘 문을 열고 너희에게 복을 쌓을 곳이 없도록 붓지 아니하나 보라"

십일조에 관한 말씀 그리고 부활에 관한 말씀을 붙잡으면 우울증을 물리치고 활기차게 살아갈 수 있습니다.

동성애, 넉넉히 이길 수 있습니다.(2017.7.31)

우리 그리스도인들이 장차 '나 혼자' 혹은 '내 가족들'만 천국에서 영광을 누리게 될 것을 기대하고 현실에 대해서 외면하고 무관심하다면 그것은 올바른 태도가 아닙니다. 우리 그리스도인들은 이 나라와 사회문제에 대해서도 관심을 가지고 기도하며 행동해야 합니다.

약 2주전(2017년 7월 15일) 서울시청 앞 광장에서 열린 동성애자들의 섹스파티(퀴어축제)에 정의당의 이정미 대표가 참석하여 그들의 음란하고 저질적인 행사를 축하하고 격려하였습니다.

정의당의 김종대 의원 등 10명의 국회의원들은 지난 5월에 군대내에서 군인들이 동성애 성관계를 하도록 허용해 주는 법률개정안을 발의했습니다. 마지막 헌법재판소 판결에서 5:4로 간신히 막을 수 있었지만 우리는 정신을 차리고 계속 기도해야 합니다. 왜냐하면 그들은 군형법 92조 6을 폐지하고 차별금지법(동성애 독재법)이라는 악법을 만들고자 계속 추진하고 있기 때문입니다.

지금 우리나라는 핵전쟁의 위험 속에 있으면서도 도덕적으로 매우 타락하고 있습니다. 2015년 서울대 총학생회장 김보미 씨가 서울대 사상 처음으로 동성애자(레즈비언) 총학생 회장으로 당선되었습니다. 그리고 불과 2년 후인 지금 2017년에는 우리나라 대학교 중에서 동성애자 총학생회장이 무려 6명이나 된다고 합니다.

현재 '대학생 성소수자 모임연대'에는 무려 전국의 대학교들 중에서 52개 대학 56개의 동아리가 가입되어 있으며 이들은 인권단체와 좌파 진보 정치인들과 연합하여 차별금지법(동성애 독재법)을 만들고자 기를 쓰고 있습니다. 그런데 동성애의 배후에는 어둠의 영들이 역사하고 있습니다.

〈엡 2:2~3〉 "그 때에 너희는 그 가운데서 행하여 이 세상풍조를 따르고 공중의 권세 잡은 자를 따랐으니 곧 지금 불순종의 아들들 가운데서 역사하는 영이라 전에는 우리도 다 그 가운데서 우리 육체의 욕심을 따라 지내며 육체와 마음의 원하는 것을 하여 다른 이들과 같이 본질상 진노의 자녀이었더니"

그러므로 교회들도 연합하여 동성애 합법화를 반대하며 어둠의 영들과 싸워서 이겨야 합니다. 우리가 침묵하고 있으면 동성애는 점점 확산될 것이며 에이즈도 함께 확산되어 인구는 더욱 줄어들고 나라는 망하게 될 것입니다.

동성애는 천국에 들어가지 못하게 하는 무서운 죄입니다.(고전 6:9~10, 레 18:22, 레 20:13, 롬 1:26~32) 현재 우리나라의 신규 에이즈 환자의 92%가 남자 동성애자들입니다. 동성애 성관계를 오랫동안 계속하면 결국 항문 괄약근이 파열되어 대변이 줄줄 흘러내려 기저귀를 착용해야 하고 너무 수치스러워서 자살을 하는 일들이 많습니다.

그래서 동성애자들은 보통 사람들에 비해 평균 수명이 20년 이상 짧습니다. 동성애는 정상이 아닙니다. 질병입니다. 성중독입니다. 그리고 죄입니다. 부모의 가슴에 못을 박는 최악의 불효입니다.

그러나 동성애에 빠졌다 할지라고 회개하고 예수님을 믿으면 동성애 귀신이나 음란하고 더러운 귀신들을 넉넉히 이길 수 있습니다.

동성애, 사랑일까? 변태일까? (2017.9.5)

"동성애가 나랑 무슨 상관이 있어? 나랑 하자는 것도 아니고, 내 눈앞에서 하는 것도 아니고, 자기들끼리 안 보이는 데서 뭔 짓을 하든 우리와 무슨 상관이 있어요? 그걸 굳이 반대하고 비판을 해야 하나요?"

과연 우리와 상관없을까요? 지금 우리나라는 동성애 때문에 에이즈 환자가 급속도로 증가하고 있습니다. 정부에서 그들의 치료비로 매년 국민들이 바치는 혈세 수천 억 원을 쏟아 붓고 있습니다. 그리고 착한 학생들도 동성애에 빠져들고 있습니다. 그리고 내 아들이 동성애자가 된다면? 내 딸이, 내 손자 손녀가 동성애자가 된다면? 정말 우리와 상관이 없을까요?

동성애는 이 사회를 타락시키는 변태적 성행위입니다. 그런데 국가인권위원회와 박원순 서울시장, 반기문 전 사무총장, 심상정 전 대통령 후보 등등 여러 정치인들이 동성애를 적극 옹호하고 있습니다.

현재 문재인 정부도 동성애를 합법화 하려고 헌법 개정을 추진하고 있습니다. 지난 2002년도에는 국가인권위원회가 압력을 가하여

사전에서 동성애를 긍정적으로 설명하고 있습니다. 현재 스마트 폰으로 '네이버 사전'이나 '다음 사전'을 검색해보면 동성애를 이렇게 정의하고 있습니다.

"동성애 : 동성 간의 사랑" 그러나 종이로 된 옛날 국어사전을 찾아보면 이렇게 나와 있습니다. "동성연애(동성애) : 동성 간의 변태적인 연애"이다.

항문 섹스는 변태적인 성행위입니다. 결코 정상이 아닙니다. 성경은 동성애를 가증한 일(레 18:22~23), 부끄러운 일(롬 1:26~32), 천국에 들어가지 못하게 하는 무서운 죄(고전 6:9~10)라고 말씀하고 있습니다.

그런데 현재 우리나라는 이렇게 동성애를 정상으로 가르치고 혼전 성관계도 괜찮다고 말하는 교사들이 많습니다. 그래서 최근에 경남의 어느 초등학교에서 32살 여교사와 12살짜리 초등학교 6학년 남자아이의 성관계(성폭행?) 사건이 일어나게 된 것입니다.

그러므로 우리는 모두다 예수님을 주인으로 영접하고 어둠의 일을 벗고 빛의 갑옷을 입어야 합니다. 낮에와 같이 단정히 행하고 방탕하거나 술 취하지 말아야 합니다. 음란하거나 호색하지 말아야 합니다. 오직 주 예수 그리스도로 옷 입고 정욕을 위하여 육신의 일을 도모하지 말아야 합니다(롬 13:11~14). 그리고 동성애를 옹호하는 헌법 개정을 적극 반대해야 합니다.

결혼을 귀히 여기고(2017.9.10)

"난 동성이 좋아…… EBS, 초등생용 동성애 카드 뉴스 만들어"

이제 국민일보에 실렸던 기사의 제목입니다. 교육전문 공영방송 EBS가 초등학생들에게 동성애를 미화하고 조장하는 콘텐츠를 만들어 블로그에 올렸다고 합니다. 그러자 학부모들의 거센 비판에 시달리다가 결국 뒤늦게 차단시켰다는군요.

공영방송 EBS가 동성애자들의 부도덕한 성행위를 마치 존중받아야 할 건전한 사랑인 것처럼 아이들에게 가르치다니 정말 심각한 일입니다. 게다가 문재인 정부에서는 동성애를 합법화 하려고 헌법까지 개정하려고 합니다.

우리는 정신을 차리고 동성애 합법화를 막아야 합니다. 그런데 왜 이러한 일들이 일어나는 걸까요? 왜 세상은 자꾸만 타락해가는 걸까요?

사탄이 자기만 지옥에 들어가는 것이 억울해서 사람들을 타락시켜서 함께 지옥에 끌고 들어가려는 수작입니다. 마귀, 사탄, 어둠의 영들은 사람들의 마음속에 들어가서 더럽고 음란한 생각을 자꾸만 심어줍니다. 그러므로 우리는 깨어서 기도하며 내 마음을 스스로 지켜야 합니다.

〈잠 4:23〉 "모든 지킬 만한 것보다 더욱 네 마음을 지키라 생명의 근원이 이에서 남이니라"

마음을 지키기 위해서는 TV와 스마트폰을 멀리 하고 성경을 가까이 해야 합니다. 성경 말씀을 열심히 읽기도 하고 암송도 하며 깨어 기도해야 합니다. 인간은 똑똑한 것 같지만 원숭이가 인간이 된다는 말에도 속고 생명 없는 먼지가 진화해서 생명 있는 벌레가 된다는 진화론에 속아 넘어가는 사람이 얼마나 많은지 모릅니다.

또한 동성애를 옹호하는 사람들의 논리도 그럴듯해 보이지만 사실상 알고 보면 사탄에게 미혹된 사람들의 거짓된 엉터리 이론입니다. 동성애를 빨리 끊지 아니하면 항문 괄약근이 파열되어 결국 대변을 줄줄 흘리게 되어 기저귀를 차야하고 에이즈로 고생하다가 자살하는 경우가 아주 많습니다. 하나님은 우리 인생들이 거룩하게 살기를 원하십니다.

〈히 13:4〉 "모든 사람은 결혼을 귀히 여기고 침소를 더럽히지 않게 하라 음행하는 자들과 간음하는 자들을 하나님이 심판하시리라"

빛의 갑옷을 입자 (2017.9.15)

성령 충만을 받고 빛의 갑옷을 입으면 자신감이 넘쳐나게 됩니다. 그런데 동성애자들이 반나체의 몸으로 "항문 섹스, 너무 좋단다"라는 피켓을 들고 서울 시내를 행진하는 것은 자신감이 아니고 방종입니다. 항문 섹스의 결과는 변실금 에이즈 그리고 자살입니다. 자신감이란 하나님이 나와 함께 하신다는 확신, 그리고 거룩하고 의로운 삶을 추구할 때 하나님이 주시는 담대한 마음이 바로 올바른 자신감입니다.

육체의 욕망이나 정욕으로 가득한 마음은 올바른 자신감이 아닙니다. 문재인 대통령께서는 지지율이 높은 편이지만 나라의 중요한 자리에 동성애를 옹호하는 사람을 자꾸 임명하려는 것 같아서 걱정이 됩니다. 최근에는 김명수 후보자를 대법원장의 자리에 앉히려고 애쓰시는 것 같습니다. 하지만 이 분은 동성애를 옹호하는 사람이라고 국민일보에 크게 실렸더군요.

동성애는 어둠에 속한 행동입니다. 그런데 국가인권위원회는 네이버 국어사전과 다음 국어사전 관리자에게 압력을 가하여 동성애의 뜻을 슬며시 바꾸어 버렸습니다. "동성애 : 동성 간의 사랑"이라고 설명하고 있더군요. 하지만 종이로 된 옛날 국어사전에는 "동성연애(동성애) : 동성 간의 변태적인 연애"라고 기록되어 있습니다. 그렇습니다. 동성애는 사랑이 아니고 변태적 성행위에 불과합니다.

문재인 대통령님! 국가인권위원회가 앞장서서 동성애를 조장하고 미화하고 확산시키는 일을 하고 있으니 국가인권위원회를 폐지해야 옳지 않습니까? 그런데 오히려 헌법기관으로 격상시킨다고요?

동성애자들을 성소수자로 포장해서 그들의 인권만 특별히 우대하고 다수의 인권은 짓밟아버리는 악한 법이 바로 차별금지법입니다. 지금 정부와 국회에서는 동성애 합법화를 위해서 헌법까지 개정하려고 합니다. 지금 우리나라의 출산율이 아주 저조한데 동성애가 확산되면 더욱 인구가 줄게 되어 결국 나라가 망하게 됩니다. 선조들이 피땀 흘려 세운나라 동성애로 망하기 직전입니다. 동성애를 허용하면 짐승과의 성관계, 근친상간, 소아성애자, 시체성애자들까지 법으로 보호해 주어야 할 판입니다. 동성애는 음란한 행동입니다. 하나님은 음란한 행동을 심판하신다고 성경에 말씀하고 있습니다.

〈히 13:4〉 "모든 사람은 결혼을 귀히 여기고 침소를 더럽히지 않게 하라 음행하는 자들과 간음하는 자들을 하나님이 심판하시리라"

우리 국민들은 동성애를 옹호하는 김명수 후보자의 대법원장 임명을 단호하게 반대해야 합니다.

송이버섯 인공재배 (2017.9.18)

오늘 새벽에 아내의 스마트폰으로 뉴스를 하나 읽어보았습니다.

송이버섯 인공재배에 성공했다는 소식이었습니다. 그리고 댓글도 대충 살펴 보았습니다. 대부분의 댓글은 송이버섯을 자주 먹을 수 있을 것 같아서 기대가 된다는 내용이었습니다. 그런데 저는 이런 댓글을 달았습니다.

"송이버섯은 하나님께서 만드셨습니다. 사람도 하나님께서 만드셨습니다. 그런데 학교에서는 진화론을 가르치고 있습니다. 사람의 조상은 짐승이라고 학교에서 가르치고 있으니 짐승 같은 행동을 하는 아이들이 점점 많아지고 있습니다. 자녀들에게 창조론을 가르쳐야 합니다. 그리고 성경을 가르쳐야 합니다."

자녀에게 진화론을 가르치면 매우 위험합니다. "사람의 조상은 원숭이다. 원숭이의 조상은 단세포 동물이다. 단세포 동물의 조상은 먼지다. 먼지는 저절로 생겼다." 이것이 진화론의 핵심내용입니다. 진화론을 믿으면 허무주의에 빠지게 됩니다. 많은 사람들이 자신을 짐승의 후손이라고 생각하기 때문에 짐승같은 행동을 하고 있습니다.

동성애는 짐승같은 더러운 행동입니다. 그런데 유력한 정치인들이 동성애자들을 성소수자로 포장하여 소수를 특별우대하고 다수를 억압하는 악한 법인 차별금지법을 만들고자 애를 쓰고 있습니다.

동성애가 벼슬입니까? 대통령도 잘못하면 온갖 비판을 받고 탄핵을 당하고 교도소에 들어가는 것이 민주주의입니다. 그런데 왜 동성애자들은 비판을 받으면 안 되고 특별대우를 받아야 한단 말입니까?

"항문 섹스, 너무 좋단다."라는 피켓을 들고 동성애자들이 서울시청광장에서 음란한 행사를 하도록 박원순 서울시장은 해마다 시청광장을 사용하도록 허락하고 있습니다.

인간은 창조론과 성경을 믿어야 인간답게 살 수 있습니다. 예수님은 부활하셔서 죽은 자와 산 자의 주인이 되셨습니다. 예수님을 나의 주인, 나의 왕으로 모셔야 인간은 하나님의 자녀답게 바르게 살아갈 수 있습니다.

진화론은 새빨간 거짓말 (2017.9.27)

학교에서 가르치는 진화론은 새빨간 거짓말입니다. 아이들이 학교에서 진화론을 배우기 때문에 스스로 짐승의 후손이라 생각하고 짐승처럼 행동하는 아이들이 점점 많아지고 있습니다. 얼마 전 대전에 있는 어떤 남자 중학교에서 남학생 11명이 수업 중에 여교사 앞에서 집단 자위행위를 해서 여교사가 교육청에 신고를 하는 사건이 일어났습니다.

그리고 경남에 있는 어떤 초등학교에서는 32세 된 유부녀 교사가 12세 된 6학년 남자아이와 성관계를 9차례나 가진 사건이 일어났습니다. 또한 우리나라는 동성애가 급속도로 확산되고 있으며 '바텀 알바'(동성애자에게 항문을 제공하는 알바)를 구한다는 전단지도 등장하였습니다.

이러한 일들이 일어나는 이유는 학교에서 진화론을 가르치기 때문입니다. 진화론을 가르치면 아이들이 스스로 짐승의 후손이라 생각하고 짐승같은 행동을 하게 됩니다. 학교에서 창조론을 가르쳐야 합니다. 성경을 가르쳐야 합니다. 하나님의 뜻을 무시한 성적 쾌락은 죄책감, 수치심, 변실금, 에이즈 그리고 자살충동을 불러일으킵니다.

예수님을 믿고 거룩하게 살 때에 진정한 평강과 기쁨을 얻을 수 있습니다. 예수님을 나의 주인으로 영접하고 내 마음속에 하나님의 나라가 임하면 의와 평강과 희락이 넘쳐납니다. 의와 평강과 희락은 돈 주고 살 수 없습니다. 그런데 돈이 없어도 의와 평강과 희락을 얻을 수 있는 방법이 있습니다. 그것은 예수님을 믿고 성령 충만을 받는 것입니다.

〈롬 14:17〉 "하나님의 나라는 먹는 것과 마시는 것이 아니요 오직 성령 안에 있는 의와 평강과 희락이라"

그러면 구체적으로 성령 충만을 어떻게 받을 수 있을까요? 성경을 열심히 읽고 기도를 열심히 하고 성경 말씀대로 순종하면 누구든지 성령 충만을 받게 됩니다.

〈수 1:8〉 "이 율법 책을 네 입에서 떠나지 말게 하며 주야로 그것을 묵상하여 그 안에 기록된 대로 다 지켜 행하라 그리하면 네 길이 평탄하게 될 것이며 네가 형통하리라"

사람이 불행해지는 이유는 예수님을 믿지 않고 하나님의 말씀에 순종하지 않고 자기 마음대로 살기 때문입니다. 인간은 하나님의 피조물입니다. 인간은 나를 지으신 하나님의 뜻에 순종하고 하나님의 영광을 위하여 살아갈 때 비로소 의와 평강과 희락을 누릴 수 있습니다. 진화론을 믿지 말고 창조론을 믿어야 합니다.

의와 평강과 희락 (2017.10.1)

지금 우리나라는 동성애자들을 특별히 우대하며 이슬람에게 문을 열어주는 헌법 개정을 추진하고 있습니다. 이것은 대단히 위험한 일입니다. 이러한 일이 일어나는 이유는 정치인들의 배후에 어둠의 영, 마귀, 사탄이 활동하기 때문입니다.(엡 2:1~3)

현재 우리나라는 언론의 자유가 보장되기 때문에 대통령을 비판해도 경찰에 체포되거나 징역을 살지 않습니다. 그런데 차별금지법이 통과되면 동성애를 전혀 비판할 수 없게 되고 동성애 독재시대가 열리게 됩니다. 동성애 단체의 회장은 대통령보다 더 높은 권력을 휘두르는 악한 세상이 되고 맙니다.

현재 우리나라는 동성애를 하다가 에이즈에 걸리면 국가에서 모든 진료비를 100% 부담해주고 있습니다. 하지만 동성애자들은 여전히 행복을 누리지 못하고 우울증, 수치심, 변실금, 에이즈로 고통당하다가 자살하는 일들이 많습니다. 그래서 동성애자들은 일반인들보다 평균 수명이 15~20년 정도 짧습니다.

사람은 윤리와 도덕을 무시한 성적쾌락으로 결코 만족할 수 없습니다. 사람은 예수님을 믿고 하나님의 말씀에 순종함으로 성령 안에 있는 의와 평강과 희락을 누리도록 창조되었습니다. 인간이 성령의 인도하심을 거역하고 마귀가 인도하는 대로 불의한 일이나 탐욕을 추구하거나 육체의 본능대로 살면 결국 불행하게 되고 영원한 지옥 불구덩이에 떨어지게 됩니다.

인간은 아무 생각 없이 짐승처럼 살아서는 안 됩니다. 동성애는 고상하거나 아름다운 사랑이 아닙니다. 동성애는 변태적인 성행위에 불과합니다. 동성애를 미화하는 네이버와 다음 국어사전의 뜻을 원래의 뜻으로 고쳐야 합니다.

동성애를 조장하고 미화하고 옹호하는 국가 인권위원회를 폐지해야 합니다. 동성애 합법화와 이슬람에게 문을 열어주는 헌법 개정을 적극 반대해야 합니다. 동성애는 천국에 들어가지 못하게 하는 무서운 죄입니다.(고전 6:9~10) 동성애의 쾌락은 참된 기쁨이 아닙니다. 사탄이 유혹하는 미끼입니다.

소망의 하나님(2017.10.7)

지금 우리나라는 정의가 사라지고 불의가 판을 치고 있는 것 같습니다. 저는 며칠 전 가족들과 함께 안동에 들렀다가 안동 탈춤 축제 행사장을 잠시 둘러보았습니다. 그 곳에서 보건복지부 질병관리본부에서 만든 것으로 보이는 "에이즈 바로알기"라는 전단지를 한 장 받아서 읽어보았습니다.

에이즈는 남자 동성애자들이 가장 많이 걸리는 무서운 전염병입니다. 그런데 그 전단지에는 그러한 내용은 전혀 없고 콘돔만 잘 사용하면 에이즈에 걸릴 위험성이 거의 없다고 기록되어 있었습니다.

에이즈를 예방하는 것이 아니라 동성애와 프리섹스를 홍보하고 미화하는 전단지 같았습니다. 왜 이런 일이 일어날까요? 국가인권위원회와 보건복지부 질병관리본부의 책임자들과 높은 자리에 있는 분들이 동성애 귀신에게 사로잡힌 게 아닐까요? 얼마 전에는 EBS교육방송과 네이버가 공동으로 동성애 옹호 콘텐츠를 만들어 인터넷에 올렸다가 학부모들의 거센 항의에 부딪쳐 다시 내린 적이 있습니다. 또한 EBS 교육방송에서는 지난 성탄절과 1월 1일 두 차례에 걸쳐서 음란방송을 내보냈습니다. 성인용품 판매상을 고정 토론자로 불러 자위, 동거, 동성애를 옹호하는 "까칠 남녀"라는 프로그램을 방송했습니다. 음란 퇴폐를 조장하는 것이 공영방송이며 교육방송이라는 EBS가 해야 할 일입니까?

이처럼 온 세상이 악한 자 마귀에게 놀아나고 있습니다.(요일

5:19) 하지만 우리 그리스도인들은 정의를 외쳐야 합니다. 진리 되신 예수님을 담대하게 전파해야 합니다. 동성애와 성적타락은 출산율을 급격하게 떨어뜨리고 에이즈를 확산시켜서 결국 나라를 망하게 하는 무서운 죄입니다.

동성애가 아름다운 사랑인 것처럼 주장하는 사람들이 있지만 실상은 변태적인 성행위에 불과합니다. 동성애는 부모의 가슴에 대못을 박는 최악의 불효입니다. 동성애는 사랑이 아닙니다. 수십 명 혹은 수백 명씩 모르는 사람들과 파트너를 바꾸어가며 항문성교를 하는 것이 무슨 사랑입니까? 그러므로 우리 국민들은 동성애를 혐오해야 합니다. 하나님께서 동성애를 가증하다고 말씀하시고 혐오하시는데 우리도 동성애를 혐오하는 것이 마땅합니다.

동성애 합법화는 동성애자들에게 희망을 주는 것이 아니라 오히려 망하게 하는 것입니다. 동성애를 끊고 새사람이 되도록 도와주는 것이 참된 사랑입니다. 우리나라의 신규 에이즈 환자의 92%는 남자 동성애자들입니다. 이 사실을 숨기고 콘돔 사용만 권유하는 보건복지부 장관과 질병관리본부는 크게 반성해야 합니다.

콘돔은 젊은이들에게 참된 희망을 줄 수 없습니다. 오직 예수님만이 오직 하나님만이 우리에게 소망을 넘치도록 부어 주실 수 있습니다.

〈히 13:4〉 "모든 사람은 결혼을 귀히 여기고 침소를 더럽히지 않게 하라 음행하는 자들과 간음하는 자들을 하나님이 심판하시리라"

초등학교 운동장에서(2017.10.21)

천국과 지옥이 있다는 것을 우리가 어떻게 믿을 수 있을까요? 예수님의 부활의 증거를 보고 믿을 수 있습니다. 예수님의 부활은 모든 사람이 예수님을 주와 그리스도로 믿을 수 있는 확실한 증거입니다.(행 17:30~31,행 2:36)

예수님의 부활은 역사적 사실이기 때문에 전 세계가 예수님의 탄생시점을 기준으로 B.C.와 A.D., 기원 전과 기원 후로 나누어 역사를 기록하고 있습니다. 만일 예수님이 부활하지 못했다면 예수님은 그저 미친 청년에 불과합니다. 미친 청년을 기념하기 위해서 전 세계가 미친 청년이 태어난 해를 역사의 기준점으로 정한다는 것은 말도 안 됩니다. 그리고 미친 청년을 위해서 순교한다는 것도 있을 수 없는 일입니다. 지금도 전 세계에서 예수님을 믿는다는 이유로 수많은 그리스도인들이 박해를 당하고 있습니다.

예수님은 실존 인물이었습니다. 예수님의 죽으심과 부활사건도 약2천 년 전에 일어난 실제 사건이었습니다. 예수님이 실제로 부활하셨기 때문에 성경 말씀이 진리임을 믿을 수 있고 천국과 지옥이 존재한다는 것도 믿을 수 있습니다.

성경은 하나님이 천지 만물을 창조하시고 인간을 만드셨다하고 분명하게 말씀하고 있습니다. 예수님을 믿고 하나님을 아버지로 모시고 살면 자존감을 가지게 되고 그리스도 예수 안에서 선한 일을 행하고 싶은 소원이 생기게 됩니다.

〈엡 2:10〉 "우리는 그가 만드신 바라 그리스도 예수 안에서 선한 일을 위하여 지으심을 받은 자니 이 일은 하나님이 전에 예비하사 우리로 그 가운데서 행하게 하려 하심이니라"

저는 그저께 청송군 진보면에 있는 어떤 초등학교에 들러 운동장에서 놀고 있는 아이들과 교사 한 분에게 복음을 전했습니다.(오후

5시경)

"진화론은 거짓이다. 창조론이 옳다. 진화론을 믿으면 스스로 짐승의 후손이라 생각하게 되고 짐승같이 되는대로 막살기 쉽다. 동성애는 정상이 아니다. 예수님을 믿어야 하나님의 자녀라는 자존감을 가지고 훌륭한 사람으로 자라날 수 있다"고 복음을 전하였습니다.

그때 마침 퇴근하려던 교사 몇 분이 지나가다가 그 중에 남자 선생님 한 분이 다짜고짜 저를 떠밀면서 저에게 교문 밖으로 나가라고 하였습니다. 빨리 나가지 않으면 경찰에 신고하겠다고 했습니다.

아직 우리나라는 차별금지법이 통과되지 않았습니다. 그런데도 이처럼 전도자를 박해하는데 동성애 차별금지법이 통과된다면 더 심한 박해를 당하는 것은 당연한 일입니다. 우리 그리스도인들은 더욱 열심히 기도하며 동시에 동성애 반대운동을 적극적으로 해야 합니다. 저를 떠밀어 내신 그 선생님이 혹시 이 글을 읽게 된다면 예수님을 믿으시고 천국의 소망을 가지시기를 바랍니다.

콘돔으로 에이즈를 예방할 수 있을까?(2017.11.14)

콘돔으로 에이즈를 완벽하게 예방할 수 있을까요? 아닙니다. 콘돔을 신뢰하면 대단히 위험한 결과를 초래할 수 있습니다. 콘돔을 의지하며 성적으로 방탕한 생활을 하는 사람은 결국 에이즈를 비롯한 각종 성병으로 고통을 당하는 날이 반드시 옵니다. 에이즈를 예방하려면 부부사이 외에 모든 성관계를 금해야 합니다. 에이즈는 성적으로 문란한 사람들에게 내리시는 하나님의 형벌입니다.

저는 얼마 전에 보건복지부 질병관리본부에서 제작한 "에이즈 바로알기"라는 전단지를 읽어보았습니다. 그 전단지에는 콘돔만 사용하면 에이즈에 걸릴 위험성이 거의 없다고 적혀 있더군요. 정말 일까요? 콘돔만 사용하면 정말 무슨 짓을 해도 괜찮을까요? 아닙니다. 에이즈는 남자 동성애자들이 많이 걸리는 무서운 성병입니다.

그런데 그 전단지에는 동성애와 에이즈의 연관성을 전혀 언급하지 않고 콘돔 사용만 권장하고 있었습니다. 우리나라 질병관리본부는 에이즈를 예방하는 기관이 아니라 동성애와 성적 타락을 부추기는 고약한 정부 기관이 아닐까요?

왜 이런 일이 일어나고 있습니까? '국가인권위원회'가 성소수자의 인권을 존중해야 한다며 동성애와 에이즈의 연관성을 은폐하도록 언론과 질병관리본부에 압력을 가하고 있기 때문입니다.

얼마 전에는 EBS교육방송과 네이버가 공동으로 동성애를 미화하고 옹호하는 어린이용 콘텐츠를 만들어 인터넷에 올렸다가 학부모들의 거센 항의로 삭제한 일이 있습니다. 동성애와 성적타락 그리고 낙태는 출산율을 급격하게 떨어뜨리고 에이즈를 확산시켜서 결국 나라를 망하게 하는 무서운 죄입니다. 동성애를 아름다운 사랑인 것처럼 주장하는 사람들이 있지만 사실상 동성애는 변태입니다. 그리고 동성애는 부모의 가슴에 못을 박는 최악의 불효입니다.

동성애는 결코 사랑이 아닙니다. 수십 명, 수백 명씩 모르는 사람들과 파트너를 바꾸어가며 항문 성교를 하는 것이 무슨 사랑입니까? 그러므로 우리 모든 국민들은 동성애를 혐오해야 합니다. 하나님께서 동성애를 혐오하시고 가증하다고 말씀하시는데 우리도 동성애를 혐오하는 것이 마땅합니다.(레 18:22)

동성애합법화는 동성애자들에게 희망을 주는 것이 아니라 오히려 망하게 하는 짓입니다. 동성애를 끊고 새사람이 되도록 도와주는 것이 참된 사랑입니다. 우리나라의 신규 에이즈 환자의 92%는 남자 동성애자들입니다. 이러한 사실을 숨기고 콘돔 사용만 권장하는 보건복지부와 질병관리본부 그리고 국가인권위원회는 크게 반성해야 합니다. 오직 예수님을 믿고 도덕적으로 순결하게 사는 것이 가장 확실한 에이즈 예방법입니다.

낙태에 관하여 (2018.6.11)

우리가 육체의 정욕을 제어하면서 거룩하게 살아야 할 이유가 무엇일까요? 천국과 지옥이 정말 있기 때문입니다. 육체의 정욕을 제어하며 거룩하게 사는 사람은 확실히 천국에 들어갈 수 있습니다. 그리고 육체의 정욕을 제어하는 사람은 결혼 전에 함부로 성관계를 가지면 안 된다고 자녀들에게도 가르칩니다.

그런데 오늘날 많은 젊은이들이 결혼 전에 성관계를 하고 있습니다. 그러다가 임신을 하게 되면 낙태를 합니다. 낙태는 어린생명을 죽이는 무서운 죄입니다. 최근에 낙태죄를 폐지하라는 국민청원이 청와대 게시판에 23만 건이나 올라왔다고 합니다. 낙태죄를 폐지하라고 요구하는 것은 성적 쾌락은 즐기되 책임을 지지 않겠다는 무서운 이기주의자들의 악한 욕망입니다.

다윗은 우리아의 아내 '밧세바'와 간음한 후 아이가 잉태되자 이를 숨기기 위해서 '우리아'를 죽이는 살인죄를 지었습니다. 요즘 많은 사람들이 육체의 정욕을 따라 음란죄를 짓다가 임신하게 되면 이를 감추기 위해서 어린 생명을 죽이는 살인죄를 짓습니다.

성경은 이렇게 억울하게 죽은 자녀의 피가 이 땅을 더럽히고 있다고 증언합니다. 우리 대한민국 백성들은 해마다 수많은 태아들을 죽이는 대규모 살인죄를 철저히 회개해야 합니다. 부끄럽게도 우리 한국은 전 세계에서 낙태율이 가장 높은 나라입니다. 2010년 정부조사에 의하면 연 17만 건의 낙태수술이 시행되었습니다. 그러나 낙태수술은 불법이므로 정부통계로는 정확한 숫자를 파악하기 어렵습니다. 2017년 대한산부인과의사회 발표에 따르면 낙태는 연 110만 건, 하루에 3천 건으로 전 세계 낙태율 1위를 기록하고 있습니다. 낙태는 우리 민족이 철저하게 회개해야할 큰 죄악입니다. 하나님께서는 우리가 모태에서 잉태되기도 전에 우리를 아셨고 택하셨다고 말씀하고 있습니다.

〈렘 1:5〉 "내가 너를 모태에 짓기 전에 너를 알았고 네가 배에서 나오기 전에 너를 성별하였고 너를 여러 나라의 선지자로 세웠노라 하시기로"

〈시 139:13〉 "주께서 내 내장을 지으시며 나의 모태에서 나를 만드셨나이다."

또한 태아는 주님이 주신 영혼을 가지고 있기 때문에 태아도 하나님과 영적으로 교통할 수 있고 성령 충만을 받을 수도 있습니다. 세례 요한은 모태에 있을 때부터 성령의 충만함을 받았다고 성경은 말씀하고 있습니다.

〈눅 1:15〉 "이는 그가 주 앞에 큰 자가 되며 포도주나 독한 술을 마시지 아니하며 모태로부터 성령의 충만함을 받아"

성경이 이렇게 말하고 있음에도 불구하고 그리스도인들이 낙태에 대해 침묵하고 있으면 그것은 태아 살인 행위를 묵인하는 것과 같습니다.

작은 교회도 아름다울 수 있습니다.

(약 2010년 경에 썼던 글로 추정됨)

저는 몇 달 전 이웃교회 임직식 행사에 참석한 적이 있습니다. 그때 서울의 유명한 대형교회 목사님이 오셔서 설교 도중에 이런 말씀을 하셨습니다.

"영양 지역의 작은 교회들은 이웃마을의 교회들과 서로 합치는 것이 좋겠습니다. 3~4개의 교회들이 서로 합치면 제가 좀 크고 멋진 새 예배당을 지어 드리겠습니다."

저는 그 말씀이 참 좋은 말씀이라고 생각합니다. 하지만 시골의 작은 교회들이 이웃마을의 교회들과 합치면 저와 같은 조그만 교회의 목회자들은 목회를 그만 두어야 합니다. 교회가 작다고 해서 무조건 교회 문을 닫고 목회를 그만 두는 것이 정말 하나님의 뜻일까요? 하나님께서는 작은 교회를 시시하게 생각하시고 큰 교회만을 기뻐하실까요?

요한계시록 2장과 3장에 예수님께서 작은 교회 목회자들을 칭찬하시는 내용이 기록되어 있습니다.

〈계 2:9〉 "내가 네 환난과 궁핍을 알거니와 실상은 네가 부요한 자니라."

서머나 교회는 작은 교회였고 궁핍한 교회였지만 예수님께 칭찬을 받았습니다.

〈계 3:8〉 "네가 작은 능력을 가지고서도 내 말을 지키며 내 이름을 배반하지 아니하였도다."

빌라델비아 교회도 작은 교회였기 때문에 능력이 작았습니다. 하지만 주님의 말씀을 지키며 주님의 이름을 배반하지 않았습니다. 그래서 예수님께 칭찬을 받았습니다. 그런데 라오디게아 교회는 부자교회였고 큰 교회였지만 예수님께로부터 책망을 들었습니다.

〈계 3:17〉 "네가 말하기를 나는 부자라 부요하고 부족한 것이 없다 하나 네 곤고한 것과 가련한 것과 가난한 것과 눈 먼 것과 벌거벗은 것을 알지 못하는도다"

라오디게아 교회는 사람 보기에는 부자교회였고 부족한 것이 없는 것처럼 보였지만 영적으로는 곤고하고 가련했습니다. 눈이 멀었습니다. 그래서 예수님께서 호되게 책망하셨습니다.

라오디게아 교회 담임목사님은 교회를 부흥시키기 위해서 사람들이 좋아하는 현세의 축복을 강조하며 달콤한 설교를 자주 했을 것입니다. 사람들이 부담스러워 하는 지옥에 관한 설교와 십자가와 심판에 관한 설교는 거의 하지 않았을 것입니다. 오늘날의 큰 교회들은 점점 라오디게아 교회를 닮아가는 것 같습니다.

작은 교회일지라도 예수님의 말씀에 순종하면 예수님께 인정받고 칭찬을 받게 됩니다. 이 세상에는 큰 교회도 필요하지만 작은 교회도 필요합니다. 작은 교회도 존재할 가치가 있습니다.

작은 교회도 얼마든지 하나님 보시기에 아름다운 교회가 될 수 있습니다. 건강하고 출세한 사람만 사람입니까? 가난하고 병들었거나 장애인들은 사람도 아닙니까? 장애인이나 병들고 가난한 사람들도 존재할 가치가 있는 것처럼 작은 교회도 존재할 가치가 있습니다.

작은 교회 목회자 여러분! 힘을 내십시오. 여러분들은 실패자가 아닙니다. 교인이 단 한 사람이어도 여러분은 귀한 일을 하고 있는 것입니다. 제가 소속된 교단의 ○○노회는 개척교회를 시작하는 목회자들에게는 3년간 선교비를 전혀 지원해주지 않기로 결정을 하였습니다. 그리고 교인 15명 이하의 작은 교회들은 이웃교회들과 합치든지 아니면 교회 문을 닫으라고 압력을 가하고 있습니다. 저도 그 압력을 견디다 못해 매월 50만원씩 노회에서 주는 선교비를 받지 않겠다고 자립을 선포하였습니다. 예수님은 작은 교회, 장애인, 가난한 자, 병든 자, 초라한 사람들도 사랑하십니다.(이 글은 약 10여년 전 전도사 시절에 썼던 글입니다.)

행복한 가정과 참된 효도(2012.3.17)

하나님은 우리 인간을 만드실 때에 외롭게 혼자 살도록 지으시지 않고 부부가 한 몸을 이루고 서로 사랑하며 살도록 창조하셨습니다. 부부가 성생활을 즐기는 것은 죄가 아닙니다. 하나님이 주신 복을 누리는 것입니다.

많은 사람들이 가정을 팽개치고 술집이나 나이트클럽에서 행복을 찾으려고 합니다. 하지만 그런 곳에서는 일시적인 쾌락을 잠시 즐길 수는 있어도 참된 행복은 결코 얻지 못합니다. 참된 행복은 가정에서만 얻을 수 있습니다. 부부가 함께 하나님을 섬기며 매주일 부부가 함께 교회에 출석하는 가정은 거의 이혼을 하지 않습니다. 주일성수를 잘하고 십일조를 온전히 드리는 부부가 이혼했다는 말을 들어본 적이 있습니까?

아마 눈 닦고 찾아보아도 찾기가 어려울 것입니다. 가짜 신자, 날라리 신자들은 이혼도 하고 되는 대로 막 삽니다. 그러나 진실한 신자들은 이혼하지 않고 행복하게 잘 살아갑니다. 당신도 행복하게 살고 싶습니까? 그렇다면 예수님을 믿으세요. 예수님을 믿으면 특히 여성들이 더욱 행복해집니다. 기독교에서는 여성을 무시하지 않고 아내를 귀하게 여기라고 가르치고 있거든요.

〈벧전3:7〉 "남편들아, 이와 같이 지식을 따라 너희 아내와 동거하고 그를 더 연약한 그릇이요 또 생명의 은혜를 함께 이어받을 자로 알아 귀히 여기라. 이는 너희 기도가 막히지 아니하게 하려 함이라."

저는 며칠 전에 저희마을 사람들과 함께 영주 소수서원 선비촌 마을과 봉화 유곡리 마을을 다녀왔습니다. 유곡리 달실 마을에는 불천위제사상이 유명합니다. 홍보용 전단지를 보니 불천위제사상에는 추석과 설날에 38종류의 제사음식을 차린다고 합니다. 그리고 이 제물 외에도 술잔이 3개, 촛대가 2개, 축판 1개, 교의 1개, 향로 1개, 술항아리 1개, 퇴주기 1개, 그리고 아주 큰 상이 1개, 약간 작은 상이 2개가 동원됩니다. 추석과 구정 때에 그 많은 제사음식을 준비하느라 여인들이 얼마나 힘들까요? 놋그릇은 잘 더러워지는데 놋으로 된 제사용 그릇들을 닦느라 또 얼마나 힘들겠습니까?

그런데 이미 돌아가신 조상을 위해서 제사상을 차리는 것이 과연 효도하는 일일까요? 살아계신 부모님은 병들었다는 이유로 혹은 치매에 걸렸다는 이유로 쉽게 요양원에 맡기거나 내버리기도 하면서 이미 돌아가신 조상들을 위해서 화려하게 제사상을 차리다니 그것이 무슨 효도입니까? 기독교는 부모님이 살아계실 때 공경하고 효도하라고 가르칩니다. 기독교의 십계명 중 제5계명은 부모공경에 관한 계명입니다.

〈출 20:12〉 "네 부모를 공경하라. 그리하면 네 하나님 여호와가 네게 준 땅에서 네 생명이 길리라."

〈엡 6:1~3〉 "자녀들아, 주 안에서 너희 부모에게 순종하라. 이것이 옳으니라. 네 아버지와 어머니를 공경하라. 이것은 약속이 있는 첫 계명이니 이로써 네가 잘되고 땅에서 장수하리라."

조상제사를 거창하게 지내는 것은 결코 자랑이 될 수 없습니다. 오히려 하나님 보시기에는 우상숭배의 죄를 짓는 결과가 됩니다. 봉화읍 유곡리 주민 여러분! 안동 권씨 여러분! 그리고 조상제사를 끊지 못하고 갈등하는 영양 군민 여러분! 보이지도 않는 조상귀신들을 그렇게 위하면서 천지를 창조하신 하나님은 눈에 안 보인다는 이유로 하나님을 무시해도 됩니까? 조상귀신이 농사를 잘 되게 합니까? 하나님이 농사를 잘 되게 하십니까? 추석 때 조상귀신들에게는 거창하게 제사를 지내면서 천지를 지으시고 비를 내려주시는 하나님께는 헌금 한 푼도 드리지 않으면서 교회를 욕하고 하나님을 욕하는 것이 과연 잘하는 행동입니까?

조상제사를 기독교식으로 확 바꾸세요. 추석이나 구정 때 제사음식을 일체 만들지 마세요. 그냥 살아있는 가족이 좋아하는 간단한 음식만 만드세요. 찬송 부르고 기도하고 성경을 읽으며 추석감사예배 혹은 설날 감사예배를 드리세요. 제사 음식을 준비하는 그 돈으로 선물을 준비해서 어려운 사람들을 찾아가 선물과 함께 복음을 전해 보세요. 훨씬 행복한 추석명절과 설날이 될 것입니다. 이미 돌아가신 조상들은 후손들에게 복을 주거나 화를 줄 능력이 전혀 없습니다.

제사 안 지내 준다고 후손을 괴롭히는 조상귀신이 있다면 그것은 진짜 조상의 혼령이 아니고 마귀 · 사탄이 조상의 흉내를 내면서 속이는 것에 불과합니다. 그러므로 조상제사를 과감히 폐지하고 기독교식으로 추석과 구정명절을 보낸다면 형제들 간의 우애가 더욱 깊어지고 행복한 명절이 될 것입니다. 조상제사를 거창하게 잘 지낸다고 해서 후손들이 복을 받는 것이 결코 아닙니다. 무당들이 거짓말을 하고 있습니다. 속지 마십시오. 돌아가신 조상들에게 제사를 지내면 지낼수록 오히려 잡귀신들이 찾아와서 집안에 풍파를 일으켜서 안 좋은 일들이 더 많이 생겨납니다.

그러므로 예수님을 믿어야 합니다. 천국과 지옥은 분명히 존재합니다. 죽은 조상들에게 제사를 열심히 지내다가 지옥에 떨어진다면 누구를 원망하겠습니까? 제사 음식 준비하느라 고생한 것이 얼마나 억울하겠습니까? 살아계신 부모님이나 친척어른들 그리고 어려운 형제들에게는 무관심하면서 이미 돌아가셨고 얼굴도 잘 모르는 조상들의 혼령을 위해서 비싼 제사음식을 준비하는 것은 비합리적이고 어리석은 행동입니다. 제사 지내는 문화는 좋은 문화가 아닙니다. 나라를 망치는 문화입니다. 여성들이 살아있는 가족들을 위해서 음식을 준비하는 것도 힘드는 일인데 이미 돌아가신 조상들을 위해서 제사음식을 만들게 하는 것은 여성을 학대하는 미련한 행동입니다. 살아계신 부모님께 용돈을 넉넉하게 드리고 한 번 더 병원에 모시고 가고, 한 번 더 찾아뵙는 것이 진짜 효도입니다. 행복한 가정을 이루고 싶습니까? 참된 효도를 받고 싶습니까? 예수님을 믿으십시오.

〈행 16:31〉 "이르되 주 예수를 믿으라. 그리하면 너와 네 집이 구원을 받으리라 하고"〉

〈요 3:16〉 "하나님이 세상을 이처럼 사랑하사 독생자를 주셨으니 이는 그를 믿는 자 마다 멸망하지 않고 영생을 얻게 하려 하심이라."

약하게 믿으시지요? (2012.3.14)

전 통일부장관 김하중 장로님이 쓰신 "하나님의 대사3"이라는 책에 이런 내용이 있습니다. 2006년 10월 초에 반기문 외교통상부 장관이 유엔 안보리에서 차기 사무총장으로 선출되었을 때의 일입니다.

반 장관을 수행하던 중견 간부가 김하중 대사에게 진심어린 충고를 해주었습니다.

"김하중 대사님, 지금 서울에서는 많은 사람들이 대사님이 외교부장관 후임 1순위라고들 합니다. 다만 일부 사람들이 대사님이 예수를 좀 지나치게 믿는다고 이야기들을 하니 조금 약하게 믿으시는 것이 좋지 않겠습니까?

이 말에 대해 김하중 대사는 이렇게 대답했습니다.

"나를 진심으로 생각해 주어서 고맙습니다. 하지만 나는 어떤 일이 있어도 예수님을 약하게 믿을 수 없답니다. 만일 예수님을 세게 믿어서 외교부장관이 안 되어도 괜찮아요. 나는 앞으로도 예수님을 더 세게 믿을 겁니다." 김하중 대사가 예수님을 세게 믿어서 예수님을 믿지 않는 노무현 대통령에게 미움을 받았을까요? 아닙니다. 노대통령은 항상 김하중 대사에게 친절했고 정중했으며 기회가 있을 때마다 김하중 대사를 위로하고 고마움을 표시했습니다.

노무현 대통령과 김하중 대사는 원래 잘 아는 사이도 아닙니다. 김하중 대사는 노무현 대통령을 위해서 진심으로 중보기도를 많이 해드렸기 때문에 하나님께서 노무현 대통령의 신임을 받도록 역사하신 것이 분명합니다.

많은 사람들이 예수님을 열심히 잘 믿으면 사람들에게 왕따를 당하고 승진도 못하고 손해를 보는 것으로 잘못 알고 있습니다. 적당히 대충 믿는 것이 지혜로운 일이라고 생각하는 사람들이 많습니다. 하지만 그것은 마귀에게 속는 것입니다.

정말 하나님께 인정받고 사람에게도 인정받으려면 예수님을 잘 믿어야 합니다. 예수님을 열심히 믿어야 합니다. 세게 믿어야 합니다.

적당히 흉내만 내는 위선자가 되지 마십시오. 진실한 신자가 되십시오. 하나님은 진실한 신자, 확실한 신자, 예수님을 세게 믿는 사람을 너무너무 좋아하십니다.

당신은 예수님을 세게 믿고 싶습니까? 약하게 믿고 싶습니까? 만일 약하게 예수님을 믿고 싶다면 당신은 아직 예수님의 제자가 아닙니다.

예수님의 제자는 내게 손해가 올지라도 핍박이 올지라도 십자가를 지고 끝까지 주님을 따라갑니다. 십자가를 지지 않고 아무 고난이나 희생도 없이 편안하게 예수님을 믿으려고 한다면 당신은 어린아이 같은 유치한 신자 혹은 가짜 신자가 분명합니다. 주님이 주시는 십자가를 거부하고 쉽고 편안한 것만 좋아하다가 마귀의 유혹을 받아서 신앙을 잃고 타락하는 사람들이 얼마나 많은지 모릅니다.

〈마 10:37~38〉 "어버지나 어머니를 나보다 더 사랑하는 자는 내게 합당하지 아니하고 아들이나 딸을 나보다 더 사랑하는 자도 내게 합당하지 아니하며 또 자기 십자가를 지고 나를 따르지 않는 자도 내게 합당하지 아니하니라."

〈마 16:24〉 "이에 예수께서 제자들에게 이르시되 누구든지 나를 따라오려거든 자기를 부인하고 자기 십자가를 지고 나를 따를 것이니라."

이랜드 박성수 회장님도 예수님을 세게 믿어서 이중장부를 만들지 않고 정직하게 세금을 다 내다가 부도위기에 처한 적이 있습니다.

그 때 미국의 어떤 큰 기업에서 한국의 여러 기업 중에서 정직한 기업을 찾다가 이랜드를 발견하고 크게 투자를 하는 바람에 이랜드가 다시 살아나게 되었습니다. 정직하게 세금을 다 내면 망할 것 같아도 하나님께서는 정직한 사람을 결코 버리지 아니하십니다.

예수님을 세게 믿어야 합니다. 십일조도 철저히 드리세요. 세금 적게 내려고 꼼수를 부리지 마세요.

〈시 11:7〉 "여호와는 의로우사 의로운 일을 좋아하시나니 정직한 자는 그의 얼굴을 뵈오리로다."

이사야 33장 16절에 정직한 사람은 높은 곳에 거하게 된다고 말씀하고 있습니다.

〈사 33:15~16〉 "오직 공의롭게 행하는 자, 정직히 말하는 자, 토색한 재물을 가증히 여기는 자, 손을 흔들어 뇌물을 받지 아니하는 자…… 그는 높은 곳에 거하리니 견고한 바위가 그의 요새가 되며 그의 양식은 공급되고 그의 물은 끊어지지 아니하리라."

수년 전 저는 땅을 좀 구입한 적이 있습니다. 그 때 어떤 분이 저에게 실제 구입한 가격보다 훨씬 싸게 구입한 것처럼 거짓신고를 하라고 하더군요. 그렇게 하면 세금을 안내거나 적게 낼 수 있다는 것입니다.

하지만 저는 실제 거래된 금액을 그대로 기록하여서 수십 만 원의 세금을 고스란히 지불하였습니다. 정직하게 세금을 잘 내는 것이 하나님의 뜻입니다. 세금을 탈세하면 당장 유익해 보여도 당신은 부정직한 사람이라는 사실이 점점 알려지게 되어서 당신은 결국 더 큰 손해를 보게 될 것입니다.

부정직한 방법으로 세금을 감면받으려 하는 것은 좋은 태도가 아닙니다. 그러한 것을 좋아하다가 사탄의 덫에 걸리는 사람이 많습니다. 하나님의 자녀는 항상 정직해야 합니다. 성도는 조금이라도 부정직한 일에 연루되어서는 안 됩니다. 가룟 유다는 뇌물을 좋아하다가 영원한 실패자가 되고 말았습니다.

친구를 잘 사귀는 방법 (2012.2.25)

사람은 혼자 살 수 없습니다. 주위사람들과 잘 어울리며 특별히 좋은 친구를 가진 사람은 행복하게 살 수 있습니다. 친구를 잘 사귀는 방법이 무엇일까요? 친구를 잘 사귀고 주위사람들과 잘 지내려면 어떻게 해야 할까요?

첫째, 상대방의 이야기를 잘 들어주어야 합니다. 상대방의 관심사에 대해 적절한 질문을 하여서 상대방이 많이 이야기를 할 수 있도록 분위기를 만들어 주어야 합니다. 그러나 상대방이 이야기할 때 상대방의 얼굴을 쳐다보지도 않고 고개를 숙이고 땅바닥을 내려다본다든지 엉뚱한 곳을 바라보면 상대방의 오해를 살 수 있습니다. 그러므로 대화를 할 때에는 항상 상대방의 얼굴을 쳐다보아야 합니다. 그리고 가끔 맞장구를 치며 이야기를 잘 들어줄 때 상대방이 좋아하고 쉽게 친구가 될 수 있습니다. 남이 이야기 할 때 잘 듣지 않고 딴 생각을 하는 사람은 친구를 사귀기가 어렵습니다.

〈약 1:19〉 "내 사랑하는 형제들아 너희가 알지니 사람마다 듣기는 속히 하고 말하기는 더디 하며 성내기도 더디 하라."

둘째, 친구를 잘 사귀려면 성경을 매일 읽고 기도를 열심히 해야 합니다. 깊은 신앙심을 가져야 정말 좋은 친구를 사귈 수 있습니다. 깊은 신앙심을 가져야 사람을 진심으로 사랑할 수 있습니다. 신앙심 없이 얄팍한 이해관계로 만난 사이는 깊은 우정이 싹틀 수 없습니다. 신앙심 없이 술 친구 혹은 화투 친구로 만난 사이는 술값이 떨어지고 돈이 떨어지면 금방 서먹한 관계가 되고 맙니다. 술 친구 화투 친구들은 서로 이용하려다가 상처만 주고받다가 실망하는 경우가 대부분입니다.

링컨 대통령이 존경받는 이유가 무엇일까요? 그는 매일 성경을 읽고 기도하는 신실한 크리스천이었기 때문입니다. 구약성서에 등장하는 다니엘도 정치인으로서 매우 바쁜 사람이었습니다. 하지만 그는 매일 하루 3번씩 시간을 정해놓고 무릎 꿇고 기도하는 사람이었습니다. 왕이 3번이나 바뀌는 동안에 다니엘은 계속해서 수십 년 동안 총리직을 계속할 수 있었던 것은 하나님께서 그와 함께 하셨기 때문입니다.

믿음이 없는 사람들은 다니엘처럼 바쁜 사람이 하루 3번씩 기도하는 것은 어리석은 일처럼 생각할 것입니다. 그러나 다니엘은 하나님의 도우심으로 사자굴 속에서도 살아나고 오랜 세월을 형통한 정치인으로서 성공적인 삶을 살았습니다. 좋은 친구를 사귀는 것도 하나님의 도우심이 있어야 가능한 일입니다.

셋째, 정직해야 합니다. 정직해야 정직한 친구를 오랫동안 사귈 수 있습니다. 나이와 연령, 직업, 가릴 것 없이 동서양의 부부들에게 배우자에게 가장 원하는 것이 무엇이냐고 물어보면 정직을 원한다는 대답이 가장 많다고 합니다. 부부가 서로 속이고 거짓말 하고 비밀이 많으면 행복한 부부가 아닙니다. 친구 사이도 마찬가지입니다. 상대방을 속이려하거나 거짓말을 한다면 우정은 금방 깨어지고 맙니다. 부모와 자식 사이에도 서로에게 가장 기대하는 것이 무엇이냐고 물어본다면 '정직'이라고 대답하는 사람들이 가장 많습니다.

그 만큼 이 시대는 거짓과 속임이 난무하고 있습니다. 거짓과 위선으로 진실한 우정을 얻을 수 없습니다. 그러므로 친구를 잘 사귀려면 특별히 좋은 친구를 사귀려면 반드시 정직해야 합니다. 하나님은 정직하고 거룩하신 분이십니다. 부정직하고 거짓말 하기를 좋아하는 인간은 하나님을 만날 수 없습니다. 부정직한 사람은 하나님께 기도하기를 힘들어 할 뿐 아니라 진실한 예배를 드릴 수 없습니다. 부정직한 사람은 부정직했던 지난날의 죄를 회개하고 정직하게 살기로 결심을 해야 비로소 진정한 예배자가 될 수 있습니다.

정직하게 살면 당장 손해 보고 망할 것 같지만 망하지 않습니다. 요셉은 정직했기 때문에 거짓되고 음란한 여자의 유혹을 뿌리칠 수 있었습니다. 보디발의 아내가 요셉을 감옥에 갇히게 했지만 하나님께서 요셉을 감옥에서 건져내어 총리직에 앉히셨습니다. 내가 정직하면 정직한 사람을 친구로 얻게 됩니다. 그러나 내가 부정직하면 정직한 사람은 내 곁에 다가오지 않습니다. 또한 정직한 사람은 양심에 꺼릴 것이 없으므로 밤에 잠도 잘 자고 항상 평안한 마음으로 생활할 수 있습니다. 그러나 거짓말을 좋아하는 사람은 늘 죄책감에 시달리고 거짓말을 감추기 위해서 또 다른 거짓말을 꾸며내느라 늘 마음이 곤고하고 괴롭습니다.

한국의 대표적인 크리스천 기업 이랜드는 IMF때 파산직전까지 갔습니다. 파산 신청 하루를 앞두고 한 외국기업의 엄청난 투자로 간신히 살아났습니다. 나중에 이랜드 박성수 회장이 그 외국기업 간부에게 물어보았습니다. 아무 연고도 없는 이랜드에 거액의 투자를 한 까닭을 물어보니 그 간부는 이렇게 대답했습니다.

"우리가 한국에 투자할 만한 회사들을 다 조사했는데 당신 회사만 이중장부를 쓰지 않더군요. 당신은 정직했기 때문에 살아난 것입니다."

거짓이 가득한 이 세상에서 정직하게 살아가기가 쉽지 않습니다. 그러나 정직하게 살면 하나님께서는 결국 정직한 당신의 손을 들어주실 것입니다. 좋은 친구, 정직한 친구를 사귀려면 내가 먼저 정직하고 좋은 사람이 되어야 합니다. 좋은 배우자를 만나는 것도 내가 먼저 좋은 신랑감 좋은 신붓감이 된다면 그리 어려운 일이 아닙니다. 그런데 나의 나쁜 습관을 고칠 생각은 않고 그저 쉽게 좋은 배우자가 나타나기를 기다리는 것은 감나무아래에 누워서 입을 열고 홍시가 떨어지도록 기다리는 것과 같습니다. 정직하고 좋은 사람이 정직하고 좋은 친구를 얻을 수 있습니다.

다섯째, 친구를 잘 사귀려면 사소한 일에 화를 내지 말아야 합니다. 화를 잘 내는 사람은 좋은 친구를 얻을 수 없습니다.

〈잠 15:18〉 "분을 쉽게 내는 자는 다툼을 일으켜도 노하기를 더디 하는 자는 시비를 그치게 하느니라."

〈잠 16:32〉 "노하기를 더디 하는 자는 용사보다 낫고 자기의 마음을 다스리는 자는 성을 빼앗는 자보다 나으니라."

그런데 아무리 좋은 친구라 할지라도 항상 내 마음을 100% 이해해주고 위로해 주는 친구는 이 세상에 없습니다. 오직 예수님만이 우리의 마음을 100% 이해해 주시고 영원히 우리의 길을 인도해 주시는 완벽한 친구가 되어 주십니다. 예수님은 우리의 죄를 대신하여 십자가에서 죽으셨다가 부활하셨습니다. 예수님은 우리의 구세주가 되시며 하나님과 함께 천지만물을 창조하신 분이십니다. 그러므로 예수님을 믿고 예수님의 말씀에 순종하여 그 분과 친구처럼 가까운 사이가 된다면 그 사람은 세상에서 가장 행복한 사람입니다.

〈요 15:14~15〉 "너희는 내가 명하는 대로 행하면 곧 나의 친구라. 이제부터는 너희를 종이라 하지 아니하리니 종은 주인이 하는 것을 알지 못함이라. 너희를 친구라 하였노니 내가 내 아버지께 들은 것을 다 너희에게 알게 하였음이라."

〈찬송가 90장 3절〉 "내 진실하신 친구여 / 큰 은혜 내려 주사 / 날 항상 보호하시고 / 내 방패 되옵소서. / 그 풍성한 참 사랑을 / 뉘 능히 끊을 소냐? / 날 구원하신 예수는 / 참 좋은 나의 친구."

친구를 잘 사귀려면? Ⅱ (2012.3.5)

친구를 잘 사귀려면 어떻게 해야 할까요? 그리고 친구와 오랫동안 우정을 지속하려면 어떻게 해야 할까요?

첫째, 친구에게 감사한 마음을 표현해야 합니다. 친구의 도움과 친절을 당연하게 생각하고 쉽게 잊어버리면 우정이 쉽게 깨어지고 맙니다. 친구와의 우정을 오랫동안 지속하고 싶다면 감사한 마음을 잃지 말아야 합니다. 새로운 친구를 사귀는 것도 좋은 일이지만 오래된 친구가 훨씬 좋습니다. 오래된 친구와 계속해서 좋은 관계를 유지하려면 사소한 친절에도 감사한 마음을 표현해야 합니다.

둘째, 가르치려 하거나 충고해 주는 것을 조심해야 합니다. 친구의 나쁜 점을 지적해서 고쳐주려는 것은 좋은 일이지만 사랑 없이 충고를 함부로 하면 관계가 깨어집니다. 친구의 나쁜 습관을 너무 뜯어고치려고 하지 말고 있는 그대로 용납해야 좋은 관계를 오랫동안 유지할 수 있습니다. 부부사이도 마찬가지입니다.

상대방의 나쁜 습관을 뜯어고치려고 하면 다툼만 일어날 뿐 좀처럼 고쳐지지가 않습니다. 그러므로 충고는 적게 하고 칭찬을 많이 해주는 것이 좋습니다. 특별히 이성 친구를 사귀어서 결혼을 하고 싶다면 충고보다는 칭찬하는 기술을 꼭 배워야 합니다.

셋째, 받으려고 하지 말고 주려고 해야 합니다.

〈눅 6:38〉 "주라. 그리하면 너희에게 줄 것이니 곧 후히 되어 누르고 흔들어 넘치도록 하여 너희에게 안겨 주리라. 너희가 헤아리는 그 헤아림으로 너희도 헤아림을 도로 받을 것이니라."

〈Luke 6:38〉 "Give, and it will be given to you. A good measure, pressed down, shaken together and running over, will be poured into your lap. For with the measure you use, it will be measured to you."

조그마한 선물이라도 자꾸 주려고 애를 쓰면 친구와의 우정이 더욱 깊어집니다. 그러나 욕심 많은 사람은 주는 일에는 인색하고 받으려고만 하기 때문에 친구를 사귀기가 어렵습니다. 친구를 사귀고 싶다면 주고, 주고 또 주어야 합니다.

〈마 7:12〉 "그러므로 무엇이든지 남에게 대접을 받고자 하는 대로 너희도 남을 대접하라. 이것이 율법이요 선지자니라."

넷째, 친구의 허물을 용서해야 합니다. 이 세상에 완벽한 사람은 없습니다. 누구나 실수를 하기도 하고 잘못을 저지르기도 합니다. 자신의 잘못은 쉽게 잊어버리고 상대방의 잘못을 오랫동안 기억하고 용서해 주지 아니하면 한 사람의 친구도 사귈 수 없습니다. 사소한 실수 뿐만 아니라 큰 잘못, 큰 죄도 용서해야 합니다. 배우자가 불륜을 저질렀다면 큰 잘못입니다. 그러나 그것도 용서해야 합니다. 용서하면 가정이 깨어지지 않고 다시 화목한 가정을 이룰 수 있습니다. 친구가 배신을 해서 나에게 큰 상처를 주었다면 용서하기가 쉽지 않을 것입니다. 그러나 그것도 용서해야 합니다. 우리 인생들은 하나님 앞에서 모두 다 죄인들입니다.

〈롬 3:10〉 "의인은 없나니 하나도 없으며"

〈롬 3:23〉 "모든 사람이 죄를 범하였으매 하나님의 영광에 이르지 못하더니"

우리는 모두 다 용서가 필요한 죄인들입니다. 그래서 예수님께서 우리의 죄를 대신하여 십자가에서 죽으셨습니다.

〈눅 11:4〉 "우리가 우리에게 죄지은 사람을 용서하오니 우리 죄도 사하여 주시옵고"

〈막 11:25〉 "서서 기도할 때에 아무에게나 혐의가 있거든 용서하라. 그리하여야 하늘에 계신 너희 아버지께서도 너희 허물을 사하여 주시리라 하시니라."

〈마 6:14~15〉 "너희가 사람의 잘못을 용서하면 너희 하늘 아버지께서도 너희 잘못을 용서하시려니와 너희가 사람의 잘못을 용서하지 아니하면 너희 아버지께서도 너희 잘못을 용서하지 아니하시리라."

다섯째, 친구에게 전도해야 합니다. 정말 친구를 사랑한다면 전도해서 함께 천국에 갈 수 있도록 힘써야 합니다.

만일 사랑하는 친구가 예수님을 믿지 않고 지옥에 떨어져서 영원히 고통 당한다면 천국에 있는 내 마음도 편치 않을 것입니다. 그러므로 어떻게 해서든지 친구를 전도해야 합니다. 예수님에 대해서 천국과 지옥에 대해서 말해주어야 합니다.

이 땅에서의 삶은 잠깐입니다. 이 땅에서 아무리 잘 먹고 잘 살아도 출세를 하고 성공을 해도 누구든지 죽음을 피할 수 없습니다. 죽음은 끝이 아닙니다. 죽음 후에 심판이 있습니다.

〈히 9:27〉 "한 번 죽는 것은 사람에게 정해진 것이요 그 후에는 심판이 있으리니"

저는 총각시절에 좋아했던 아가씨가 있었습니다. 그러나 그 아가씨는 복음을 받아들이기를 거부했습니다. 저는 결국 그 아가씨와 교제를 끊고 중매를 통해서 지금의 제 아내와 결혼을 하였습니다. 그 결과 저는 행복하게 잘 살고 있습니다.

예레미야 47장에는 블레셋 사람들에 대한 하나님의 심판을 경고한 내용이 기록되어 있습니다. 하나님의 심판은 블레셋사람들에게만 해당되는 것이 아니라 이 세상 모든 사람들은 하나님의 심판대 앞에 서야합니다.

함께 교회 가는 친구, 함께 기도하고 함께 전도하며 신앙생활에 도움이 되는 친구가 정말 좋은 친구입니다.

〈롬 5:8〉 "우리가 아직 죄인 되었을 때에 그리스도께서 우리를 위하여 죽으심으로 하나님께서 우리에 대한 자기의 사랑을 확증하셨느니라."

죽었다가 살아난 오이 싹 (2012.2.22)

얼마 전 저희 감천교회 부흥회 강사로 오셨던 청송제일교회 이찬욱 목사님께서 이런 예화를 들려주셨습니다. 목사님의 고향은 강원도 춘천 근처의 어느 시골마을인데 그 마을의 어떤 장로님 이야기를 말씀해주셨습니다. 그 장로님은 오이농사를 크게 하시는 분이었습니다. 오이 싹이 탐스럽게 자라던 어느 날, 장로님은 농약을 칠 때에 살충제를 친다는 것이 그만 실수로 제초제를 치고 말았습니다. 그래서 5천 평이나 되는 비닐하우스의 모든 오이 싹이 하루아침에 몽땅 말라죽고 말았습니다.

깜짝 놀란 장로님은 교회에 가서 부르짖어 기도하였습니다. 한참을 기도하다가 말라가는 오이 싹에 물을 충분히 주면 다시 살아날지도 모른다는 생각이 들었습니다. 그래서 모든 오이 싹에 물을 충분히 뿌리고 아내와 함께 제주도에 며칠 동안 여행을 다녀왔습니다. 여행을 마치고 돌아와서 오이 싹을 자세히 살펴보니 말라죽어가던 모든 오이 싹 밑 부분에서 파란 새 순이 돋아나고 있었습니다. 그래서 정성껏 그 오이 싹을 길렀습니다. 오이 싹이 자라서 꽃이 피려고 할 때 이미 이웃농가에서는 벌써 오이를 공판장에 내다 팔기 시작했습니다. 그런데 그 해에 오이를 심은 농가가 너무 많아서 오이농사는 잘 되었지만 가격이 폭락하고 말았습니다. 1상자에 4천원으로 가격이 뚝 떨어지고 말았습니다. 오이는 저장할 수도 없기 때문에 많은 농가에서 그냥 내버리기도 했습니다.

그런데 그 장로님의 오이 싹은 뒤늦게 자라나서 오이를 한참 뒤에 혼자 판매하는 바람에 가격이 올라서 1상자에 3만원씩이나 받고서

팔게 되었습니다. 그래서 그 장로님은 돈을 많이 벌게 되어서 그 해에 십일조를 1억 원 정도 드렸다고 합니다. 하나님을 사랑하는 사람들에게는 모든 것이 합력하여 선을 이룬다는 말씀은 진리입니다.

〈롬 8:28〉 "하나님을 사랑하는 자 곧 그의 뜻대로 부르심을 입은 자들에게는 모든 것이 합력하여 선을 이루느니라."

제가 어떤 장로님이 오이농사를 잘 지어 돈을 많이 벌었다는 이야기를 좀 길게 말씀드렸습니다. 그러나 제가 정말 하고 싶은 이야기는 돈 많이 버는 이야기보다 더 중요한 이야기를 말씀드리고 싶습니다. 그것은 예수님을 잘 믿어야 한다는 것입니다. 왜냐하면 돈을 아무리 많이 벌어도 돈 가지고 행복을 살 수 없습니다. 사람은 예수님을 믿어야 참된 행복을 얻을 수 있습니다. 예수님을 삶의 주인으로 모셔야 정말 행복하고 마음의 평화와 기쁨을 누리며 가치 있고 보람된 인생을 살 수 있습니다.

거듭나지 못하고 하나님과 적대관계에 놓여 있는 사람은 아무리 돈을 많이 벌어도 그 돈으로 잠시쾌락을 누릴 수는 있어도 진정한 행복을 누릴 수는 없습니다. 당신은 하나님과 어떤 관계입니까? 사랑하는 아버지와 자녀 사이입니까? 아니면 두려운 하나님과 죄인의 관계입니까? 회개하지 않고 죄악을 품고 있으면 하나님께 기도할지라도 하나님께서 그 기도를 들어주시지 않습니다.

〈사 59:1~2〉 "여호와의 손이 짧아 구원하지 못하심도 아니요, 귀가 둔하여 듣지 못하심도 아니라, 오직 너희 죄악이 너희와 하나님 사이를 갈라놓았고, 너희 죄가 그의 얼굴을 가리어서 너희에게서 듣지 않으시게 함이니라."

죄를 품고 있으면 기도응답도 받을 수 없고 하나님과 화목할 수도 없습니다. 죄를 하나님께 고백하고 예수님을 구주로 영접해야 합니다. 오이 싹이 죽었다가 다시 살아난 것처럼 예수님께서는 저와 여러분의 죄를 대신해서 십자가에서 죽으셨다가 3일 만에 우리의 죄값을 다 갚으시고 다시 살아나셨습니다. 우리의 죄는 예수님이 흘리신 십자가의 피로써만 씻을 수 있습니다.

〈히 9:22〉 "율법을 따라 거의 모든 물건이 피로써 정결하게 되나니 피 흘림이 없은즉 사함이 없느니라."

예수님은 우리 죄를 대신하여 십자가에서 죽으셨습니다.

〈롬 5:8〉 "우리가 아직 죄인 되었을 때에 그리스도께서 우리를 위하여 죽으심으로 하나님께서 우리에 대한 자기의 사랑을 확증하셨느니라."

그러므로 사람이라면 누구든지 예수님을 믿어야 합니다. 그리고 예수님을 주인으로 모셔 들여야 합니다.

〈요 1:12〉 "영접하는 자 곧 그 이름을 믿는 자들에게는 하나님의 자녀가 되는 권세를 주셨으니"

예수님을 마음속에 주인으로 영접하여서 하나님의 자녀가 된 사람들이 이 세상에서 가장 행복한 사람들입니다. 다시 말씀드린다면 예수님을 인생의 주인으로 모시고 날마다 기도로 주님과 교제하는 우리 그리스도인들이 최고로 행복한 사람들입니다.

〈빌 4:6~7〉 "아무것도 염려하지 말고 다만 모든 일에 기도와 간구로 너희 구할 것을 감사함으로 하나님께 아뢰라. 그리하면 모든 지각에 뛰어난 하나님의 평강이 그리스도 예수 안에서 너희 마음과 생각을 지키시리라."

예수님을 믿는 우리는 무슨 일을 만나도 염려하지 말고 대신 기도해야 합니다. 기도하지 아니하고 가만히 있으면 염려 근심이 저절로 찾아옵니다. 기도하지 아니하면 근심 걱정에 시달리게 되고 마음이 짓눌려서 남을 배려하지 못하고 가족이나 주위 사람들을 힘들게 합니다. 그러나 기도하면 근심 걱정이 사라지고 내가 먼저 행복해지고 기쁨이 넘쳐서 다른 사람에게도 관심을 가지고 그들을 도울 수가 있습니다. 또한 기도하면 성령 충만 받게 되고 성령 충만 받으면 마음이 담대해져서 전도도 잘 하게 됩니다. 그래서 기도하는 사람에게는 모든 것이 합력하여 선을 이루는 체험을 종종하게 됩니다.

서두에 말씀드렸던 오이농사 짓는 장로님은 오이 싹에 제초제를 치는 실수를 범했지만 교회에 가서 기도할 때에 물을 뿌려야겠다는 지혜를 얻었고 그렇게 했더니 오히려 더 좋은 결과를 얻었습니다. 세상에서 가장 큰 힘은 기도의 힘입니다. 특별히 연로하신 어르신들은 자녀들과 손자손녀들을 위해서 끊임없이 기도하시기를 바랍니다. 자녀를 위해 기도해주는 것이 최고의 값진 선물이며 가장 좋은 유산입니다. 자녀에게 재산을 많이 물려주면 그 자녀가 게을러지고 타락하게 될 가능성이 아주 많습니다. 그러나 하나님께 기도하는 습관을 물려주면 그 자녀는 절대 망하지 않습니다.

감사 일기 (2012.2.18)

저는 감사에 관한 설교를 가끔 하는 편입니다. 저희 교회 교인들 중에는 감사에 관한 거의 비슷한 내용의 설교에 싫증을 느끼는 분이 계실지도 모릅니다. 그러나 저는 앞으로도 여전히 감사에 관한 설교를 종종 하려고 합니다.

왜냐하면 중요한 것은 자주 반복해서 들어야 실천에 옮길 수 있기 때문입니다. 많은 교인들이 설교말씀을 한쪽 귀로 듣고 한쪽 귀로 흘려보냅니다. 좀처럼 실천을 하지 않습니다. 감사한 마음을 늘 유지하기 위해서는 감사 일기를 쓰는 것이 좋습니다.

'감사일기' 란 조그만 노트에 감사한 내용을 찾아서 매일 5가지 정도 기록하는 것입니다. 쉽습니다. 그런데 꾸준히 계속하는 것이 중요합니다. 누구든지 꾸준히 지속하기만 하면 불평하는 습관이 사라지고 범사에 감사하는 긍정적인 사람으로 변화됩니다.

만일 좀 더 확실히 감사하는 습관을 가지기를 원하신다면 전광 목사님이 쓰신 '평생감사' 라는 책을 구입해서 읽어보는 것도 유익하리라 생각합니다. 그리고 성경을 매일 꾸준히 읽는 것도 좋은 방법입니다.

또 이의용 교수님이 쓰신 '감사일기' 라는 책을 구입해서 읽어보는 것도 상당히 유익한 일이라 생각됩니다. 저는 이번 주일 설교시간에 교인들 중 몇 사람에게 감사한 일이 무엇인지 물어보려고 합니다.

특별히 아이들에게 물어보려고 합니다. 아이들은 대답을 잘하니까요. 방송인으로서 세계적으로 유명한 '오프라 윈프리' 는 흑인으로 태어나 부모님이 이혼하는 바람에 외할머니와 함께 살았습니다. 어린 나이에 친척남자에게 성폭행을 당하고 14세에 아이를 낳아서 미혼모가 되었습니다. 아이는 태어난 지 2주 만에 죽었고 그 충격으로 가출하여서 마약을 복용하기도 하며 하루하루 지옥 같은 삶을 살았습니다.

그러다가 예수님을 믿고 감사 일기를 매일 쓰면서 윈프리는 긍정적인 믿음을 소유하게 되었습니다. 그 때부터 그녀는 35년 이상 감사 일기를 지속하고 있습니다. 오프라 윈프리가 감사 일기를 쓸 수 있었다면 저와 여러분도 얼마든지 감사 일기를 쓸 수 있지 않겠습니까? 몇 년 전 국민일보에 실렸던 오프라 윈프리의 감사일기 한 토막을 다시 한 번 소개합니다.

1. 오늘도 거뜬하게 잠자리에서 일어날 수 있어서 감사합니다.

2. 유난히 눈 부시고 파란 하늘을 볼 수 있어서 감사합니다.

3. 점심때 맛있는 스파게티를 먹게 해 주심을 감사합니다.

4. 얄미운 짓을 한 동료에게 화내지 않고 참을 수 있어서 감사합니다.

5. 좋은 책을 읽게 해주셔서 감사합니다.

오프라 윈프리는 매일 밤, 잠자리에 들기 전 감사한 일들을 다섯 가지씩 찾아서 적으며 삶의 희망을 갖게 되었고 수많은 사람들에게 감동을 주는 훌륭한 인물이 되었습니다. 이 글을 읽으시는 여러분! 여러분의 자녀들이 훌륭하게 자라나기를 원하십니까? '공부하라' 고 잔소리 할 것이 아니라 감사 일기를 쓰도록 지도한다면 자녀들의 표정이 밝아지고 긍정적이고 적극적이며 남을 배려하는 좋은 성품의 소유자로 자라나게 될 것입니다.

2009년 MBC-TV에서 한글날 특집으로 '말의 힘' 이라는 다큐멘터리를 방영한 적이 있습니다. 아나운서들과 함께 한 실험에서 두 개의 유리병에 금방지은 밥을 넣고는 한 쪽에는 "사랑합니다." "감사합니다."라는 좋은 말을 써 붙이고 그 말을 매일 들려주고 또 한 쪽 병에는 "짜증나!" "재수 없어!"라는 말을 써 붙이고 그와 같은 나쁜 말을 매일 들려주었습니다. 한 달 뒤 좋은 말을 들려준 유리병의 밥은 희고 좋은 누룩냄새의 곰팡이가 피었고 나쁜 말을 들려준 밥은 냄새가 지독한 검은 곰팡이가 피었습니다.

언어학자 '벤자민 리워프'에 의하면 감사하는 말을 자주 하는 사람은 불평하는 말을 자주하는 사람보다 평균 7년 정도 더 오래 산다는 연구발표를 하였습니다. 그러므로 건강하게 오래 살고 싶으신 분들은 감사하는 말을 자주 하시기를 바랍니다. 이 글을 읽으시는 분 중에 특별히 저희 감천교회 교인들에게 말씀드립니다. 감사 일기를 21일 동안 써서 교회에 제출하시면 "평생감사" 책 1권씩을 드리도록 하겠습니다. 그리고 감사일기를 써서 가져오는 어린이들에게는 "어린이 평생감사"라는 책을 1권씩 선물하도록 하겠습니다.

저는 어제 오후에 전도하러가다가 논둑길에 미끄러져서 도랑에 빠졌습니다. 도랑 바닥에 얼음이 있어서 또 한 번 미끄러지면서 시멘트로 만들어진 도랑 모서리에 옆구리가 세게 부딪힐 뻔 했습니다. 다행히 하나님께서 지켜주셔서 전혀 다치지 않았습니다. 얼마나 감사한지요. 앞으로 전도하러 갈 때에는 서두르지 말고 충분히 기도를 한 후에 출발해야겠구나 하고 다시 한 번 깨달았습니다.

우리는 종종 실수하고 서두르다가 일을 그르치는 경우가 많습니다. 하지만 하나님께서는 늘 우리를 지켜 주시고 때때로 우리가 실수를 해도 하나님께서는 합력해서 선을 이루어 주십니다.

〈롬 8:28〉 "우리가 알거니와 하나님을 사랑하는 자 곧 그의 뜻대로 부르심을 입은 자들에게는 모든 것이 합력하여 선을 이루느니라."

그러므로 우리는 항상 하나님께 감사해야 합니다. 불평하면 마귀가 찾아와서 나의 삶을 더욱 어렵게 합니다. 감사하면 마귀는 도망가고 성령님이 함께 하셔서 나의 삶을 행복과 승리의 삶으로 이끌어 주십니다. 그러므로 우리는 범사에 감사해야 합니다.

〈살전 5:18〉 "범사에 감사하라 이것이 그리스도 예수 안에서 너희를 향하신 하나님의 뜻이니라."

겸손에 관한 유머 (2012.2.15)

겸손에 관한 유머가 있습니다. 어떤 목사님이 설교 도중에 잘난 척 하는 버릇이 있어서 사모님에게 부탁을 했습니다.

"여보, 내가 설교 도중에 교만한 말을 하거나 잘난 척 하거든 손으로 당신의 한쪽 눈을 가려주시오. 그러면 내가 '두 눈 뜨고 못 봐주겠다.'는 의미로 알아차리겠소. 만일 그래도 내가 못 알아차리거든 손을 부르르 떨다가 팔을 옆으로 확 젖히시오. 그러면 내가 '지랄하고 자빠졌네.'라는 뜻으로 알고 조심하겠소."

이 목사님처럼 사람은 누구나 쉽게 교만해지기 쉬운 존재입니다. 여러분, 교회에 나올 때 무엇을 준비해야 할까요?

첫째, 성경 찬송을 준비해야겠죠. 둘째, 헌금을 준비해야 합니다. 셋째, 겸손한 마음을 준비해야 합니다. 만일 교만한 마음을 품고 교회에 나온다면 은혜를 받지 못하고 시험에 들게 됩니다. 하나님은 겸손한 자에게 은혜를 주십니다.

〈약 4:6~7〉 "그러나 더욱 큰 은혜를 주시나니 그러므로 일렀으되 하나님이 교만한 자를 물리치시고 겸손한 자에게 은혜를 주신다 하였느니라. 그런즉 너희는 하나님께 복종할지어다."

하나님은 창조주이십니다. 우리는 피조물입니다. 그러므로 겸손한 마음으로 하나님의 말씀을 듣고 순종해야 합니다. 가인은 교만한 마음으로 예배를 드리다가 은혜를 받지 못하고 오히려 시험에 들었습니다. 결국 동생을 미워하다가 살인을 하고 말았습니다. 사람을 불행하게 만드는 것은 교만한 마음입니다. 돈이 없어서 불행해지는 것이 아닙니다. 교만한 마음 때문에 사람들이 불행해지고 멸망하게 됩니다. 우리 인생은 잠깐 보이다가 없어지는 안개 같은 존재입니다.

〈약 4:13~15〉 "들으라, 너희 중에 말하기를 오늘이나 내일이나 우리가 어떤 도시에 가서 거기서 일 년을 머물며 장사하여 이익을 보리라 하는 자들아, 내일 일을 너희가 알지 못하는 도다. 너희 생명이 무엇이냐? 너희는 잠깐 보이다가 없어지는 안개니라. 너희가 도리어 말하기를 주의 뜻이면 우리가 살기도 하고 이것이나 저것을 하리라 할 것이거늘 이제도 너희가 허탄한 자랑을 하니 그러한 자랑은 다 악한 것이라."

겸손한 마음을 품으면 모든 것이 감사하게 느껴집니다. 겸손한 마음을 가지면 배우자에게도 감사한 마음을 가지게 됩니다. 그래서 겸손한 사람은 감사가 풍성합니다. 그러나 교만한 사람은 감사할 줄 모르고 불평을 많이 합니다. 우리 옆 사람에게 한번 물어볼까요?

"당신은 불평을 자주하십니까? 감사를 자주하십니까?"

불평을 자주 한다면 그 사람은 교만한 사람입니다. 감사를 자주 표현한다면 그 사람은 겸손한 사람이 틀림없습니다. 겸손과 감사는 늘 함께 따라다닙니다. 겸손한 사람은 성경을 읽거나 설교 말씀을 들을 때에 죄를 회개합니다. 그러나 교만한 사람은 성경을 읽으려 하지도 않고 누가 성경에 관한 말을 하면 화를 냅니다. 하지만 겸손한 사람은 성품이 온유하여서 화를 잘 내지 않습니다. 그러나 교만한 사람은 사소한 일에도 화를 잘 냅니다. 우리 한 번 옆 사람에게 또 물어보시길 바랍니다.

“당신은 화를 잘 내지 않는 온유한 사람입니까? 아니면 화를 잘 내는 교만한 사람입니까?”

감천교회 성도님들은 모두 다 부드럽고 온유한 성품을 가지시기를 바랍니다. 겸손한 사람은 하나님의 말씀에 순종합니다. 교만한 사람은 하나님의 말씀에 순종하지 않습니다. 겸손한 사람은 무슨 일을 결정할 때에 하나님께 기도로 여쭈어 봅니다. 그러나 교만한 사람은 기도하지 않습니다. 자기 마음대로 일을 저질로 놓고 하나님이 안 도와주신다고 불평을 합니다.

겸손한 사람은 자신의 힘으로 이 세상을 성공적으로 잘 살아갈 수 없다는 것을 알고 날마다 기도합니다. 그러나 교만한 사람은 자신의 힘으로 충분히 성공할 수 있다고 생각하며 기도하지 않습니다. 또한 교만한 사람은 하나님을 의지하지 않기 때문에 세상 죄악 속으로 깊이 빠져들게 됩니다. 혹시 여러분 중에 탕자처럼 교만한 마음을 품고 하나님을 떠나서 내 맘대로 사는 분이 있습니까? 하나님 품으로 속히 돌아오시기를 바랍니다.

그리고 겸손한 사람은 사람들과 사이좋게 지냅니다. 누가 나를 기분 나쁘게 해도 모욕을 해도 잘 참습니다. 그러나 교만한 사람은 조금만 기분 나쁜 일이 있어도 화를 내고 싸우려고 합니다. 다윗왕은 반란군을 피해서 도망갈 때에 ‘시므이’가 다윗왕을 조롱하고 저주했습니다. 곁에서 동행하던 ‘아비새’장군이 말했습니다.

“왕이시여, 왕을 모욕하는 저 개 같은 인간을 단칼에 목을 잘라버릴까요?”

다윗왕이 대답했습니다.

"관둬라. 내 몸에서 난 아들도 반란을 일으켜서 나를 죽이려 하는데 하물며 이 베냐민 사람이랴?"하고 말했습니다.

〈삼하 16:10~12〉 "왕이 이르되 스루야의 아들들아 내가 너희와 무슨 상관이 있느냐 그가 저주하는 것은 여호와께서 그에게 다윗을 저주하라 하심이니 네가 어찌 그리하였느냐 할 자가 누구겠느냐 하고 또 다윗이 아비새와 모든 신하들에게 이르되 내 몸에서 난 아들도 내 생명을 해하려 하거든 하물며 이 베냐민 사람이랴 여호와께서 그에게 명령하신 것이니 그가 저주하게 버려두라. 혹시 여호와께서 나의 원통함을 감찰하시리니 오늘 그 저주 때문에 여호와께서 선으로 내게 갚아주시리라 하고"

겸손하십시오. 때가 되면 하나님께서 당신을 높여주실 것입니다.

〈약 4:10〉 "주 앞에서 낮추라. 그리하면 주께서 너희를 높이시리라."

강도가 그냥 물러간 사연 (2012.1.30)

지난 2010년 12월 22일 밤 경북 안동에서 일어난 사건입니다. 안동에서 금은방을 하는 어떤 집에 4인조 강조가 침입하였습니다. 강도들이 잠자고 있던 엄마와 딸을 붙잡아 옷을 벗기고 성폭행하려는 순간 주인아저씨가 집에 들어왔습니다. 강도들과 마주친 주인은 깜짝 놀라서 제발 자신의 아내는 어떻게 하더라도 결혼도 안한 아가씨인 자기 딸에게는 절대 손대지 말아달라고 부탁했습니다. 그리고 현금 1,200만원을 숨겨둔 곳을 알려주며 꺼내서 가져가라고 말했습니다.

그 때 강도 중 두목으로 보이는 한 사람이 찬장 속에 놓여있는 감사패를 유심히 들여다보았습니다. 금은방 주인이 시온재단 이사장 정창근 장로님으로부터 받은 감사패였습니다. 정창근 장로님은 경북대 의대를 졸업하고 안동에서 이비인후과 병원을 50여년 운영해 오신 의사이며 안동교회 장로님입니다. 그리고 한센인들이 모여 사는 성좌원의 원장으로 33년간 한센인들을 위해 봉사하신 훌륭하신 분입니다.

아마 강도 두목이 정창근 장로님으로부터 도움을 많이 받았던 적이 있나봅니다. 강도 두목은 금은방 주인이 정창근 장로님을 어떻게 알게 되었는지 자세히 물어보고는 그 돈을 받지 않고 그 당시 성좌원 원장직을 은퇴하고 장애인들을 위한 재활사업에 몰두하고 있는 정창근 장로님에게 갖다 주라고 지시하고 그냥 순순히 물러갔습니다.

금은방 주인은 강도들이 떠난 후 이튿날 아침 일찍 정창근 장로님이 이사장으로 계시는 장애인 재활원(시온복지재단)에 1,200만원을 기부하였습니다. 그 때 마침 정창근 장로님은 재활원 운영에 필요한 긴급자금 1,200만원이 필요해서 재활원 뒷동산에 올라가서 하나님께 기도하던 중이었습니다. 얼마나 신기한 일입니까?

저는 부산 세계로교회에서 간증하신 정창근 장로님의 동영상을 통하여 이 이야기를 들었습니다. 명성교회 김삼환 목사님께서도 설교 도중에 이 이야기를 말씀하신 적이 있습니다. 평소에 어려운 사람들을 도와주며 선한 일에 힘쓰면 하나님께서 강도들을 통해서도 도와주신다는 것을 이 사건을 통해서 알 수 있습니다. 그런데 이 세상에는 정창근 장로님처럼 훌륭하신 분들도 많지만 악한 사람들도 많은 것 같습니다.

사람들은 종종 인간답지 못한 인간을 개같은 인간이라고 흔히 말합니다. 그래서 요즘 개들이 기분 나빠한다고 합니다. 왜냐하면 개들 중에는 목숨을 바쳐서 주인을 구해내는 충성스러운 개들도 있기 때문입니다. 그래서 어떤 개들은 인간을 가르치려고 한다고 합니다. 개가 인간을 가르치고 지도하는 것을 '개인지도' 라고 한다는군요.

그런데 이비인후과 병원에서 환자들을 진료하는 일만 해도 바쁘실 텐데 정창근 의사선생님은 33년 동안 나환자들을 위해서 안동성좌원 원장직을 겸임할 수 있었던 힘은 어디로부터 나왔을까요? 그것은 새벽기도의 힘이라고 할 수 있습니다.

그는 매일 새벽 4시에 성좌원교회에서 새벽예배를 드리고 새벽 5시에는 안동교회에서 또 새벽예배를 드렸습니다. 그는 33년 동안 매일 새벽예배를 두 번씩 드리며 선한 일에 힘썼습니다. 우리도 정창근 장로님처럼 예수님을 잘 믿으며 기도도 열심히 하고 선한 일에 힘써야 하겠습니다. 하나님은 우리 앞에 생명의 길과 사망의 길을 두셨습니다.

〈렘 21:8〉 "여호와께서 말씀하시기를 보라 내가 너희 앞에 생명의 길과 사망의 길을 두었노라. 너는 이 백성에게 전하라 하셨느니라."

예수님을 믿고 매일 기도하며 선한 일에 힘쓰는 사람은 생명의 길을 걸어가는 사람입니다. 그러나 예수님을 믿지도 않고 온갖 죄를 지으며 사는 사람은 사망의 길을 걸어가는 미련한 사람입니다. 하나님은 악행을 미워 하시고 악한 사람을 반드시 벌하십니다.

〈렘 21:12~14〉 "여호와께서 이와 같이 말씀하시니라. 다윗의 집이여 너는 아침마다 정의롭게 판결하여 탈취당한 자를 압박자의 손에서 건지라. 그리하지 아니하면 너희의 악행 때문에 내 분노가 불

같이 일어나서 사르리니 능히 끌 자가 없으리라. 여호와의 말씀이니라. 골짜기와 평원바위의 주민아 보라 너희가 말하기를 누가 내려와서 우리를 치리요? 누가 우리의 거처에 들어 오리요? 하거니와 나는 네 대적이라. 내가 너희 행위대로 너희를 벌할 것이요."

하나님께서 악한 인간들을 지금 당장 벌하시지 않는다고 해서 우리가 속상해 하거나 화를 낼 필요는 없습니다. 심판은 하나님께 맡기고 우리는 우리가 해야 할 선한 일을 찾아서 묵묵히 감당하면 하나님께서는 그 행위대로 심은 대로 갚아주실 것입니다.

〈계 22:12〉 "보라 내가 속히 오리니 내가 줄 상이 내게 있어 각 사람에게 그가 행한 대로 갚아 주리라."

내 자녀 공부 잘하게 하는 비결 (2012.1.27)

고등학교에 다니는 어떤 친척집 아이가 저희 집을 방문하였습니다. 제가 그 아이에게 요즘 교회에 잘 다니고 있는지 물어보았습니다. 그랬더니 일요일에 늦잠 자느라 그리고 공부해야 하기 때문에 교회에 다닐 시긴이 없다고 내답했습니다. 그리고 매월 50만원씩 돈을 지불하면서 과외공부를 한다고 하더군요.

많은 부모들이 예수님 믿는 것을 시시하게 생각하고 교회를 멀리하며 자녀들의 과외비에 많은 돈을 쏟아붓고 있습니다. 하지만 성적은 오르지 않고 돈만 낭비하는 가정들이 많습니다. 어떻게 하면 내 아이가 공부 잘하도록 할 수 있을까요? 내 자녀가 공부를 잘하게 하려면 부모가 먼저 하나님을 의지하고 기도해야 합니다.

〈렘 17:5~9〉 "여호와께서 이와 같이 말씀하시니라. 무릇 사람을 믿으며 육신으로 그의 힘을 삼고 마음이 여호와에게서 떠난 그 사람은 저주를 받을 것이니라. 그는 사막의 떨기나무 같아서 좋은 일이 오는 것을 보지 못하고 광야 간조한 곳, 건건한 땅, 사람이 살지 않는 땅에 살리라. 그러나 무릇 여호와를 의지하며 여호와를 의뢰하는 그 사람은 복을 받을 것이라. 그는 물가에 심어진 나무가 그 뿌리를 강변에 뻗치고 더위가 올지라도 두려워하지 아니하며 그 잎이 청청하며 가무는 해에도 걱정이 없고 결실이 그치지 아니함 같으리라. 만물보다 부패한 것은 마음이라 누가 능히 이를 알리요마는"

TV와 인터넷으로 아이들의 마음이 부패하게 되면 아무리 고액과외를 시켜도 소용이 없습니다. 그리고 설령 공부를 잘한다 할지라도 하나님을 경외하지 아니하면 마음이 부패하고 교만해져서 훌륭한 사람으로 자라날 수 없습니다. 과외 선생님에게 돈만 많이 갖다 바친다고 내 아이가 공부도 잘하고 훌륭한 인재로 자라나는 것이 결코 아닙니다. 가정교육이 중요합니다. 그리고 신앙교육이 대단히 중요합니다. 예배를 시시하게 생각하고 신앙생활을 소홀히 하는 사람은 수치를 당하게 되고 부끄러움을 당하는 날이 오고야 맙니다.

〈렘 17:13〉 "이스라엘의 소망이신 여호와여, 무릇 주를 버리는 자는 다 수치를 당할 것이라. 무릇 여호와를 떠나는 자는 흙에 기록이 되오리니 이는 생수의 근원이신 여호와를 버림이니이다."

하나님께서 내 자녀에게 지혜를 주시고 집중력을 주셔야 공부를 잘할 수 있습니다. 그러므로 부모들은 하나님께 소망을 두고 자녀들을 위하여 날마다 기도해야 합니다. 그리고 주일(안식일)을 잘 지켜야 합니다. 하나님께 소망을 두는 사람은 안식일을 잘 지킵니다.

〈렘 17:21~22〉 "여호와께서 이와 같이 말씀하시되 너희는 스스로 삼가서 안식일에 짐을 지고 예루살렘 문으로 들어오지 말며 안식일에 너희 집에서 짐을 내지 말며 어떤 일이라도 하지 말고 내가 너희 조상들에게 명령함같이 안식일을 거룩히 할지어다."

안식일(주일)에 내 자녀가 예배를 잘 드리고 있는지 확인하지도 않고 학원이나 도서관으로 자녀들을 내모는 부모들은 어리석은 부모입니다. 유대인들은 안식일에 일을 전혀 하지 않습니다. 심지어 전기 스위치를 올리고 내리는 것도 일이라고 생각하기 때문에 안식일이 시작되기 이전에 중요한 전등을 미리 켜두고 스위치가 내려가지 않도록 미리 테이프를 붙여놓는다고 하니 얼마나 철저합니까?

안식일(주일)을 잘 지키면 복을 받습니다. 자녀들과 함께 주일날에 교회에 와서 예배를 정성껏 드리고 하루를 거룩하게 보내면 자녀들의 마음이 안정되고 평안해져서 공부를 잘 하게 됩니다. 또한 주일을 잘 지키면 아이들의 성품도 좋아지고 부모를 공경하게 됩니다. 그러나 주일을 제대로 지키지 아니하면 누구든지 하나님을 경외하는 믿음이 약해지고 마음이 교만해지고 부패해져서 결국 공부도 잘 못하게 됩니다. 안식일을 잘 지키는 것은 대단히 중요한 일입니다.

〈사 58:13~14〉 "만일 안식일에 네 발을 금하여 내 성일에 오락을 행하지 아니하고 안식일을 일컬어 즐거운 날이라, 여호와의 성일을 존귀한 날이라 하여 이를 존귀하게 여기고 네 길로 행하지 아니하며 네 오락을 구하지 아니하며 사사로운 말을 하지 아니하면 네가 여호와 안에서 즐거움을 얻을 것이라. 내가 너를 땅의 높은 곳에 올리고 네 조상 야곱의 기업으로 기르리라. 여호와의 입의 말씀이니라."

여러분의 자녀가 공부도 잘하고 부모에게 효도하는 훌륭한 사람으로 자라나기를 원하십니까? 그렇다면 부모님들이 먼저 예수님을 잘 믿고 주일을 성수하는 본을 보여야 합니다. 하나님께서는 안식일을 온전히 거룩하게 잘 보내는 사람에게 복을 주시고 땅의 높은 곳에 올려 주십니다. 내 자녀가 공부도 잘하고 훌륭한 사람으로 자라나기를 바란다면 부모님들이 먼저 아이들과 함께 주일을 거룩하게 지켜야 합니다.

마음의 병, 욕심 (2012.1.21)

욕심은 마음의 병입니다. 그리고 무서운 병입니다. 현재 가진 것에 대해 감사할 줄 모르고 자꾸만 더 가지려고 몸부림치다가 멸망하는 무서운 질병입니다. 암환자는 천국에 갈 수 있지만 욕심 많은 사람은 천국에 갈 수 없습니다. 그러므로 욕심은 암병 보다 더 무서운 병입니다.

저의 고향마을 먼 친척 중에 어떤 할아버지는 욕심이 너무 많아서 주위 사람들에게 따돌림 받는 사람이 있습니다. 이 분은 노인정에서 식사모임이나 경로잔치 같은 행사가 있으면 미리 큰 가방이나 검정비닐봉지를 여러 개 준비해서 가지고 갑니다. 그리고 실컷 먹고 남은 음식을 봉지에 싸가지고 옵니다. 가끔씩 훔쳐오기도 합니다. 그래서 동리 사람들에게 따돌림을 당하고 미움을 받습니다. 욕심이 사람을 추하게 만들고 죄짓게 만들고 결국 멸망하게 만듭니다.

마귀는 사람의 마음속에 욕심을 품게 하여서 결국 망하게 합니다. 에덴동산의 아담과 하와는 각종 생명나무 열매로 만족하지 못하고 하나님이 금하신 선악을 알게 하는 열매 마저 따먹고 하나님과 같이 되려다가 에덴동산에서 쫓겨나고 말았습니다. 아담이 욕심을 부리다가 불행하게 된 것처럼 오늘날에도 수많은 사람들이 욕심을 부리다가 불행해지고 멸망 당하고 있습니다. 가룟유다는 예수님의 제자가 된 것을 감사하지 아니하고 헌금을 조금씩 도둑질 하였습니다. 그러다가 욕심이 커져서 큰 도둑질을 하고 싶었습니다.

〈막 14:10~11〉 "열 둘 중의 하나인 가룟유다가 예수를 넘겨주려고 대제사장들에게로 가매 그들이 듣고 기뻐하여 돈을 주기로 약속하니 유다가 예수를 어떻게 넘겨줄까 하고 그 기회를 찾더라."

대제사장들은 가룟유다에게 예수님을 붙잡아서 자기들에게로 넘겨주면 큰 돈을 주겠다고 유혹하였습니다. 가룟유다는 그 유혹을 이기지 못하고 예수님을 배반하고 말았습니다. 그 대가로 받은 돈으로 밭을 사려고 하다가 양심의 가책을 견디지 못하고 목을 매어 자살하고 말았습니다. 가룟유다는 천국에 갔을까요? 지옥에 갔을까요? 물론 그는 지옥에 떨어져서 지금도 지옥 불구덩이에서 고통하고 있겠지요.

가룟유다는 예수님을 믿고 예수님의 제자가 되었지만 욕심을 다스리지 못하고 결국 지옥에 떨어지는 비참한 신세가 되고 말았습니다. 교회에 수십 년 다녀도 욕심을 부리는 사람은 천국에 갈 수 없습니다. 예수님을 믿는다고 하면서 여전히 욕심 부리는 사람은 진짜로 예수님을 믿는 사람이 아닙니다. 진짜로 예수님을 믿는 사람은 욕심 부리지 않고 기꺼이 자기 것을 나누어 주고 베풀어 주는 사람입니다.

〈눅 6:38〉 "주라 그리하면 너희에게 줄 것이니 곧 후히 되어 누르고 흔들어 넘치도록 하여 너희에게 안겨 주리라. 너희가 헤아리는 그 헤아림으로 너희도 헤아림을 도로 받을 것이니라."

먼저 주기를 힘쓰면 받게 되는 날도 옵니다. 그런데 많은 사람들이 주려고 하지 않고 받으려고 아우성입니다. 너도 나도 받으려고 하기 때문에 이 세상은 탈도 많고 말도 많고 시끄럽습니다. 내가 먼저 주어야 합니다.

석은옥(본명 석경숙)씨는 시각장애인 강영우 학생에게 먼저 친절을 베풀었습니다. 예쁜 여대생이 나이가 두 살 어린 맹인 중학생을 찾아가서 도와주는 일은 약삭빠른 인간들이 보기에는 바보 같은 행동입니다. 게다가 그 맹인 중학생은 부모님도 모두 돌아가시고 고아나 다름없는데 그러한 학생을 돌봐주다가 정이 들어서 결혼까지 했으니 보통 사람들 눈에는 미친 짓으로 밖에 보이지 않았을 것입니다.

그런데 하나님께서 이 부부에게 복을 주셨습니다. 남편 강영우씨는 한국인 최초로 시각장애인 박사가 되었습니다. 부시 행정부의 고위 공무원이 되었습니다. 둘째 아들 강진영 변호사는 오바마 대통령의 법률고문이 되었습니다. 장남은 안과의사가 되었습니다. 석은옥씨는 남편 강영우 박사와 함께 미국의 인명사전에 오르는 영광을 누리게 되었습니다.

원래 석은옥씨는 여고 시절에 서울대를 목표로 공부하였지만 실패를 하고 재수를 거쳐서 숙명여대에 진학하였습니다. 초등학교 때부터 교회에 다니던 그녀는 서울대 욕심을 버리고 어려운 이웃을 도와주려는 착한 마음을 품고 맹인들에게 관심을 가지고 도와주는 봉사활동을 하다가 강영우 학생을 만나게 된 것입니다. 최근에는 남편 강영우 박사와 두 아들과 함께 어려운 청소년들을 위하여 장학금으로 25만불(약 3억 2천만원)을 기부하여 많은 사람들에게 감동을 주고 있습니다.

저는 석은옥 여사가 쓴 책 "해피 라이프"를 읽으며 이런 생각을 해보았습니다. 욕심을 버리고 내가 먼저 주위사람들에게 관심을 가지고 내가 먼저 도와주고 베푸는 삶을 살 때에 상대방도 행복해지고 나도 함께 행복해진다는 것을 다시 한 번 느끼게 되었습니다. 욕심은 사람을 불행하게 만드는 무서운 질병입니다.

〈약 1:15〉 "욕심이 잉태한즉 죄를 낳고 죄가 장성한즉 사망을 낳느니라."

마음의 병 (2011.1.19)

육신의 질병을 치료하려면 병원을 찾아가야 합니다. 그런데 마음의 병을 치료하려면 어떻게 해야 할까요? 마음의 병을 치료하려면 교회를 찾아가야 합니다. 교회는 마음의 병을 치료받는 곳입니다. 누구든지 교회에 나와서 예수님을 믿으면 마음의 병을 치료받게 되고 새 힘을 얻어서 활기차게 살아갈 수 있습니다.

오늘 신문(국민일보 2012. 1. 19일자)에 보니 이런 기사가 실렸습니다. 대전시 모 여자 고등학교 1학년 반장 아이와 같은 반 친구가 40일 간격으로 연달아 자살을 하였습니다. 왜 자살을 하였을까요? 자세한 이유를 알 수는 없지만 마음의 병이 심각해져서 우울증에 시달리다가 자살하지 않았을까 생각해 보았습니다. 육체의 병도 고통스러운 것이지만 더욱 고통스럽고 위험한 것은 마음의 병입니다. 육신의 병은 병원에 가서 검사를 하면 대부분 병명이 나타나지만 마음의 병은 가족들 조차도 모르는 경우가 대부분입니다.

그리고 그 신문기사 바로 아래에 이런 기사도 있더군요. 대구의 한 고등학교에서 보충수업 도중에 게임을 하다가 여자 선생님에게 휴대폰을 빼앗긴 남학생이 그 선생님에게 행패를 부리고 흉기를 휘두르며 위협하기까지 했다는군요. 충격을 받은 여자 선생님은 현재 학교에 출근하지 않고 있다더군요. 제자에게 모욕을 당하고 무시당한 그 여선생님은 심각한 마음의 병을 앓고 있나봅니다.

〈렘 8:18〉 "슬프다. 나의 근심이여. 어떻게 위로를 받을 수 있을까? 내 마음이 병들었도다."

선생님에게 휴대폰을 내놓으라고 접이식 칼을 던지기도 하고 그 칼을 다시 주워 선생님을 찌르겠다며 위협한 그 고등학생도 마음과 인격이 병든 것이 분명합니다. 현재 우리나라의 많은 청소년들의 마음과 인격이 병들었습니다. 누가 우리 청소년들의 병든 마음을 고쳐줄 수 있을까요?

부모가 돈을 더 많이 벌어서 자녀들에게 용돈을 더 많이 주면 아이들의 마음의 병이 고쳐질까요? 아닙니다. 마음의 병은 돈으로 고칠 수 없습니다. 우리나라 유명한 재벌 회장님의 딸도 마음의 병이 심각하여 자살을 했습니다. 마음의 병은 예수님을 믿어야 치료가 됩니다. 예수님을 믿고 찬송하고 기도하면 치료가 됩니다.

요셉은 형들에게 배신을 당하고 노예로 팔렸습니다. 노예생활을 하다가 주인아주머니로부터 억울한 누명을 쓰게 되었습니다. 감옥에 갇혔습니다. 그런데 감옥 안에서 또 한 번의 배신을 경험해야 했습니다. 요셉은 어린 나이에 배신과 억울한 일을 많이 당했지만 하나님을 의지함으로 마음의 병과 상처를 치료받았습니다. 요셉은 총리가 된 후에 형들에게 복수하지 않고 형들을 용서해주었습니다.

그런데 마음의 병이 깊어지면 종종 육신의 질병으로도 나타날 수 있습니다. 제가 아는 50대의 어떤 아주머니는 스트레스와 마음의 병이 깊어져서 어느 날 갑자기 눈이 침침해져서 앞이 보이지 않게 되었습니다. 그래서 지금 병원에서 치료를 받는 중입니다.

초대 문화부장관을 하셨던 이어령씨의 딸 이민아 판사는 두 번이나 결혼생활에 실패하고 큰 아들의 죽음과 둘째 아들의 자폐증 그리고 본인의 암 병과 실명의 위기를 맞게 되었습니다. 그녀는 결국 하나님께 항복하고 예수님을 구주로 영접하였습니다. 하나님께 기도하였더니 암 병도 치료되고 시력도 회복하게 되었습니다. 그녀는 하나님의 은혜가 너무 감사하여서 그 은혜를 조금이나마 갚겠다는 마음으로 목사님이 되어서 방황하는 청소년들을 주님께 인도하는 귀한 일을 하고 있습니다. 근심, 걱정, 우울한 생각…… 이러한 마음의 병이 깊어지면 뼈가 마르게 된다고 성경에 기록되어 있습니다.

〈잠 17:22〉 "마음의 즐거움은 양약이라도 심령의 근심은 뼈로 마르게 하느니라."

93세 할아버지가 3년 전 주님 곁으로 떠나간 자기 아내를 그리워하며 쓴 책이 출간되었습니다. 빌리 그레이엄 목사님이 쓰신 "새로운 도전"이라는 책입니다. 그 책에는 이런 내용이 있습니다.

"이 글을 쓰는 지금 아내가 주님 곁으로 떠나간 지 어언 3년이 지났다. 아내의 빈자리가 전에 없이 크게 느껴진다. 당장이라도 아내가 서재의 문을 열고 들어올 것만 같다. 예전처럼 아내와 함께 손을 잡고 산위로 지는 태양을 바라보는 상상을 매일같이 한다. …… 아내의 죽음이 그토록 내 뇌리를 떠나지 않는 것은 기대감 때문이기도 하다. 조만간 주님이 나도 데려가시면 천국에서 아내와 다시 만나리라. 그 날이 너무나 기다려진다."

세상을 살면서 누구든지 슬픈 일을 겪습니다. 그런데 슬픔이나 억울한 일을 당하면 그 일이 잊혀 지지 않고 마음의 병이 되어 불행해지는 경우가 많이 있습니다. 하지만 빌리 그레이엄 목사님은 하나님을 의지하고 천국을 바라보기 때문에 아내를 잃은 슬픔을 잘 극복하고 있습니다.

마음의 상처를 잘 다스리며 영원한 천국에서 자기 아내를 만날 날을 꿈꾸며 그날을 기다리고 있습니다. 당신은 그러한 소망이 있습니까? 예수님을 믿어 보세요. 예수님을 믿으시면 천국의 소망을 얻게 되고 마음의 병이 치료됩니다. 슬픔과 억울한 감정이 눈 녹듯이 사라지게 되고 마음의 평화를 누리게 됩니다.

〈요 14:27〉 "평화를 너희에게 끼치노니 곧 나의 평안을 너희에게 주노라. 내가 너희에게 주는 것은 세상이 주는 것과 같지 아니하니라. 너희는 마음에 근심하지도 말고 두려워하지도 말라."

유대인들의 자녀교육(2012.1.11)

한국의 교육열은 유대인과 더불어 세계 1, 2위를 다투고 있습니다. 하지만 교육열이 높은 우리 한국사회는 현재 더 많이 이혼하고 더 많이 타락하고 있습니다. 고3 학생이 자기 엄마를 죽이는가 하면 학교폭력으로 괴롭힘을 당하던 중학생이 자살을 하기도 하고 우리 사회는 점점 더 악해지고 있습니다. 왜 그럴까요? 우리 청소년들이 엄마젖을 실컷 먹지 못하고 소젖을 먹고 자란 탓일까요? 젊은 엄마들이 몸매를 관리하기 위해서 자녀에게 젖을 제대로 먹이지도 않고 만지지도 못하게 하고 아이들이 엄마젖을 만지며 잠을 자는 대신에 인형을 끌어안고 잠을 자기도 하고 혼자 텔레비전을 보다가 잠을 자기 때문에 그런 것이 아닐까요?

그런 까닭도 있겠지만 정말 근본적인 이유는 아이들의 마음속에 하나님을 두려워하는 마음이 없기 때문일 것입니다. 유대인 부모들은 아이들이 잠을 잘 때에 성경 이야기를 들려줍니다. 자녀가 어릴 때부터 하나님을 경외하도록 철저히 가르칩니다.

우리 기독교인들도 영적으로 유대인이라 할 수 있기 때문에 자녀들을 철저히 하나님을 경외하도록 가르쳐야 합니다. 성경을 가르쳐야 합니다. 유대인들이 태어나서 죽을 때까지 암송하는 성경구절이 3부분이 있는데 그중의 하나가 신명기 6장 4절에서 9절까지의 말씀입니다.

〈신 6:4~9〉 "이스라엘아 들으라. 우리 하나님 여호와는 오직 유일한 여호와이시니 너는 마음을 다하고 뜻을 다하고 힘을 다하여 네 하나님 여호와를 사랑하라. 오늘 내가 네게 명하는 이 말씀을 너는 마음에 새기고 네 자녀에게 부지런히 가르치며 집에 앉았을 때에든지 길을 갈 때에든지 누워 있을 때에든지 일어날 때에든지 이 말씀을 강론할 것이며 너는 또 그것을 네 손목에 매어 기호를 삼으며 네 미간에 붙여 표로 삼고 또 네 집 문설주와 바깥문에 기록할지니라."

유대인들은 이 성경구절을 자녀들이 잠들기 직전에 외우게 합니다. 유대인들의 영원한 소원은 여호와는 오직 한 분이시고 그 분을 사랑하여 여호와의 말씀을 자손만대에 가르쳐 지켜 행하는 것입니다. 그들의 소원은 일류대학을 졸업하고 출세하는 것이 아닙니다.

미국의 대도시에 있는 식당이나 술집에는 유대인들을 찾아보기 힘듭니다. 왜 그럴까요? 유대인들은 이방인의 식당이나 술집에 전혀 출입하지 않습니다. 그래서 유대인들의 범죄율은 세계에서 가장 낮습니다.

그 이유는 유대인들은 율법에 따라 만든 음식만 파는 코셔 식당에만 가기 때문입니다. 그리고 항공회사에서도 유대인 승객들이 요청만하면 특별히 코셔 음식을 따로 준비해서 제공합니다. 대한 항공이나 아시아나 항공을 비롯하여 모든 나라의 비행기에는 유대인들의 음식을 따로 준비하고 있습니다. 전 세계의 항공회사들은 유대인 승객들을 깍듯이 모시고 있습니다. 그 정도로 유대인들의 힘은 막강합니다. 유대인들은 돼지고기를 먹지 않습니다. 성경에 부정한 짐승으로 규정되어 있기 때문입니다. 또한 비늘 없는 생선도 먹지 않습니다. 구약성경에 기록된 정결한 음식만 먹습니다.

그런데 미국 동부 펜실베니아주 랭커스터에는 유대인보다 더 철저한 기독교인들이 모여 사는 마을이 있습니다. 흔히 그들을 '아미쉬 사람들'이라고 부릅니다. 아미쉬 사람들은 철저하게 요한복음 2장 25절에서 17절까지의 말씀을 믿고 실천하는 사람들입니다.

〈요일 2:15~17〉 "이 세상이나 세상에 있는 것들을 사랑하지 말라. 누구든지 세상을 사랑하면 아버지의 사랑이 그 안에 있지 아니하니 이는 세상에 있는 모든 것이 육신의 정욕과 안목의 정욕과 이생의 자랑이니 다 아버지께로부터 온 것이 아니요 세상으로부터 온 것이라. 이 세상도 그 정욕도 지나가되 오직 하나님의 뜻을 행하는 자는 영원히 거하느니라."

아미쉬 사람들은 현대문명을 철저히 거부합니다. 지금도 16세기

농경사회 모습으로 살고 있습니다. 따라서 가정에는 텔레비전이나 라디오 비디오 컴퓨터가 전혀 없습니다. 전화도 없습니다. 물론 휴대폰도 없습니다. 마을 입구에 긴급용 전화 한 대가 있을 뿐입니다. 그리고 전기를 사용하지 않으며 밤에는 호롱불을 사용합니다. 아이들의 교육도 중학교 2학년까지만 시킵니다. 그 이유는 공부를 많이 시키면 인본주의 학문에 물들어서 하나님을 배반하고 부모에게 불효하기 때문이라고 합니다. 그들은 자동차를 타지 않고 마차를 타고 다닙니다. 산아제한을 하지 않기 때문에 집집마다 아이들이 많습니다. 많은 미국인들이 머지않아 아미쉬 마을이 없어질 거라고 예상했지만 200년이 지나도록 아미쉬 마을은 없어지지 않고 오히려 점점 커지고 있습니다.

물론 그들도 세계선교를 하고 자선사업도 합니다. 그들은 세대차이가 없기 때문에 부모의 신앙을 자손에게 전수하는 데에 성공하고 있습니다. 그런데 우리 한국은 어떻습니까? 우리 한국사회는 지금 문제가 심각합니다. 학교교육이 실패하고 있습니다. 아이들이 선생님을 존경하지 않습니다.

아이들이 어릴 때부터 사람은 원숭이로부터 진화된 존재라고 배우고 있습니다. 또한 소젖을 많이 먹고 자라기 때문에 점점 짐승 같은 행동을 하고 있는 것이 아닐까요? 성경을 무시하고 미국의 화려한 겉모습만 흉내 내고 있기 때문에 우리나라의 학교교육은 실패하고 있습니다. 유대인들은 역사적으로 내면적 자신감이 가장 높은 민족입니다. 미국의 다양한 민족 중에서 의사, 변호사, 과학자, 언론인 등 전문직 계통에 가장 많이 종사하는 민족이 유대인입니다.

뿐만 아니라 유대인들의 범죄율은 미국에 거주하는 모든 인종 중에서 가장 낮습니다. 미국에 거주하는 유대인의 인구 비율은 전체 인구의 2.4%에 불과합니다. 하지만 하버드대학교 재학생 중 27%가 유대인입니다. 예일대 재학생의 30%가 유대인입니다. 유대인의 뛰어난 자녀교육의 비결은 무엇일까요? 그것은 성경을 가르치는 것입니다. 유대인들은 어린 자녀들에게 철저히 성경을 가르치고 암송하도록 교육합니다. 우리도 우리의 자녀들이 사람다운 사람으로 자라나기를 바란다면 성경을 가르쳐야 합니다.

〈잠 9:10〉 "여호와를 경외하는 것이 지혜의 근본이요 거룩하신 자를 아는 것이 명철이니라."

〈잠 22:6〉 "마땅히 행할 길을 아이에게 가르치라. 그리하면 늙어도 그것을 떠나지 아니하리라."

책을 가까이 합시다.(2012.1.10)

한국인 가정에는 대부분 거실에 큰 TV가 있습니다. 그런데 유대인 가정에는 TV가 없고 도서관처럼 많은 책이 진열되어 있습니다. 유대인들은 옛날부터 TV와 인터넷을 멀리하고 책을 많이 읽는 민족으로 유명합니다. 그리고 읽은 책 내용에 대해서 가족끼리 토론을 많이 합니다. 유대인들은 세상 돌아가는 소식을 TV 대신 신문이나 라디오를 통해서 듣습니다. 유대인들의 자녀교육의 우수성은 역사적으로 입증되고 있습니다. 유대인 자녀교육에 대해 많이 연구하신 현용수 박사는 "인성교육 노하우"라는 책에서 유대인들이 TV와 인터넷을 멀리하는 이유를 두 가지로 설명하고 있습니다.

첫째, 유대인들은 자녀들이 TV를 통해서 세속문화에 오염되는 것을 두려워 합니다. 그래서 유대인 어머니들은 〈뉴스위크〉 같은 건전한 시사 잡지라도 자녀들이 보기 전에 먼저 살펴보고 혹시 여성의 벌거벗은 사진이라도 있으면 뜯어낸 후에 보도록 합니다.

둘째, 유대인들은 자녀들이 TV와 인터넷을 자주 접하면 책읽기를 싫어할까 봐 TV와 인터넷을 멀리 합니다. 유대인 자녀들이 어릴 때부터 작은 글씨로 인쇄된 성경책과 탈무드를 끊임없이 읽고 토론하기 때문에 일반 학교교육의 내용은 쉽게 따라갈 수 있다고 합니다. TV를 많이 보면 책읽기를 싫어하게 되고 게을러 집니다.

부모는 자녀를 양육할 때에 자녀를 깊이 생각하는 사람으로 키워야 합니다. 하지만 TV와 인터넷으로 길들여진 아이들은 사람들과 깊이 있는 대화를 싫어하게 되고 집중력과 창의력이 떨어지고 책읽기를 싫어하게 됩니다. 우리나라의 학교 교실은 왜 산만할까요? 어려서부터 TV를 많이 보고 자라난 아이들이 모여 있기 때문입니다.

또한 아이들이 텔레비전이나 인터넷에 재미를 느끼게 되면 너무나 많은 시간을 낭비하게 됩니다. 그런데 유대인 가정에서는 아예 가정에 TV를 들여놓지 않기 때문에 성경공부와 고전을 읽고 토론하는데 많은 시간을 보낼 수 있습니다. 유대인들이 미국의 학계와 법조계를 석권하는 이유가 무엇일까요? 유대인들은 가정에서 성경과 탈무드를 읽으며 대화를 많이 하기 때문입니다. 그런데 한국의 대부분의 가정에서는 TV를 많이 보기 때문에 우리의 자녀들이 난폭해지고 있으며 학생들이 선생님을 존경하지 않고 폭력을 휘두르기도 하고 일진회 같은 폭력서클이 점점 늘어나는 것이 아닐까요?

현재 우리나라는 IT산업을 발전시킨다는 명목아래 가정이나 학교에서 영상교육을 너무 부추기고 있습니다. IT산업만 발전하면 대한

민국이 1등 국가가 될 수 있을까요? 아닙니다. 인문계, 법조계, 문학계, 과학계, 경제계, 문화계 등이 고루 발전해야 경쟁력 있는 대한민국이 될 수 있습니다. 우리나라는 현재 신문이나 책을 읽는 독서인구가 점점 줄어들고 있습니다.

얼마 전 영양군 기독교 연합회 부흥회 강사로 오셨던 경주 침례교회 김이태 목사님은 책값으로 매월 40만원을 지출한다고 하시더군요. 저는 그 목사님의 절반에도 미치지 못하는 책을 매월 구입하는데도 인터넷서점에서 책을 많이 팔아주어서 고맙다며 연말에 선물을 보내왔더군요. 우리나라의 독서인구가 점점 줄어든다는 것은 나쁜 소식이 분명합니다. 제가 지금 이 글을 쓰고 있는 도중에 전화벨이 울려서 받아보니 휴대전화를 모두 KT로 묶으면 올레TV를 무료로 보게 해준다는 KT홍보전화였습니다. 저는 TV에 관심이 없다며 그냥 끊었습니다.

현재 우리나라의 어린아이들은 어릴 때부터 너무 많이 TV를 보고 있습니다. 그리고 초등학교에서부터 교사가 영상으로 교육시키는 망국적인 바람이 일고 있습니다. 그리고 언론에서는 영상교육이 앞서가는 교육 방법인 것처럼 보도하고 있습니다. 책을 멀리하고 TV와 영상교육 그리고 인터넷을 가까이하면 어린아이뿐만 아니라 온 국민들의 심성이 거칠어지고 점점 타락하게 될 것은 불을 보듯 뻔한 일입니다. 더 늦기 전에 가정에서는 텔레비전을 없애고 학교에서는 영상교육을 중단해야 합니다. 그리고 성경을 비롯한 좋은 책을 많이 읽게 해야 합니다.

부모님 여러분! 자녀들이 인간다운 인간으로 자라나기를 원하신다면 가정에서 텔레비전을 없애고 성경책과 함께 좋은 책을 읽어야 합니다. 저는 어제 저녁에도 어린 자녀가 있는 어떤 가정에서 TV를 없애야 한다고 말씀드렸더니 그 부모님은 씩 웃기만 하고 제 말을 심각하게 받아들이지 않더군요.

국민일보 2005년 1월 29일자 신문에는 한국인들의 독서량이 세계 166위라는 기사가 실렸습니다. 책을 멀리하는 민족은 1등 민족이 될 수 없습니다. 우리 대한민국이 더욱 발전하려면 책을 많이 읽어야 합니다. 특별히 책 중의 책이라 할 수 있는 성경책을 많이 읽어야 합니다. 자녀들이 어릴 때부터 성경을 읽게 해야 자녀들이 하나님을 경외하고 부모를 공경하는 효성스러운 자녀로 자라날 수 있습니다.

〈신 6:4~9〉 "이스라엘아 들으라. 우리 하나님 여호와는 오직 유일한 여호와이시니 너는 마음을 다하고 뜻을 다하고 힘을 다하여 네 하나님 여호와를 사랑하라. 오늘 내가 네게 명하는 이 말씀을 너는 마음에 새기고 네 자녀에게 부지런히 가르치며 집에 앉았을 때에든지 길을 갈 때에든지 누워있을 때에든지 일어날 때에든지 이 말씀을 강론할 것이며 너는 또 그것을 네 손목에 매어 기호를 삼으며 네 미간에 붙여 표로 삼고 또 네 집 문설주와 바깥문에 기록할지니라.

〈잠 1:7〉 "여호와를 경외하는 것이 지식의 근본이거늘 미련한 자는 지혜와 훈계를 멸시하느니라."

성경 과외공부(2012.1.3)

작년 이맘 때 어떤 목사님과 함께 식사할 때의 일입니다.

"전도사님, 나는 송구영신 예배 때 교인들의 기도제목을 보고 조금 실망했습니다. 한결같이 세상적인 복만 구하는 내용이었습니다. 새해에는 거짓말하지 않게 해 주세요. 도둑질 하지 않게 해주세요. 욕심 부리지 않게 해주세요. 술을 끊게 해주세요. …… 뭐 이런 기도제목을 써서 올리는 교인은 한 사람도 없었답니다." 그 목사님의 탄식은 저의 탄식이 되어서 저도 며칠을 고민하며 괴로워했던 적이 있습니다.

어릴 때부터 양반가정에서 자라난 사람이 예수님을 믿으면 양반 기독교인이 되고 상놈이 예수님을 믿으면 상놈예수쟁이가 된다는 말이 있습니다. 어린 시절을 상놈가정에서 태어나 제멋대로 자라난 사람은 예수님을 믿어도 상놈버릇을 좀처럼 고치기가 쉽지 않습니다. 그래서 세 살 버릇 여든까지 간다는 속담이 생겨난 것 같습니다.

얼마 전 고등학교 3학년 학생이 자기 엄마를 죽여서 8개월 동안 안방에 내버려 둔 사건은 우리 사회의 아주 잘못된 교육환경을 그대로 보여주고 있습니다. 자녀가 어릴 때에 성경을 가르치고 하나님을 두려워하는 올바른 가치관을 심어주어야 합니다. 만일 어린 자녀에게 성경을 가르치지 않고 학교공부만 강조한다면 저와 여러분들도 자식의 손에 살해당할 수도 있다는 것을 기억해야 합니다.

성경을 모르고 하나님을 두려워하지 않는 사람은 북한의 공산당들처럼 잔인해지기 쉽습니다. 그러므로 우리는 자녀들이 어릴 때에 동물이름이나 영어를 가르치려고 너무 애쓰지 말고 성경을 가르쳐야 합니다. 영화배우 남궁원 장로님은 학교공부는 전혀 과외를 시키지 않고 목회자들에게 부탁해서 성경만 과외공부를 시켰습니다. 그랬더니 자녀들이 하버드대학교를 우수한 성적으로 졸업하고 모두 훌륭하게 자라났습니다. 한나라당 국회의원을 하기도 했습니다.

자세한 간증이 신앙계 잡지에 실리기도 했습니다.

저는 2012년 새해를 맞아서 성경과외공부를 아이들에게 시키기로 결심했습니다. 먼저 성경을 1시간 가르치고 나머지 한 시간은 영어 수학을 비롯한 학교 교과목을 가르칠 예정입니다. 이미 서울의 몇 몇 교회에서도 성경과외공부를 시작하여 아이들의 성품이 좋아지고 학교성적도 쑥쑥 오르는 사례가 많이 발표되고 있습니다.

유대인들은 세계가 인정하는 가장 우수한 민족입니다. 유대인들은 초 · 중 · 고등학교에서 오전 내내 성경과 탈무드만 가르칩니다. 그리고 오후수업 시작할 때도 먼저 1시간동안 기도회를 가진 후에 세상학문은 조금만 가르칩니다. 그렇게 해도 유대인 자녀들은 하버드대학을 비롯한 명문대학에 진학하는 비율이 아주 높습니다.

그런데 한국학생들은 하버드대학을 졸업해도 미국의 주류사회에 진입하는 비율이 아주 낮습니다. 인성교육을 제대로 하지 않고 지식위주의 교육만 했기 때문입니다. 하지만 유대인 학생들은 하버드대학을 졸업하면 대부분 미국의 주류사회에 진입하여서 미국과 전세계에 큰 영향력을 미치고 있습니다.

또한 유대인들은 세계에서 가장 권위 있는 노벨상 수상자들의 32%를 유대인들이 차지하고 있습니다. 유대인들의 자녀교육의 핵심은 성경입니다. 그러므로 우리도 성경을 귀하게 생각하고 어린 자녀들에게 성경을 가르쳐야 합니다.

성경을 가르치지 않고 학교 공부만 가르치면 아이들의 마음이 메마르게 되고 자기만 생각하는 이기적인 인간으로 자라나게 됩니다. 그래서 자기보다 약한 아이를 괴롭히고 왕따 시키며 선생님을 폭행하기도 하고 심지어 자기엄마를 야구방망이로 때려죽이기도 하고 칼로 찔러 죽이는 사건이 발생하기도 하였습니다. 하나님을 경외하는 것이 지식의 근본입니다. 성경말씀을 무시하고 멸시하는 것은 미련한 행동입니다.

〈잠 1:7〉 "여호와를 경외하는 것이 지식의 근본이거늘 미련한 자는 지혜와 훈계를 멸시하느니라."

자녀들에게 영어, 수학을 가르치기 위해서는 매월 수십만 원씩 투자하면서 성경을 가르치기 위해서는 전혀 투자하지 않는 부모들이 많습니다. 성경을 배우는 데에도 돈을 내고 배워야 잘 배울 수 있습니다.

헌금이나 돈을 내지 않으면 예배시간이나 성경 배우는 것을 시시하게 생각하게 되고 예배시간이나 성경공부시간에 지각이나 결석을 자주하게 됩니다. 왜냐하면 돈을 바치는 곳에 마음도 그곳을 향하기 때문입니다.

〈마 6:21〉 "네 보물이 있는 그 곳에는 네 마음도 있느니라."

어떻게 해야 우리의 자녀들을 훌륭한 인재로 키울 수가 있을까요? 어릴 때부터 성경을 가르쳐야 합니다.

〈딤후 3:15~17〉 "또 어려서부터 성경을 알았나니 성경은 능히 너로 하여금 그리스도 예수 안에 있는 믿음으로 말미암아 구원에 이르는 지혜가 있게 하느니라. 모든 성경은 하나님의 감동으로 된 것으로 교훈과 책망과 바르게 함과 의로 교육하기에 유익하니 이는 하나님의 사람으로 온전하게 하며 모든 선한 일을 행할 능력을 갖추게 하려 함이라."

학교에서 성경을 가르쳐야 합니다. (2011.12.21)

학교에서 성경을 가르쳐야 합니다. 대한민국의 모든 초 · 중 · 고등학교에서 성경을 가르쳐야 합니다. 왜냐하면 학교에서 성경을 가르치지 않고 진화론을 가르치고 세상지식만 가르치기 때문에 아이들의 마음이 메마르고 황폐해지고 있습니다. 현재 우리나라의 학교교육은 실패하고 있습니다.

중학교 3학년 남자아이에게 담배를 뺏는다는 이유로 교감선생님이 아이에게 폭행을 당하는 학교가 무슨 희망이 있습니까? 여중생이 여선생님의 머리채를 휘어잡고 두들겨 패는 학교가 무슨 소망이 있습니까?

하나님을 모르는 사람은 사람답게 살지 못합니다. 학교에서는 짐승이 진화해서 사람이 되었다고 가르치기 때문에 우리의 아이들이 짐승 같은 행동을 하고 있습니다. 우리나라의 모든 초 · 중 · 고등학교에서 성경을 가르쳐야 합니다. 하나님에 대해서 죄에 대해서 천국과 지옥에 대해서 가르쳐야 합니다.

죄는 사람의 마음을 어둡게 합니다. 죄는 사람의 마음을 어둡게 하고 무겁게 하고 침울하게 합니다. 그래서 사람들은 죄책감을 없애 보려고 나름대로 착한 일을 하기도 합니다. 착한 일을 하면 기분이 좀 좋아지기는 하지만 죄책감이 완전히 사라지는 것은 아닙니다. 자기 엄마를 죽인 서울 구의동의 그 고등학생이 착한 일을 좀 한다고 죄책감이 사라질까요? 그 학생을 소년원이나 교도소에 가둔다고 해서 착한 사람으로 변화될까요?

범죄자를 교도소에 격리시키면 교도소 안에서 더욱 악한 범죄수법을 배워서 출소한 뒤 더 큰 범죄를 저지를 가능성이 많습니다. 그러므로 교도소에서도 성경을 가르쳐야 하고 학교에서도 성경을 가르쳐야 합니다. 누구든지 성경을 배우면 하나님의 사랑을 알게 됩니다.

〈요 3:16〉 "하나님이 세상을 이처럼 사랑하사 독생자를 주셨으니 이는 그를 믿는 자마다 멸망하지 않고 영생을 얻게 하려 하심이라."

하나님께서 죄로 말미암아 멸망의 길을 달려가고 있는 우리 인생들을 구원하시기 위해서 그 분의 아들 예수님을 이 땅에 보내셨습니다. 성탄절은 하나님의 아들 예수님이 사람의 모습으로 이 세상에 오신 날입니다. 예수님이 이 세상에 오신 이유는 우리에게 풍성한 삶을 주시기 위해서 오셨습니다.

〈요 10:10〉 "도둑이 오는 것은 도둑질하고 죽이고 멸망시키려는 것뿐이요, 내가 온 것은 양으로 생명을 얻게 하고 더 풍성히 얻게 하려는 것이라."

성경에는 예수님을 목자로 비유하고 우리 인생들을 양으로 비유하고 있습니다. 양은 어리석어서 어느 쪽으로 가야 안전하게 풀을 뜯이먹을 수 있는지 알 수 없습니다. 목자가 인도하는 대로 순종하며 따라가야 안전하게 풀을 뜯어먹으며 행복하게 살 수 있습니다. 그런데 가끔 양들 중에는 목자의 인도를 거부하고 자기 맘대로 돌아다니다가 가시에 찔리기도 하고 사나운 짐승에게 잡아먹히는 양들도 있습니다.

우리 인생들도 목자 되시는 예수님의 인도를 받으며 하나님의 말씀에 순종하기만하면 안전하고 행복하게 살 수 있습니다. 풍성한 삶을 살 수 있습니다. 하지만 하나님의 말씀을 거역하고 제멋대로 살 면 마귀가 쳐놓은 함정에 빠지게 되고 멸망하게 됩니다. 영원한 지옥으로 떨어지게 됩니다. 사람이 불행해지는 이유는 하나님의 말씀을 거역하고 자꾸만 죄를 짓기 때문입니다.

〈롬 3:23〉 "모든 사람이 죄를 범하였으매 하나님의 영광에 이르지 못하더니"

사람이 죄를 지으면 하나님의 영광이 가득하고 기쁨이 넘치는 천국에 들어갈 수 없습니다. 죄를 지으면 풍성한 삶을 누릴 수 없습니다. 그런데 구체적으로 무엇이 죄일까요? 하나님께서 이 세상을 만드시고 다스리시는데 하나님께 무관심하고 하나님을 인정하지 않는 것이 죄입니다. 하나님이 이 세상의 주인이신데 하나님의 말씀을 거역하고 사람의 손으로 만든 우상 앞에 절하고, 고목나무에게 절하고, 해를 보고 절하고, 달을 보고 절하는 것이 죄입니다. 또한 하나님께 반항하고 제 멋대로 사는 것이 죄입니다.

그러면 죄의 결과는 무엇일까요? 죄의 결과는 사망입니다. 로마서 6장 23절에 보면 "죄의 삯은 사망이요, 하나님의 은사는 그리스도 예수 우리 주 안에 있는 영생이니라."라고 기록되어 있습니다. 하나님의 아들이신 예수님을 믿으면 영생을 얻지만 하나님의 아들이신 예수님을 믿지 아니하면 저주와 지옥 불구덩이가 기다리고 있습니다. 예수님을 거부하고 하나님을 믿지 아니하는 사람들은 대체로 이렇게 생각합니다.

"내가 예수님을 믿지 않아도 돈만 많이 벌면 행복해지겠지, 돈 많이 벌어서 착한 일을 하면 행복해질 거야, 재미있는 취미생활을 하고, 아들딸을 잘 기르면 행복해질 거야, 좋은 집을 짓고 고급승용차를 몰고 다니면 행복해질 거야"하고 생각합니다.

그래서 사람들은 돈을 많이 벌려고 새벽부터 늦은 밤까지 발버둥을 칩니다. 그런데 과연 돈을 많이 벌면 정말 행복해질까요? 돈을 많이 벌어도 거기에 행복이 있는 것이 아닙니다. 돈을 잘 버는 유명연예인들이 왜 자살을 합니까? 높은 지위에 오른 사람들, 대학총장, 도지사, 재벌, 심지어 전직 대통령까지 자살을 하는 이유가 무엇일까요?

돈을 아무리 많이 벌어도 아무리 높은 지위를 차지해도 권력을 가졌어도 거기에 행복이 없기 때문에 사람들이 실망을 하고 자살을 합니다. 오직 예수님 안에 참된 행복과 기쁨이 있습니다.

정 직(2018년 7월 1일)

하나님은 정직한 자에게 좋은 것을 아끼지 아니하십니다.

〈시 84:11〉 "여호와 하나님은 해요 방패이시라 여호와께서 은혜와 영화를 주시며 정직하게 행하는 자에게 좋은 것을 아끼지 아니하실 것임이니이다."

하나님은 정직한 자에게 빛을 비추어 주십니다. 또한 방패가 되어 주시며 은혜와 영화를 주십니다. 좋은 것을 주십니다. 그런데 정직하지 못한 자가 교회를 이용해서 자기 욕심을 채우려고 하면 하나님께서 용납하시지 아니합니다.

그래서 예배당 건물이나 교회에 속한 땅을 개인소유로 등기하는 것은 개인이 갑질을 하거나 팔아먹을 가능성이 있기 때문에 바람직하지 않습니다. 그래서 저는 감천교회 건물과 땅의 소유권을 제 이름이나 자녀 이름으로 하지 않고 건축비를 지원해주신 경남의 어떤 큰 교회에 소유권을 되돌려 드렸습니다.

그래서 저의 자녀들은 조금 서운해 하는 것 같습니다. 하지만 저는 자녀들에게 재산을 물려주는 것 보다 정직한 신앙을 물려주고 싶었기 때문입니다.

저는 어느 해 목사고시를 치를 때에 공부를 아주 잘하는 후배 전도사님이 바로 제 옆자리에 앉게 되었습니다. 그분이 자기의 답안지를 제게 밀어주며 부정행위(컨닝)을 하라고 친절을 베풀 때 저는 단호하게 거절을 했습니다.

왜냐하면 저는 고등학교 다닐 때 부정행위를 하다가 크게 혼난 일이 있기 때문입니다. 그리고 부정행위를 하다가 내 안에 계신 성령님이 떠나가시면 더 큰 손해가 아닐까요?

성령님은 거룩하신 영이기 때문에 거짓된 행동을 하는 자의 마음속에는 계시지 않습니다. 오늘날 많은 그리스도인들이 부정직한 삶을 살면서 자신이 천국에 들어가는 줄로 착각하고 있습니다.

교회를 다니면서도 여전히 거짓말을 하거나 부정직한 행동을 하는 사람은 진실한 신자가 아닙니다. 이러한 사람은 천국에 들어갈 수 없습니다. 저는 어떤 목사님이 본인이 목사고시를 치를 때에 컨닝했던 이야기를 죄의식 없이 예사롭게 말하는 것을 들은 적이 있습니다. 이것은 우리 한국교회의 수치입니다.

정직은 성공보다 더 소중한 덕목입니다. 하나님은 정직하게 행하는 자에게 좋은 것을 아끼지 아니하신다고 말씀하셨습니다. 돈, 건강, 미모, 명예, 권력, 출세…… 다 좋은 것들이지만 정말 좋은 것은 성령 충만입니다. 또 정말 좋은 것은 천국입니다. 천국은 정직하게 행하는 사람들이 들어가는 곳입니다. 거짓말하는 사람은 천국에 들어갈 수 없습니다.

〈**계 21:8**〉 "그러나 두려워하는 자들은 믿지 아니하는 자들과 흉악한 자들과 살인자들과 음행하는 자들과 점술가들과 우상숭배자들과 거짓말하는 모든 자들은 불과 유황으로 타는 못에 던져지리니 이것이 둘째 사망이라."

잘못된 사랑(2018.7.23)

암논이 다말을 사랑한다고 말하면서 다말을 성폭행했습니다. 성폭행은 사랑이 아닙니다. 암논이 다말을 성폭행한 후에 어떤 일이 일어났을까요? 2년 후 암논은 다말의 친오빠 압살롬에 의해 죽음을 당하였습니다.

〈**삼하 13:28~29**〉 "압살롬이 이미 그의 종들에게 명령하여 이르기를 너희는 이제 암논의 마음이 술로 즐거워할 때를 자세히 보다가 내가 너희에게 암논을 치라 하거든 그를 죽이라 두려워하지 말라 내가 너희에게 명령한 것이 아니냐 너희는 담대히 용기를 내라 한지라 압살롬의 종들이 압살롬의 명령대로 암논에게 행하매 왕의 모든 아들들이 일어나 각기 노새를 타고 도망하니라."

죄를 지으면 반드시 불행한 결과를 얻게 됩니다. 우리는 암논의 죽음을 보면서 교훈을 얻어야 합니다. 나는 죄를 짓지 않겠다고 결심하고 성경을 열심히 읽으며 하나님께 기도해야 합니다. 그리고 물론 암논이 먼저 죄를 지었지만 압살롬이 직접 복수한 것도 역시 죄입니다. 압살롬이 자기 여동생을 성폭행한 암논을 직접 살해하여 복수한 것도 역시 큰 죄입니다. 하나님은 우리가 직접 복수하는 것을 기뻐하지 아니하십니다. 우리는 내가 직접 복수하지 말고 하나님의 손에 맡겨야 합니다.

〈롬 12:19~21〉 "내 사랑하는 자들아 너희가 친히 원수를 갚지 말고 하나님의 진노하심에 맡기라 기록되었으되 원수 갚는 것이 내게 있으니 내가 갚으리라고 주께서 말씀하시니라 네 원수가 주리거든 먹이고 목마르거든 마시게 하라.…… 악에게 지지 말고 선으로 악을 이기라"

다윗왕은 대체로 훌륭한 신앙인이었습니다. 하지만 그의 아들인 암논이나 압살롬은 아주 악한 인간들이었습니다. 암논이나 압살롬은 아버지를 닮지 아니하고 왜 악한 인간이 되었을까요? 성경을 읽지 아니하고 기도를 게을리 하다가 하나님과 관계가 끊겼기 때문입니다. 죄를 짓고 하나님과의 관계가 서먹해지면 사탄이 찾아와서 우리의 생각이나 마음을 완전히 사로잡을 수도 있습니다. 그러므로 우리는 교만하지 말아야 합니다.

암논이 자기의 이복누이 동생인 다말을 성폭행한 것은 사탄에게 미혹되어 저지른 악행입니다. 압살롬이 암논을 죽인 것도 사탄에게 미혹되어 저지른 무서운 죄입니다. 이처럼 다윗왕의 자녀들이 사탄에게 미혹되어 이러한 악행을 저지른 것입니다.

우리의 자녀들도 마찬가지입니다. 우리의 자녀들도 사탄에게 미혹될 가능성이 있습니다. 그러므로 우리는 부모로서 자녀를 위해서 끊임없이 기도해야 합니다. 부모가 자녀에게 재산을 많이 물려주거나 어린 자녀들에게 용돈을 많이 준다고 해서 자녀들이 훌륭하게 자라는 것이 아닙니다.

자녀에게 성경을 가르쳐야 하고 주일성수와 십일조생활을 가르쳐야 합니다. 또한 자녀를 위해서 눈물로 기도해야 합니다.

〈눅 23:28〉 "예수께서 돌이켜 그들을 향하여 이르시되 나를 위하여 울지 말고 너희와 너희 자녀를 위하여 울라."

너는 담대하라(2018.7.18)

담대함은 군인들에게만 필요한 것이 아닙니다. 우리 모두에게 담대함이 필요합니다. 전도할 때도 담대함이 필요하고 결혼할 때도 담대함이 필요합니다.

제 아내는 담대한 여자입니다. 뱀도 잘 때려잡고 맨손으로 바퀴벌레도 잘 때려잡지요. 저와 결혼할 때의 일입니다. 저는 27세 때부터 시골교회 담임 전도사로 목회를 했습니다. 어느 날 이웃교회 전도사님의 중매로 안동 어느 다방에서 지금의 제 아내와 맞선을 보았습니다.

하지만 가족들의 반대로 결혼이 취소될 위기에 놓였습니다. 저는 아무래도 결혼이 어려울 것 같아서 장모님과 아내에게 결혼취소 통보를 하고 영양 버스 정류장으로 터덜터덜 걸어갔습니다. 그때 뒤따라오던 아가씨(아내)가 갑자기 제 팔을 붙잡고 "전도사님 우리 결혼해요"하고 매달리는 바람에 취소될 뻔했던 우리의 결혼이 극적으로 성사가 되었습니다.

그런데 담대함은 하나님을 경외하며 하나님의 말씀에 순종할 때 생겨납니다. 다윗은 하나님을 경외하는 믿음의 사람이었습니다. 또한 의롭고 정직한 사람이었습니다. 그는 작은 돌멩이로 블레셋의 거인 장수 골리앗을 때려눕힌 유명한 인물입니다. 반면에 사울왕은 하나님을 진실한 마음으로 경외하지 않았습니다. 마음속에 더러운 욕심과 탐심을 품고 있었습니다. 그래서 정직하지 못한 사울왕은 점점 약해지고 정직하고 의로웠던 다윗은 점점 강하게 되었습니다.

〈삼하 3:1〉 "사울의 집과 다윗의 집 사이에 전쟁이 오래매 다윗은 점점 강하여 가고 사울의 집은 점점 약하여 가니라."

담대함은 하나님의 말씀에 온전히 순종할 때에 주어집니다. 사울왕처럼 기분이 좋을 때는 순종하고 기분이 나쁘면 자기 멋대로 살아가는 사람은 담대함을 얻지 못하고 죄책감과 불안과 부정적인 생각으로 고통을 당하게 됩니다.

사울왕은 불안과 우울증으로 고통을 당하다가 나중에는 악령에 사로잡혀서 다윗을 죽이려고 했습니다. 우리 그리스도인들은 사울왕처럼 불의한 삶을 살아서는 안 됩니다. 다윗처럼 정직하게 살아야 합니다. 다윗처럼 정직하게 살 때에 성령 충만을 받게 되고 담대함을 얻게 됩니다.

사울왕은 자신의 죄가 드러날 때에 변명하고 죄를 숨기려고 했습니다. 하지만 다윗은 죄가 드러날 때에 철저히 자신의 죄를 인정하고 회개하였습니다. 다윗처럼 회개를 철저히 하고 정직하게 살아갈 때 우리의 마음속에 담대함과 천국이 임하게 됩니다.

〈마 4:17〉 "이 때부터 예수께서 비로소 전파하여 이르시되 회개하라 천국이 가까이 왔느니라 하시더라."

외롭고 슬플 때

사람은 변덕스러운 존재입니다. 금방 사랑한다고 말해놓고 몇 분 혹은 몇 시간 지나지 않아서 또 미워하고 다투는 것이 인간의 모습입니다.

변덕스러운 사람을 의지하거나 사람의 위로와 이해를 기대하다가 낙심하고 절망하는 사람들이 많습니다. 우리는 외롭고 슬플 때 친구를 찾아가서 위로받으려고 합니다. 그러나 아무리 친한 사이라도 하염없이 나의 고민을 늘어놓으면 귀담아 듣지도 않고 성급한 충고부터 합니다. 나를 위로해 주기도 하지만 가끔 나의 비밀을 누설하여 위로는 고사하고 오히려 고통을 안겨 주기도 합니다.

문제는 해결되지 않고 근심 걱정은 점점 깊어갑니다. 외로움과 슬픔 그리고 분노와 미움이 떠나가질 않습니다. 누가 나의 외로움과 아픈 마음을 이해해주고 위로해 줄 수 있겠습니까?

교회에서 자주 부르는 찬송가 83장은 이런 가사로 되어 있습니다.

1. 나의 맘에 수심구름 가득하게 덮이고 슬픈 눈물 하염없이 흐를 때 인자하고 부드러운 음성으로 부르사 나를 위로할 이 누가 있을까?

수 예수, 주 예수, 주 예수 밖에 누가 있으랴. 슬퍼 낙심 될 때에 내 친구 되시는 구주 예수 밖에 다시 없도다.

2. 무거운 짐 등에 지고 인생길을 가는 자 힘이 없어 쓰러지려 할 때에, 능력 있는 팔을 펴서 나의 손을 붙들어 나를 구해 줄이 누가 있을까?

주 예수 주 예수 주 예수 밖에 누가 있으랴. 슬퍼 낙심 될 때에 내 친구 되시는 구주 예수 밖에 다시 없도다.

3. 지은 죄를 돌아보니 부끄럽고 외로워 자나 깨나 맘에 화평 없을 때 추한 죄인 용납하여 품에 안아 주시고 깨끗한 맘 주실 이가

누굴까?

주 예수 주 예수 주 예수 밖에 누가 있으랴. 슬퍼 낙심 될 때에 내 친구 되시는 구주 예수 밖에 다시 없도다.

당신은 아직 예수님을 믿지 않습니까? 그렇다면 오늘부터 예수님을 믿어 보세요. 예수님께서 당신의 슬픔을 위로해 주시고 삶의 용기와 기쁨을 주실 것입니다. 당신은 이미 예수님을 믿는 신자입니까? 그렇다면 주위의 힘들어 하는 분들에게 위로하시는 하나님을 소개해 드리세요.

위로하시는 하나님을 이웃에게 소개해 드리는 것이 전도입니다. 전도하면 내 속에 하나님의 위로와 평화가 더욱 넘쳐 납니다. 이 세상에서 어떤 슬픔을 당하였을지라도, 심지어 사랑하는 가족을 먼저 하늘나라로 보낸 사람이라 할지라도 하나님께서 위로해 주시면 그 사람은 다시 일어설 수 있습니다. 슬픔을 딛고 역경을 극복하고 힘차게 살아갈 수 있습니다.

저는 어떤 아주머니가 아들을 먼저 저 세상에 보내고 슬퍼하며 괴로워하는 모습을 본 적이 있습니다. 누가 그 여인의 슬픔을 위로해 줄 수 있을까요? 오직 예수님만이 오직 하나님만이 그 여인의 슬픔을 위로해 주실 수 있습니다.

지금 경북 안동에서 그 여인은 교회를 다니면서 천국에서 아들을 다시 만나게 될 것을 기대하며 열심히 신앙생활을 하고 있습니다.

자식 잃은 부모가 슬픔을 이겨내고 보람되고 가치 있는 삶을 살려면 어떻게 해야 할까요? 예수님을 믿어야 합니다. 그리고 자기처럼 자식 잃고 슬퍼하는 또 다른 부모를 찾아서 위로해 주고 예수님의 복음을 전하는 것입니다.

남을 위로해 주면 나도 위로받고 힘을 얻게 됩니다. 그러나 내 자신의 슬픔에만 집중하고 거기에 빠져 있으면 더욱 슬퍼지게 되고 심한 경우에는 병이 들거나 정신이상자가 되기도 합니다.

이 세상에 태어난 사람치고 평생 동안 슬픈 일이나 괴로운 일을 전혀 당해 보지 않고 항상 평안하게 만 사는 사람은 단 한 사람도 없습니다. 주 예수님을 믿으세요. 하나님을 바라보세요.

〈사 41:10〉 "두려워 말라. 내가 너와 함께 함이니라. 놀라지 말라. 나는 네 하나님이 됨이니라. 내가 너를 굳세게 하리라. 참으로 너를 도와주리라. 참으로 나의 의로운 오른손으로 너를 붙들리라."

세상에서 가장 많이 팔리는 책

세상에서 가장 많이 팔리는 책이 무슨 책일까요? 사형수들이 가장 많이 읽고 싶어 하는 책이 무슨 책일까요? 죽음을 앞둔 사람에게, 사랑하는 가족이 죽어갈 때에 어떤 책을 읽어주면 가장 좋을까요?

그것은 성경책입니다. 성경은 죽음 저 너머의 영원한 소망을 갖게 하는 신비한 책입니다. 또한 세상에서 가장 많은 사람들에게 사랑받는 책이 성경입니다. 세상에서 가장 많이 팔리는 책이 성경입니다. 세상에서 가장 오래된 책이 성경입니다. 세상에서 가장 많은 언어로 번역된 책이 성경입니다.

그런데 성경을 한 번도 제대로 읽어보지 않은 사람들이 이런 말을 합니다.

"성경은 꾸며낸 이야기일 뿐이다."

"성경은 이스라엘 민족의 신화일 뿐이다."

과연 그러할까요? 그런데 왜 세계적으로 뛰어난 과학자, 정치인, 학자들이 이구동성으로 성경을 높이 평가할까요? 미국 대통령들은 취임식을 할 때에 꼭 성경에 손을 얹고 선서를 합니다.

"나는 이 성경 말씀에 따라 미국의 중요한 일들을 결정하겠습니다."

링컨 대통령을 비롯한 훌륭한 대통령들이 매일 성경을 읽으며 성경 속에서 지혜를 얻고 성경 속에서 영감(Insight)을 받았습니다.

우리나라 최고의 지성인 중의 한 사람인 어어령 교수(전 문화공보부장관)는 젊었을 때에 성경을 시시하게 생각했습니다. 그러나 지금은 열렬한 기독교 신자가 되어서 날마다 성경을 읽으며 행복한 노년을 보내고 있습니다.

저희 감천교회에서 원어민 성경공부를 가르치는 미국인 해리(Harry) 씨는 아이들에게 성경을 읽게 하려고 애를 쓰고 있습니다. 교회에 올 때에 자기 성경을 가지고 오는 아이들에게는 특별히 초콜릿을 선물합니다.

그는 3년째 자기 집을 개방하여 주민들에게 영어 성경을 무료로 가르치고 있습니다. 저도 가끔 참석하고 있습니다. 성경을 매일 읽으면 근심 걱정이 사라지고 마음이 평안해진답니다.

성경을 매일 읽으면 원망 불평이 사라지고 감사가 넘치게 됩니다. 행복해집니다. 성경을 꾸준히 읽으면 마음에 기쁨이 넘쳐 납니다.

〈시 19:8〉 "여호와의 교훈은 정직하여 마음을 기쁘게 하고"

성경을 매일 읽으면 게으르고 방탕했던 사람이 부지런하고 활기찬 사람으로 변화됩니다. 성경을 가까이 하면 조급하고 화를 잘 내던 사람이 침착하고 여유로운 사람으로 변화됩니다. 성경을 사랑하게 되면 시무룩하고 무표정이던 사람이 명랑하고 잘 웃는 사람으로 변화됩니다.

날마다 밥을 먹듯이 성경 말씀을 매일 먹으면 비뚤어진 성격을 가진 사람이 부드럽고 원만한 인격자가 됩니다. 환자가 매일 약을 먹듯이 성경말씀을 매일 섭취하면 부정적이던 사람이 긍정적인 사람으로 바뀌게 됩니다.

성경 읽으면 불행했던 가정이 행복한 가정으로 변화됩니다. 부부 사이에 사랑이 식고 소 닭 보듯 하는 가정도 성경을 읽으면 사랑이 회복됩니다.

얼마 전 세계적인 패션모델이 자살했습니다. 20살 어여쁜 아가씨가 왜 자살했을까요? 또한 경남 양산시장님도 자살을 했습니다.

전직 대통령을 비롯해서 잘 나가던 사람이 왜 자살을 할까요? 그들의 공통점은 무엇일까요? 그들은 모두다 성경을 가까이 하지 않았을 것입니다. 성경을 멀리하고 신문이나 세상 잡다한 것들을 가까이 하면 마음이 어두워지고 우울하고 나쁜 생각에 사로 잡히기 쉽습니다.

우리 모두 열심히 성경을 읽고 성경말씀대로 순종하여서 이 땅에서도 복을 받고 영원한 천국에 이르는 저와 여러분이 되었으면 좋겠습니다.

〈딤후 4:16~17〉 "또 어려서부터 성경을 알았나니 성경은 능히 너로 하여금 그리스도 예수 안에 있는 믿음으로 말미암아 구원에 이르는 지혜가 있게 하느니라. 모든 성경은 하나님의 감동으로 된 것으로 교훈과 책망과 바르게 함과 의로 교육하기에 유익하니 이는 하나님의 사람으로 온전하게 하며 모든 선한 일을 행할 능력을 갖추게 하려 함이라."

감사의 힘

어느 날 저희 감천교회 영어예배를 마치고 미국인 "해리"선생님에게 물어보았습니다.

"해리, 당신은 가끔 외로움을 느끼지 않습니까?"

"오! 노! 외롭지 않습네다. 바빠서 외로울 겨를이 없습네다!"

"바쁘다구요? 음…… 당신은 훌륭한 크리스챤이니까 바빠도 오늘 착한 일 한 가지 더 합시다."

그날 저는 해리 선생님을 모시고 어려운 가정에 찾아가서 함께 청소를 해드렸습니다. 그 가정은 치매 할머니와 손녀가 외롭게 사는 가정입니다. 그 가정의 외로운 아이의 부모는 이혼을 했습니다. 엄마는 소식이 전혀 없고, 아빠도 멀리 도시에 나가 살기 때문에 일 년에 한 번 찾아올까 말까 합니다.

이 아이는 외로워서 잠 잘 때 강아지를 끌어안고 잠을 잡니다. 놀러 가거나 학교에 갈 때에는 강아지를 방에 넣어두고 문을 꼭 닫고 갑니다. 그래서 강아지가 방바닥에 오물을 배설합니다. 그 방에 들어가면 고약한 냄새가 코를 찌릅니다.

너무 더러워서 저는 그 방에 신발을 신고 들어가서 뒷걸음치며 걸레질을 하고 방청소를 해준 적이 있습니다. 감사한 마음으로 어려운 가정을 찾아가서 친절을 베풀면 내 마음이 얼마나 행복해지는지 모릅니다.

저는 대구에 갈 때 K휴게소에 들러서 잠시 쉬어갑니다. 그 휴게소에 들를 때마다 휴게소를 만든 사람과 그 곳에서 일하는 모든 분들에게 고마움을 느낍니다. 그래서 필요 없는 물건이라도 한두 개 팔아줍니다.

지난번에는 그 휴게소에서 책을 한권 샀습니다. "감사의 힘"이라는 조그만 책입니다. "데보라 노빌"이라는 미국여성이 쓴 책입니다. 저는 감동이 되는 좋은 책은 천천히 그 뜻을 음미해가며 읽습니다. 그렇지 않은 책은 대충 읽습니다. 이 책은 아껴가며 아주 천천히 읽었습니다.

휴게소에 들러서 화장실만 이용하고 아무것도 사지 않는 사람도 물론 있을 것입니다. 휴게소의 물건들이 비싸다는 이유로…….

내가 누리는 모든 편리함을 당연하게 생각하면 행복은 점점 멀어지게 됩니다. 그러나 감사하면 행복해집니다. 저는 식당에서 밥을 먹을 때에도 식당주인이나 종업원에게 "감사합니다. 잘 먹겠습니다."하며 반드시 인사를 하고 밥을 먹습니다.

저는 원래 불평하기 좋아하고 미운사람이 많았습니다. 그런데 예수님을 믿고 나니 불평이 사라지고 모든 일에 감사하며 살게 되었습니다.

〈골 3:15〉 "그리스도의 평강이 너희 마음을 주장하게 하라. 너희는 평강을 위하여 한 몸으로 부르심을 받았나니 너희는 또한 감사하는 자가 되라.

〈살전 5:18〉 "범사에 감사하라. 이것이 그리스도 예수 안에서 너희를 향하신 하나님의 뜻이니라."

마음 다스리기

자기 마음을 다스리지 못하고 자기 마음을 지키지 못하는 사람은 불행해집니다. 타락하게 됩니다. 망하게 됩니다. 돈지갑을 지키는 것도 중요하고 재산을 지키는 것도 필요한 일이지만 마음을 지키는 것은 더욱 중요한 일입니다.

가끔씩 온 나라를 떠들썩하게 만드는 초등학생 성폭행 사건의 범인들은 자기 마음을 지키지 못하고 욕망이 이끄는 대로 행동하다가 쇠고랑을 차게 됩니다. 높은 지위에 있는 사람이라 할지라도, 교수가 되고 박사가 되어도, 마음을 지키지 못하면 온갖 죄를 짓게 됩니다. 인생살이를 실패하게 되고 불행해집니다.

그러면 우리가 어떻게 해야 마음을 잘 다스리고 지킬 수 있을까요?

첫째, 보는 것을 조심해야 합니다. 나쁜 드라마, 나쁜 소설, 나쁜 만화책, 나쁜 잡지, 나쁜 영화를 많이 보면 나쁜 생각을 자꾸 하게 되고 좋지 못한 생각이 내 마음을 사로잡게 됩니다.

그러므로, 우리는 좋은 책, 좋은 잡지, 좋은 영화를 보아야 합니다. 좋은 사람을 만나서 긍정적인 대화를 나누어야 합니다. 성경을 읽거나 좋은 신앙서적을 읽는 것은 마음을 지키는 데에 큰 도움이 됩니다. 교회에 출석해서 정기적으로 예배를 드리고 긍정적인 설교 말씀을 듣는 것은 아주 유익합니다.

우리는 결심해야 합니다. 좋은 것만 보기로 결심해야 합니다. 성경을 가까이 하고 자기 마음을 지키는 사람은 성공하게 됩니다. 행복하게 살 수 있습니다. 영원한 천국도 보장됩니다. 그러나 보는 것을 조심하지 않고 아무거나 보고 아무거나 들으면 마음이 무너져 내립니다. 행복도 무너져 내립니다. 꿈도 사라지게 되고, 캄캄한 절망이 찾아옵니다. 우리는 좋은 것만 보고, 좋은 것만 듣고, 좋은 것만 생각해야 합니다.

둘째, 마음을 지키려면 기도해야 합니다. 천지를 지으신 하나님, 전능하신 하나님께 기도해야 합니다. 기도하지 아니하면 부정적인 생각이 슬그머니 내마음속에 들어옵니다. 기도하지 아니하면 원망, 불평이 찾아옵니다. 그러므로 우리는 아침에 일어나서 하나님께 기도해야 합니다. 일찍 자고 새벽에 일어나서 기도하는 것은 대단히 좋은 습관입니다.

기도하면 시들었던 영혼이 살아납니다. 우리는 연약한 인간인지라 쉬지 말고 늘 기도생활을 힘써야 합니다. 쉬지 말고 기도해야 죄를 이기고 마음을 다스리며 승리하는 삶을 살 수 있습니다.

셋째, 마음을 다스리려면 예수님을 믿어야 합니다. 물론 예수님을 믿지 않고도 부자가 되고 대통령도 되고 잘사는 사람이 많습니다. 그러나 예수님을 믿지 않으면 천국에 갈 수 없습니다. 가끔 우리나라에는 유명한 재벌이나 연예인, 심지어 전직 대통령까지 자살을 하여서 세상을 놀라게 하고 있습니다.

재벌이 되고, 대통령이 되고, 인기 있는 연예인이 되어도 예수님을 마음속에 모시지 아니하면 자기 마음을 끝까지 잘 지킬 수 없습니다. 이 글을 읽으시는 분 중에 아직까지 예수님을 믿지 아니하는 분이 계신다면 오늘부터 예수님을 믿기로 결심하고 가까운 교회로 출석하십시오. 예수님은 사람을 차별하지 아니하시고, 누구든지 환영해 주십니다. 당신을 꼭 껴안아 주실 겁니다.

〈잠언 4:13〉 "무릇 지킬만한 것 보다 더욱 네 마음을 지키라. 생명의 근원이 이에서 남이니라."

〈마태 11:28〉 "수고하고 무거운 짐 진 자들아. 다 내게로 오라. 내가 너희를 쉬게 하리라. 나는 마음이 온유하고 겸손하니 내게 와서 내게 배우라. 그러면 너희 마음이 쉼을 얻으리니 이는 내 멍에는 쉽고 내 짐은 가벼움이라."

〈살전 5:16~18〉 "항상 기뻐하라. 쉬지 말고 기도하라. 범사에 감사하라. 이것이 그리스도 예수 안에서 너희를 향하신 하나님의 뜻이니라."

화상 입은 아가씨

얼굴에 심한 화상으로 "파충류 괴물"같다고 어릴 때부터 놀림 받으며 자란 소녀가 있었습니다. 세 살 때 펄펄 끓는 주전자를 엎질러서 왼손과 얼굴에 심한 화상을 입은 불행한 소녀가 있었습니다.

저는 이 소녀가 쓴 "네 약함을 자랑하라"(이효진 지음)라는 책을 읽어 보았습니다. 눈물을 흘리면서 읽었습니다. 그런데 이 아가씨는 지금 행복해 하고 있습니다. 세상에서 자기가 제일 행복한 사람이라고 고백하고 있습니다. 얼굴의 심한 화상 흉터 때문에 자살을 시도했던 이 아가씨가 지금 행복해 하는 이유가 무엇일까요?

심한 화상으로 장애 3급 진단을 받은 이 아가씨는 지금 백석대학교에서 학생들을 가르치는 대학 강사(교수)가 되었습니다. 인테리어 회사를 경영하는 사장님이 되었습니다. 그녀는 오랜 세월동안 화상 입은 얼굴이 부끄러워 머리카락이나 손으로 얼굴을 가리고 다

녔습니다.

그런데 지금은 당당하게 TV에도 출연하고 많은 사람들이 모인 자리에 초청받아 강의를 하며 뜨거운 박수갈채를 받고 있습니다. 낙심하고 절망에 빠진 사람들에게 희망을 불어넣는 좋은 일을 하고 있습니다.

무엇이 열등감으로 괴로워하던 이 여인을 자신감 넘치는 행복한 아가씨로 바꾸었을까요? 뛰어난 성형수술로 화상흔적이 깨끗이 사라졌을까요? 아닙니다. 중학교 2학년 때 받은 12시간의 고통스런 성형수술은 실패로 끝나고 말았습니다.

여전히 보기 흉한 화상흔적은 사라지지 않았습니다. 이효진씨는 저녁을 금식하며 40일 작정 새벽기도회를 마친 어느 날 건국대 교수이신 손기철 장로님이 인도하는 집회에 참석하였습니다. 그곳에서 예수님을 만나는 감격스런 영적 체험을 하였습니다. 주님의 음성을 들었습니다.

그날부터 이효진양은 기쁨과 행복이 넘치는 아가씨로 변화되었습니다. 아무리 가난하고 비천한 사람이라 할지라도, 아무리 장애가 심하고 도와주는 사람이 없어도, 아무리 죄 많은 사람이라 할지라도, 누구든지 예수님을 만나면 행복해집니다. 기쁨과 자신감이 넘치는 사람으로 변화가 됩니다.

저도 가난하고 우울한 청소년 시절을 힘들게 보낸 적이 있습니다. 그러다가 22살 때 대구에서 교회 부흥회에 참석했다가 예수님을 만나는 경험을 하였습니다. 저도 예수님 때문에 날마다 행복합니다.

수가성 우물가에서 예수님을 만난 사마리아 여인도 남편을 다섯 번이나 바꾼 죄 많은 여인이었습니다. 이 여인은 죄책감과 열등감으로 사람 만나기를 기피하던 사람이었지만, 예수님을 만나고 나서 자신감을 얻었습니다. 행복한 여자가 되었습니다.

우리 주위에는 꿈을 잃고 방황하는 많은 젊은이들이 있습니다. 나는 이러한 젊은이들에게 이효진 아가씨의 이야기를 들려주고 싶습니다. 요즘 잘 생긴 외모와 좋은 대학졸업장이 있어도 취업하기가 힘들다고 말합니다.

그런데 이효진씨는 숙명여대를 졸업하고 보기 흉한 외모를 가지고도 당당하게 잘나가는 인테리어 회사에 입사하여 3년 동안 직장생활을 잘 하다가 지금은 독립해서 인테리어 회사(예인건축연구소)의 사장이 되었습니다. 누구든지 예수님을 믿으면 자신감을 얻게 됩니다.

누구든지 예수님을 믿고 부르짖어 기도하면 하나님께서 응답해 주십니다. 전능하신 하나님께서 도와주십니다. 기적이 일어납니다. 문제가 해결됩니다. 근심 걱정이 사라지고 기쁨과 희망이 넘치는 삶을 살게 됩니다.

〈요 14:1〉 "너희는 마음에 근심하지 말라. 하나님을 믿으니 또 나를 믿으라. 내 아버지 집에 거할 곳이 많도다."

감사함을 넘치게 하라.

어느 날 예수님이 한센병(나병) 환자 10명을 길에서 만났습니다. 그들은 예수님께 병을 고쳐 달라고 부탁했습니다. 예수님은 치료 방법을 가르쳐 주셨습니다. 그들이 예수님 말씀대로 순종했더니 10명 모두 한센병에서 깨끗이 치료되었습니다.

9명은 각자 자기 갈 길을 찾아 가고 한 명은 예수님께 다시 찾아와서 감사 인사를 드렸습니다. 예수님께서는 이 한 사람을 기뻐하시고 그의 영혼까지 구원해 주셨습니다. 그리고 감사할 줄 모르고 집으로 돌아간 9명에 대해서는 서운해 하셨습니다.

하나님께서는 우리에게 많은 것을 주셨습니다. 햇빛을 주시고, 비를 주시고, 맑은 공기를 주셨습니다. 먹을 것을 주시고, 가족을 주시고, 집을 주시고, 겨울철 따뜻한 방에서 잠잘 수 있도록 보일러 기름 혹은 전기장판을 주셨습니다.

그리고 우리에게 하늘나라에서 영원히 살 수 있는 영생을 주셨습니다. 그러므로 우리는 감사해야 합니다. 기도할 때에도 매일 달라는 기도만 하지 말고 감사하는 기도를 많이 드려야 합니다.

감사하는 기도를 드리고, 감사하는 마음으로 찬송하고, 감사하는 마음으로 교회에 나와서, 감사하는 마음으로 헌금을 드릴 때에 하나님께서 기뻐하시고 더욱 풍성한 은혜와 복을 내려 주십니다.

〈신명기 16:16~17〉 "너희 가운데 모든 남자는 일 년에 세 번 곧 무교절과 칠칠절과 초막절에 네 하나님 여호와께서 택하신 곳에서 여호와를 뵈옵되 빈손으로 여호와를 뵈옵지 말고 각 사람이 네 하나님 여호와께서 주신 복을 따라 그 힘대로 드릴지니라."

감사하면 점점 행복해집니다. 하나님께 감사합시다. 부모님께 감사합시다. 선생님께 감사하고 목회자에게 감사하고 교인들에게 감사합시다. 자녀에게 감사하고 이웃사람들에게도 감사합시다. 만일 이웃이 없다면 얼마나 외로울까요?

감사하면 당장 행복해질 수 있습니다. 부자가 되어야 행복한 것이 아닙니다. 요즘 가끔 부자들도 자살을 하여서 우리를 놀라게 하지 않습니까?

크게 성공하고 유명한 사람이 되어야 행복한 것이 아닙니다. 예수님을 믿고 늘 감사하면 누구든지 행복하게 살 수 있습니다.

송명희 시인은 뇌성마비 장애인입니다. 고개도 제대로 가누지 못하고, 말도 잘 못하고, 똑바로 앉을 수도 없고, 걸을 수도 없는 중증 장애인입니다. 그러나 그녀는 예수님을 믿고 감사하며 살기에 행복하다고 고백합니다. 그리고 하나님은 공평하시다고 노래합니다. 그녀가 쓴 〈나〉라는 시를 소개해봅니다.

"나, 가진 재물 없으나 / 나, 남이 가진 지식 없으나 / 나, 남에게 있는 건강 있지 않으나 / 나, 남이 없는 것 있으니 / 나, 남이 못 본 것을 보았고 / 나, 남이 듣지 못한 음성 들었고 / 나, 남이 받지 못한 사랑 받았고 / 나, 남이 모르는 것 깨달았네. / 공평하신 하나님이 /나, 남이 가진 것 나 없지만 / 공평하신 하나님이/ 나, 남이 없는 것 갖게 하셨네."

많이 가지고도 불행해 하고 우울하게 사는 사람이 있습니다. 그런데 가진 것이 없어도 행복하고 즐겁게 사는 사람도 있습니다.

얼마 전 자살한 모 재벌 회장은 형제끼리 재산 싸움을 심하게 했다고 합니다. 그 분 뿐만이 아니라 돈 많은 사람이 오히려 더 가족끼리 불화하고 인상 쓰며 사는 사람이 많은 것 같습니다.

우리는 늘 감사하며 살아야 하겠습니다. 천국은 어떤 사람들이 들어가는 곳일까요? 예수님을 믿고 감사하는 사람들이 들어가서 영원히 행복하게 사는 곳이 천국입니다.

그러면 지옥은 어떤 곳일까요? 예수님을 믿지 않거나, 믿는다고 해도 늘 불평하는 사람들이 끌려가서 영원히 고통을 당하는 곳이 지옥입니다.

또한 감사를 잘 하는 사람은 훌륭한 사람입니다. 감사를 잘 하는 사람은 성공하게 됩니다. 그러나 불평을 자꾸 하는 사람은 실패자가 되고 불행하게 됩니다.

이 글을 읽으시는 여러분은 하나님께 감사하고 모든 사람에게 감사하는 행복한 분들이 되시기를 바랍니다.

〈살전 5:18〉 "범사에 감사하라. 이는 그리스도 예수 안에서 너희를 향하신 하나님의 뜻이니라."

감사하며 살아요.

"죠지 뮬러"라는 유명한 영국 목사님이 이런 말을 종종했다고 합니다. "하나님께 감사할 줄 모르는 사람은 짐승과 같다." 짐승 중에 특히 돼지는 하나님께 감사할 줄도 모르고 주인에게도 감사할 줄 모릅니다.

그러나 사람은 당연히 하나님께 감사하며 가족과 주위 사람들에게도 감사하며 살아야 합니다. 남편은 아내에게 감사해야 하고 아내는 남편에게 감사해야 합니다. 저는 제 아내가 얼마나 감사한 지 모르겠습니다. 그래서 아내에게 종종 "고마워요. 감사해요."하고 말합니다.

말만 하는 것이 아니라 행동으로 표현하기 위해서 설거지도 하고 가끔 방청소와 빨래도 합니다.

부부는 서로에게 감사해야 합니다. 작은 수고를 했어도 크게 칭찬하고 크게 감사해야 합니다. 감사하면 믿음과 신뢰가 생겨납니다.

그러나 불평하면 믿음이 사라지고 의심과 불신이 찾아옵니다.

감사하면 하나님께서 기뻐하시고 복을 내려 주십니다. 하는 일이 잘 됩니다. 구약성경에 보면 다니엘이라는 사람은 죽음을 눈앞에 두고서도 감사기도를 드렸습니다. 원수들이 음모를 꾸며서 다니엘을 죽이려고 했습니다. 그러나 다니엘은 변함없이 하루 세 번씩 하나님께 무릎을 꿇고 감사기도를 드렸습니다.

다니엘은 사자 굴에 들어가게 되었지만 사자가 다니엘을 해치지 못하도록 하나님께서 지켜 주셨습니다. 늘 하나님께 감사하고 사람들에게도 감사했던 다니엘은 오랫동안 높은 자리에서 복을 누리며 살았습니다.

〈살전 5:18〉 "범사에 감사하라. 이는 그리스도 예수 안에서 너희를 향하신 하나님의 뜻이니라."

모든 일에 감사하는 것이 하나님의 뜻입니다. 좋은 일은 좋아서 감사하고, 나쁜 일도 하나님께서 시간이 지나면 결국 합력해서 좋도록 만들어 주실 것을 믿고 감사해야 합니다.

〈롬 8:28〉 "우리가 알거니와 하나님을 사랑하는 자 곧 그의 뜻대로 부르심을 입은 자들에게는 모든 것이 합력하여 선을 이루느니라."

그러므로 우리는 좋은 일도 감사하고 나쁜 일도 감사해야 합니다. 그리고 나를 힘들게 하고 괴롭히는 사람에게도 감사해야 합니다. 왜냐하면 나를 힘들게 하는 사람 때문에 내가 더 많이 기도하게 되고 더 부지런해지고 내 인격이 더욱 성숙해지기 때문입니다. 요셉은 자기를 괴롭히고 죽이려고 했던 형들 때문에 더욱 훌륭한 인격자가 되고 훌륭한 지도자가 되었습니다.

한나는 자기를 괴롭히던 '브닌나' 때문에 많이 기도하게 되고 훌륭한 아들을 얻게 되었습니다. "모르드개"라는 사람도 자기를 괴롭히고 죽이려고 했던 "하만" 때문에 금식기도를 하게 되고 더욱 존귀한 사람이 되었습니다. "에스더"라는 여인은 자기민족을 죽이려고 했던 "하만" 때문에 3일 금식기도를 하게 되었고 그 결과 왕으로부터 가장 사랑받는 왕비가 되었습니다.

그러므로 우리는 모든 일에 감사해야 합니다. 이 세상에서 불평할 일을 찾아보면 끝이 없습니다. 그리고 감사할 일도 찾아보면 역시 끝없이 많다는 것을 알게 됩니다.

어리석은 사람은 불평거리를 찾아서 자꾸 불평하며 힘들게 삽니다. 지혜로운 사람은 감사할 일을 찾아서 늘 감사하며 행복하게 삽니다.

여러분은 감사를 잘 하는 사람입니까? 아니면 불평을 잘 하는 편입니까? 우리 모두다 늘 감사하며 행복하게 살았으면 좋겠습니다. 불평을 그치고 하나님께 감사함을 넘치게 드리는 저와 여러분이 되었으면 좋겠습니다.

에디슨은 열차 안에서 화학 약품을 가지고 실험을 하다가 불을 낸 적이 있습니다. 그래서 열차 차장에게 실컷 두들겨 맞았습니다. 그때부터 귀가 들리지 않았습니다. 귀가 들리지 않게 되자 실험하고 연구할 때에 집중하기가 좋았습니다. 에디슨은 귀가 들리지 않게 된 것도 감사하고 열심히 노력한 결과 발명왕 에디슨이 되었습니다.

어떤 사건을 감사의 눈으로 바라보느냐? 불평의 눈으로 바라보느냐? 이것이 중요합니다. 혹시 여러분의 가정에 도둑을 맞았다면 그것도 감사해야 합니다. 왜냐하면 현금이나 귀중품을 도적맞았다 할지라도 사람 다치지 않은 것을 생각하고 감사해야 합니다.

하나님께서는 감사하는 사람에게 복을 내려 주십니다. 감사하는 사람은 하는 일이 점점 더 잘 됩니다. 불평하는 사람은 불평할수록 점점 더 어려워지게 됩니다.

감사하는 생활 습관은 좋은 습관입니다. 학교에서 공부하는 학생이 선생님께 감사하는 마음을 가지면 학교생활이 즐거워지고 성적도 쑥쑥 올라가게 됩니다. 예수님은 우리 인류의 참된 스승이시고 구세주이십니다. 예수님은 하나님과 함께 이 세상을 지으시고 다스리시는 분이십니다. 예수님을 믿고 예수님께 감사하면 사는 것이 즐거워지고 행복해집니다.

모든 일에 감사 합시다.

사도행전 16장에 이런 내용이 기록되어 있습니다. '바울'과 '실라'가 전도하다가 귀신들린 여종을 고쳐주었습니다. 그 여종의 주인이 '바울'과 '실라'를 감옥에 가두었습니다. 여종에게 붙어있던 귀신이 도망가서 점을 치지 못해 돈벌이가 안 된다는 것이 이유였습니다.

죄 없이 감옥에 갇힌 "바울"과 "실라"는 하나님께 불평하고 싶었을 것입니다. 그러나 이들은 불평을 선택하지 않고 감사를 선택했습니다. 감사기도를 드리고 감사 찬송을 불렀습니다. 그랬더니 지진이 일어나서 감옥 문이 열리고 죄수들의 발목에 채워져 있던 쇠사슬이 풀렸습니다.

졸다가 깨어난 간수가 죄수들이 다 도망간 줄로 알고 칼을 빼어 자결하려고 했습니다. 그 때 '바울'이 "여보시오, 우리가 도망가지 않고 다 여기 있으니 자결하지 마시오!"라고 말했습니다. 간수가 죄수 바울 앞에 무릎 꿇고 도움을 요청했습니다.

"선생님! 제가 어떻게 해야 구원을 받을 수 있습니까?" 바울이 대답했습니다.

"주 예수를 믿으라. 그리하면 너와 네 집이 구원을 받으리라."

간수는 바울과 실라를 자기 집으로 데리고 가서 음식을 대접하고 세례를 받았습니다.

그리고 이 모든 일을 상관에게 보고했습니다. 또 바울이 로마 시민권을 갖고 있다는 것도 말씀드렸습니다. 상관들이 벌벌 떨며 바울에게 사과했습니다.

이튿날, 바울과 실라는 감옥의 높은 관리들의 사과를 받아내고 당당하게 감옥을 나올 수 있었습니다.

억울하고 속상한 일을 만나도 감사하는 마음을 가지면 머지않아 좋은 일이 생깁니다. 감사하는 마음을 가지면 누구든지 행복하게 살 수 있습니다.

바울과 실라는 착한 일을 하다가 즉 귀신을 쫓아내주고 전도하다가 억울하게 매를 맞고 감옥에 갇혔습니다. 그러나 그들은 불평하지 않고 하나님께 감사했더니 하나님께서 그들의 곤경을 다 해결해주셨습니다.

이 세상에는 힘든 일이 많습니다. 그러나 감사하는 마음을 가지면 넉넉히 힘든 일을 이겨낼 수 있습니다. 그러나 힘들다고 해서 불평하기 시작하면 점점 더 힘들고 점점 더 고통스러워지게 됩니다.

며칠 전에 어떤 할머니가 제게 부탁하기를 영양에 차를 좀 태워달라고 하셨습니다. 저는 감사하는 마음으로 즐거운 마음으로 자동차를 태워 드렸습니다.

다음 날 그 할머니가 감사하다며 선물을 가져왔습니다. 아침 일찍 추위를 무릅쓰고 선물보따리를 들고 오셨습니다. 조그만 상자 속에 감 홍시 5개가 들어 있었습니다. 혼자 가난하게 사시는 할머니의 따뜻한 마음이 들어 있었습니다.

이 할머니처럼 감사한 마음을 표현하고 즉시 보답하는 사람도 있지만 그렇지 않는 사람도 있습니다. 내가 친절을 베풀었을 때에 그 사람이 나에게 보답하지 않는다고 할지라도 하나님께서 다 보시고 계십니다. 그리고 때가 되면 후하게 대신 갚아 주십니다.

우리가 늘 친절을 베풀며 서로서로 감사하는 마음으로 산다면 이 세상은 좀 더 아름다운 세상으로 바뀌지 않을까요?

성경 창세기에 요셉의 이야기가 실려 있습니다. 요셉은 형들 때문에 많은 괴로움을 당했고, 종살이까지 하게 되었습니다. 또 종살이할 때에는 주인 보디발의 아내가 거짓말로 누명을 뒤집어 씌워서 억울한 감옥살이까지 했습니다. 그러나 감옥살이 하면서도 요셉은 하나님께 감사기도를 드렸습니다. 감사 찬송을 불렀습니다.

그랬더니 하나님께서 요셉에게 복을 주셔서 애굽(이집트)의 국무총리가 되게 하셨습니다. 만일 형들이 요셉을 붙잡아서 노예상인에게 팔지 않았더라면 요셉은 국무총리가 되지 못했을 것입니다. 보디발의 아내가 요셉에게 누명을 씌우지 않았더라면 요셉은 총리가 되지 못하고 평생 종살이만 했을지도 모릅니다.

그러므로 우리는 나를 괴롭히는 사람에 대해서도 불평하지 말고 감사하려고 애를 써야 합니다. 모든 일에 감사하면 하나님께서 점점 더 많은 복을 주십니다.

억울한 일을 당해도 여전히 감사하며 주위의 사람들을 도와주려고 애를 쓰는 사람은 형통하게 됩니다. 요셉은 감옥에 갇혔어도 감사하는 마음으로 다른 죄수들에게 친절을 베풀었습니다. 술 장관을 도와주고, 떡 장관을 도와주었습니다. 그들의 이야기를 잘 들어주고 친절을 베풀었습니다. 하나님께서 요셉에게 꿈을 잘 해석하는 지혜를 주셔서 요셉은 이집트의 국무총리가 되었습니다.

당신은 아직도 예수님을 믿지 않습니까? 누구든지 예수님을 믿고 기도하면 요셉처럼 너그럽고 이해심이 많은 사람이 될 수 있습니다. 예수님을 믿으면 억울한 일을 당해도 감사할 수 있습니다. 예수님을 믿으면 모든 일에 감사하며 긍정적인 마음을 가질 수 있습니다.

〈데살로니가전서 5:16~18〉 "항상 기뻐하라. 쉬지 말고 기도하라. 범사에 감사하라. 이것이 그리스도 예수 안에서 너희를 향하신 하나님의 뜻이니라."

행복하게 사는 비결

행복하게 사는 방법이 있습니다. 그것은 어렵지 않습니다. 욕심을 버리고 나보다 더 어려운 사람들을 돌보아 주면 금방 행복해집니다. 그러나 욕심 많고 이기적인 사람에게는 좀 어렵게 들릴 수도 있습니다. 돈을 많이 벌어야 행복할 것이라고 생각하는 사람은 평생 행복을 모르고 불행하게 살게 될 것입니다.

행복하게 사는 비결은 욕심을 버리는 것입니다. 행복하게 사는 비결은 예수님을 믿고 나보다 더 어려운 사람을 찾아서 도와주는 것입니다. 얼마 전에 자살했던 모 재벌회장은 이 사실을 몰랐던 것 같습니다. 돈이 많다고 해서 행복해지는 것이 아닙니다.

돈을 펑펑 쓰면 행복해질까요? 그것은 참된 행복이 아닙니다. 배우자 몰래 바람 피우면 행복해질까요? 일시적인 쾌락도 참된 행복이 아닙니다. 하나님께서는 "간음하지 말라"고 말씀하셨습니다.

참된 행복은 예수님을 믿고 하나님의 자녀로 거듭날 때에 찾아옵니다. 누가복음 10장에 이런 이야기가 실려 있습니다. 어떤 사람이 여리고로 내려가다가 강도를 만났습니다. 강도들이 이 사람의 옷을 벗기고 때려서 거의 죽게 된 것을 내버리고 도망갔습니다. 마침 제사장이 그 길로 지나다가 그를 보고 피하여 그냥 지나갔습니다.

레위인도 못 본 척하며 그냥 지나갔습니다. 잠시 후 어떤 사마리아 사람이 지나가다가 이 사람을 보고 자기 짐승에 태워 주막으로 데리고 가서 돌보아 주었습니다. 예수님께서 율법교사에게 이 이야기를 들려주신 후에 "가서 너도 이와 같이하라."(Go and do likewise.)고 말씀하셨습니다.

하나님께서는 예수님을 믿는 저와 여러분에게도 말씀하십니다. "너희들도 이와 같이 하라." 이것은 우리에게 무거운 짐을 지워주시기 위한 것이 아닙니다. 어려운 사람을 도와주면 내가 먼저 행복해집니다.

강도 만난 사람을 보고도 못 본 척 지나갔던 제사장은 마음속에 죄책감이 늘 도사리고 있었을 것입니다. 레위인도 어려운 사람을 보고도 못 본 척 외면하는 것이 습관이 되어서 마음이 점점 더 인색해지고 완고해졌을 것입니다.

이기적이고 욕심 많은 사람에게는 웃음이 없고 행복이 없고 평화가 없습니다. 유머도 없고 삶의 여유가 없습니다.

착한 사마리아 사람처럼 어려움을 당한 사람을 도와주는 사람은 자기가 먼저 행복해집니다. 그런데 가진 것이 많아야 남을 도울 수 있는 것이 아닙니다. 가난한 사람도 남을 도울 수 있습니다. 대구 영남신학대학교 박승탁 교수님은 지체 장애인들을 돌보며 행복하게 살고 있습니다. 고급 승용차를 팔아서 가난한 사람을 도와주고 값싼 자동차를 끌고 다닙니다. 강의를 마치고 집에 돌아가면 지체 장애인아이들과 함께 놀아줍니다. 장애인 아이들이 교수님의 얼굴을 만지고 얼굴에 그림도 그립니다.

그는 미국 하버드대학 교수직을 버리고 장애인들을 돌보며 행복하게 살았던 "헨리 나우웬"을 연상하게 합니다. 이렇게 어려운 사람들과 함께하는 사람들이 진정 행복한 사람들입니다. 저는 며칠 전 어떤 할아버지를 병원에 태워드린 적이 있습니다. 그 할아버지는 소변을 정상적으로 배설하지 못하고 아랫배에 구멍을 뚫고 호스로 배설하는 분입니다.

저는 할아버지의 배에 구멍이 뚫린 것을 보고나서 내 배를 만져 보았습니다. 세상에는 나보다 더 어렵게 힘들게 사는 분들이 많이 있습니다. 돈 많은 사람, 화려한 사람, 잘난 사람과만 비교하면 내 마음이 우울해집니다. 그러나 나보다 더 어렵고 힘든 사람을 생각하면 우리는 위로를 받을 수 있습니다. 그리고 나보다 더 어렵고 힘든 사람을 찾아가서 친절과 사랑을 베풀 때에 우리는 참된 평안과 행복을 누리게 됩니다.

〈약 1:26~27〉 "누구든지 스스로 경건하다 생각하며 자기 혀를 재갈 먹이지 아니하고 자기 마음을 속이면 이 사람의 경건은 헛것이

라. 하나님 아버지 앞에서 정결하고 더러움이 없는 경건은 곧 고아와 과부를 그 환난 중에 돌보고 또 자기를 지켜 세속에 물들지 아니하는 그것이니라."

작은 일부터 실천합시다.

제가 아는 사람 중에 허풍 떠는 사람이 있습니다. 그는 장사를 하고 있습니다. 지금은 바빠서 교회에 못나간다고 말합니다. 그러나 장사가 잘되어 돈을 많이 벌게 되면 교회에도 나가고 어려운 사람들을 도우면서 멋지게 살겠다고 합니다.

저는 그 말을 믿지 않습니다. 가난할 때 남을 돕지 못하는 사람은 부자가 되면 더욱 인색해지고 구두쇠가 됩니다. 가난하고 힘들 때 교회에 나오지 않는 사람은 돈 벌고 잘 살게 되면 교회와 더욱 멀어지고 타락하게 됩니다.

교회는 돈 많은 사람이 돈 자랑하기 위해서 나오는 곳이 아닙니다. 지금 어려운 모습 그대로 가난하고 병든 모습 그대로 교회에 나와서 하나님께 예배드리고 천국의 소망을 키워 나가는 곳이 교회입니다.

현재가 중요합니다. 지금 바쁘고 힘들어도 세상일을 뒤로 미루고 교회에 나오는 것이 믿음입니다. 오늘 실천하지 않는 사람은 내일은 더더욱 실천하기가 어렵습니다. 작은 일부터 실천하는 사람이 훌륭한 사람입니다.

〈야고보서 2:14〉 "내 형제들아 만일 사람이 믿음이 있노라하고 행함이 없으면 무슨 유익이 있으리요. 그 믿음이 능히 자기를 구원하겠느냐 만일 형제나 자매가 헐벗고 일용할 양식이 없는데 너희 중에 누구든지 그에게 이르되 평안히 가라 , 덥게 하라, 배부르게 하라 하며 그 몸에 쓸 것을 주지 아니하면 무슨 유익이 있으리요. 이와 같이 행함이 없는 믿음은 그 자체가 죽은 것이라."

저는 얼마 전 목회생활이 힘들고 피곤하게 느껴져서 마음이 한동안 우울했던 적이 있었습니다. 그 때 어떤 어려운 가정이 생각났습니다. 벌떡 일어나 그 집에 달려가서 마당청소와 방청소를 해드리고 준비해간 음식을 함께 나눠 먹었습니다. 그랬더니 제 마음속에 다시금 기쁨과 행복이 넘쳐났습니다.

우리 주위에는 외롭고 병들고 힘들게 사는 분들이 많습니다. 그런 사람들을 외면하고 나 혼자 내 가족만 즐기면서 행복하게 살아야지 하다가 어느 날 갑자기 불행이 닥쳐옵니다.

불행을 미연에 방지하고 행복하게 사는 비결이 있습니다. 정말 행복하기를 원하세요? 예수님을 믿어 보세요. 예수님을 믿고 나보다 어려운 사람들에게 관심을 가지면 당신은 당장 행복해질 수 있습니다. 제가 며칠 전에 만났던 어떤 아주머니는 마흔이 다 되어가는 아들을 장가 보내지 못해서 걱정하고 있었습니다.

그래서 제가 이렇게 대답했습니다. "어머니가 먼저 예수님을 믿으세요. 교회에 다니면서 남의 집의 결혼 못한 노총각을 위해서 기도해 보세요. 그리고 이웃의 어려운 가정을 돌아보고 친절과 사랑을 베풀어 보세요. 그러면 당신 아들의 결혼 문제는 쉽게 해결이 될 것입니다."

많은 사람들이 자기만 생각하고 자기 가족의 문제에만 골몰하다가 우울해지고 마음과 몸이 병들어 갑니다.

행복은 멀리 있지 않습니다. 지금 예수님을 믿기로 결심하십시오. 예수님을 마음속에 구주로 영접하고 교회에 출석하십시오.

그리고 나보다 더 어려운 이웃을 찾아가서 작은 선물이라도 건네주고 그 사람의 이야기를 잘 들어주십시오. 당장 행복감을 느끼게 될 것입니다. 그 행복감은 술 마시고 쾌락을 즐기는 것과는 비교가 안 될 정도로 참된 기쁨과 진정한 만족을 가져다 줍니다.

당신의 거창한 계획이 빨리 이루어 지지 않는다고 낙심하지 마세요. 작은 일부터 내가 할 수 있는 작은 일부터 실천하면 하나님께서 도와주십니다. 아내를 위해서 설거지를 하거나 길가에 떨어진 쓰레기를 줍거나, 혼자 사는 노인들의 심부름을 해드리거나, 결손 가정의 아이들을 찾아가서 방청소를 함께 한다든지 공부를 도와주는 것은 그리 어려운 일이 아닙니다.

주일날에도 쉬지 않고 돈 벌려고 너무 애쓰지 마세요. 주일날에는 교회에 가서 예배를 드리고 오후에는 어려운 가정을 찾아 착한 사마리아 사람처럼 친절과 사랑의 손을 내밀어보세요.

어려운 이웃에게 관심을 가지면 내가 먼저 행복해 집니다. 나아가서 우리 영양 땅은 더욱 살기 좋은 고장이 될 것입니다.

〈잠 11:24~25〉 "흩어 구제하여도 더욱 부하게 되는 일이 있나니 과도히 아껴도 가난하게 될 뿐이니라. 구제를 좋아하는 자는 풍족하여 질 것이요. 남을 윤택하게 하는 자는 윤택하여지리라."

위로하시는 하나님

우리나라에는 교수, 시장, 도지사, 재벌, 유명 연예인, 심지어 전직 대통령까지 자살을 하여서 세계를 놀라게 한 적이 있습니다.

2007년 통계에 의하면 우리나라에서 자살한 사람이 일 년에 만이천명이 넘는다고 합니다. 평균 하루에 33명이 자살한다고 하니 왜 이런 일이 일어나는 걸까요? 사람은 높은 권력을 가져도 돈이 많아도 그것으로 참된 행복과 만족을 누리지 못합니다. 인기 있는 연예인들도 인기가 떨어질까 봐 불안해 하고 힘들어 하고 부자들도 성공했다는 사람들도 갖가지 문제로 괴로워 하며 한숨을 쉽니다.

그러나 비록 좀 가난하게 산다 할지라도, 몸이 좀 아픈 데가 있어도, 얼굴이 좀 못생겨도, 하나님의 위로를 받는 사람은 행복하게 잘 살 수 있습니다. 고린도후서 1장 4절에 하나님께서는 "우리의 모든 환난 중에서 우리를 위로"하신다고 기록되어 있습니다. 사람의 위로는 약간 도움이 됩니다. 그러나 하나님의 위로는 우리에게 엄청나게 큰 도움이 됩니다.

높은 권력을 가지거나 돈 많은 재벌들과 그의 자녀들까지 자살을 하는 이유가 무엇일까요? 하나님을 알지 못하고 하나님의 위로를 경험해 보지 못했기 때문입니다. 어둠의 영들은 사람들의 마음속에 들어가서 죄 짓게 하고 우울하게 만들고 절망하게 만들고 자살까지 하도록 충동합니다.

그러므로 우리는 예수님을 항상 마음속에 모시고 하나님의 말씀인 성경을 매일 읽으며 그 말씀에 순종하며 살아야 합니다. 예수님을 믿지 아니하면 귀신, 마귀, 사탄이 우리마음속에 들어와서 우리의 행복을 도둑질하고 죽이고 멸망시킵니다.

대통령이라 할지라도 부자라 할지라도 사람의 힘으로는 어두움의 영들을 막아낼 수 없습니다. 그러나 예수님을 믿고 하나님을 아버지로 모시게 되면 하나님께서 성령을 우리에게 보내주셔서 우리를 날마다 위로해주시고 새 힘을 공급해 주십니다.

생명을 주시고 풍성한 삶을 살 수 있도록 도와주십니다.

〈요 10:10〉 "도둑이 오는 것은 도둑질 하고 죽이고 멸망시키려는 것뿐이요, 내(예수님)가 온 것은 양으로 생명을 얻게 하고 더 풍성히 얻게 하려는 것이라."

위의 성경말씀에 나오는 "양"은 우리 사람을 의미하고 도둑은 귀신, 마귀를 의미합니다.

예수님은 우리에게 생명을 얻게 하고 더 풍성한 삶을 살 수 있도록 위로해 주시고 새 힘을 공급해 주십니다. 예수님을 진실하게 잘 믿는 사람은 어떤 역경이 와도 낙심하지 않고 절망하지 않습니다.

혹시 여러분 중에 외로워하는 분이 계십니까? 인생살이가 힘들어서 고통 중에 계시는 분이 있습니까? 죄를 고백하고 예수님을 믿어 보십시오. 교회에 출석해 보십시오. 성경을 읽어보세요. 하나님께 진실한 마음으로 기도해 보세요. 하나님께서 위로해 주실 것입니다. 세상에서 얻을 수 없는 큰 평안과 위로를 얻게 됩니다.

〈요 14:27〉 "평안을 너희에게 끼치노니 곧 나의 평안을 너희에게 주노라. 내가 너희에게 주는 것은 세상이 주는 것 같지 아니하니라."

진실한 신자가 되려면 약간의 수고와 결심도 필요합니다. 주일마다 교회에 나오는 것을 귀찮게 생각하지 마십시오. 교회에 나오는 것은 세상에서 가장 귀하고 복된 일입니다. 예수님을 믿으면 세상에서 돈을 주고도 살 수없는 하나님의 평안과 위로를 얻게 됩니다. 예수님을 믿으면 이 땅에서 하나님이 주시는 위로와 평화를 누리다가 천국에 가서도 영원한 평화와 행복을 누리게 됩니다.

〈요 14:1〉 "너희는 마음에 근심하지 말라. 하나님을 믿으니 또 나를 믿으라. 내 아버지 집에 거할 곳이 많도다."

〈롬 8:28〉 "하나님을 사랑하는 자 곧 그 뜻대로 부르심을 입은 자들에게는 모든 것이 합력하여 선을 이루느니라."

세상에서 가장 재미있는 책

세상에서 가장 재미있는 책은 어떤 책일까요? 너무 재미 있어서 두 번, 세 번…… 아니 백 번, 천 번 읽고 싶은 책은 어떤 책일까요? 너무 읽고 싶어서 녹음을 해서 길을 걸으며 운전을 하며 듣고 싶은 책은 어떤 책일까요?

그것은 성경책입니다. 교회 다니는 사람들 중에는 성경말씀이 너무 재미있고 귀하게 생각되어서 휴대폰처럼 생긴 성경낭독 기계를 들고 다니며 성경말씀을 듣는 사람도 있습니다.

성경 말씀을 읽고 싶어서 북한에 사는 교인들은 숨어서 성경을 읽다가 붙잡혀서 공개 처형을 당하기도 합니다. 도대체 성경책에 무슨 내용이 씌어 있기에 죽음의 위험을 무릅쓰고 성경을 읽는 것일까요?

제가 서울에서 노점장사를 할 때의 일입니다. 리어커 위에 온갖 악세서리를 진열해 놓고 저는 길바닥에 앉아서 성경책을 읽고 있었습니다. 그 때 여중생들이 지나가다가 우루루 몰려들어 악세서리를 만져 보기도 하고 구경을 했습니다.

저는 성경 읽는 재미에 빠져 계속 성경을 읽었습니다. 한참 후 아이들이 물건을 사지 않고 그냥 간 후에 물건을 살펴보니 은반지랑

값나가는 머리핀이 몇 만원어치가 없어진 것이었습니다. 그런데도 제 마음은 행복했습니다. 성경을 읽으면 도둑을 맞아도 행복합니다. 성경을 읽으면 장사가 안 되어도 행복합니다. 웃기는 소리 하지 말라구요? 웃기는 소리가 아닙니다. 사실입니다.

찬송가 200장은 가사가 이러 합니다.

1. 달고 오묘한 그 말씀 생명의 말씀은 / 귀한 그 말씀 진실로 생명의 말씀이 / 나의 길과 믿음 밝히 보여주니 / 아름답고 귀한 말씀 생명샘이로다. / 아름답고 귀한 말씀 생명샘이로다.

3. 널리 울리어 퍼지는 생명의 말씀은 / 맘에 용서와 평안을 골고루 주나니/ 다만 예수 말씀 듣고 복을 받네. / 아름답고 귀한 말씀 생명샘이로다. / 아름답고 귀한 말씀 생명샘이로다.

영양군 공설운동장에서 열심히 운동하는 사람들이 있습니다. 또 헬스 운동기구를 사용하여 운동하는 사람들도 있습니다. 지혜로운 사람들입니다. 그런데 몸을 단련하는 것도 유익하지만 성경을 읽고 마음을 단련하는 것은 더욱 유익한 일입니다.

〈딤전 4:8〉 "육체의 연단은 약간의 유익이 있으나 경건은 범사에 유익하니 금생과 내생에 약속이 있느니라."

자살하는 사람들이 몸이 약해서 자살하는 경우는 거의 없습니다. 자살하는 사람들은 마음이 약해서 마음을 잘 다스리지 못해서 자살합니다. 그러면, 마음을 잘 다스리려면 어떻게 해야 할까요? 성경을 읽어야 합니다.

우리나라의 유명한 정치인 한 분이 선거 때 한국 대학생 선교회 총재이신 김준곤 목사님을 찾아와서 기도를 부탁했습니다. 김목사님은 기도하기 전에 그 정치인에게 질문했습니다. "당신이 당선된다면 꼭 예수님을 믿고 매일 성경을 읽으며 교회에 출석하시겠습니까?"

"예, 꼭 그렇게 하겠습니다."

목사님은 간절히 축복기도를 해드리고 그에게 표를 찍었습니다. 그는 기도한 대로 당선되었습니다. 하지만 그는 약속을 지키지 않았습니다. 그는 퇴임 후 문제가 생겼을 때에도 여전히 성경을 가까이 하지 아니하고 다른 책만 읽으려 하다가 결국 자살하고 말았습니다.

내 인생에 심각한 문제가 발생했을 때 어떤 책을 읽어야 할까요? 위기를 만났을 때에 성경을 읽고 하나님 앞에 무릎을 꿇는 사람은 하나님께서 도와주십니다. 어찌 해야 좋을지, 어디로 가야 좋을지 알 수 없을 때 성경을 읽으면 해답이 보입니다.

〈시 119:105〉 "주의 말씀은 내 발에 등이요, 내 길에 빛이니이다."

〈시 107:20〉 "그가 그의 말씀을 보내어 그들을 고치시고 위험한 지경에서 건지시는도다."

왜 성경을 읽어야 할까요?

하나님 보시기에 교만한 사람은 성경을 읽지 않습니다. 게으르고 방탕한 사람들도 성경을 읽지 않습니다. 화를 잘 내는 사람을 주의 깊게 살펴보면 그런 사람도 역시 성경을 읽지 않습니다.

음란하고 더러운 생활을 하는 사람도 성경을 싫어 합니다. 바퀴벌레가 빛을 싫어 하듯이, 악하고 죄를 즐기는 사람은 성경 말씀을 싫어 합니다.

그러나 정말 정직하게 살고 싶어 하는 사람은 성경을 읽습니다. 정말 진실하게 살고 싶은 사람은 성경을 읽어야 합니다. 일 년 내내 성경 한번 읽지도 아니하면서 거룩한 척, 교양이 있는 척, 바르게 사는 것처럼 내숭을 떨어도 그것은 자신을 속이는 일입니다.

〈딤전 6:3~5〉 "누구든지 다른 교훈을 하며 바른 말 곧 우리 주 예수 그리스도의 말씀과 경건에 관한 교훈을 따르지 아니하면 그는 교만하여 아무것도 알지 못하고 …… 마음이 부패하여지고"

성경 읽지 않는 사람은 마음이 교만해지고 마음이 부패하게 됩니다. 그런데 세상에는 성경을 읽지도 아니하고 순종하지도 않으면서 스스로 잘난 척, 깨끗한 척, 자랑하는 사람들이 많습니다.

성경을 읽지 아니하면 돈을 지나치게 좋아하게 되고, 허영과 사치 그리고 쾌락을 좋아하게 됩니다. 그러다가 어느 날 갑자기 멸망을 당하게 됩니다. 영원한 지옥에 떨어지게 됩니다.

성경을 읽어 보면 우리 인생이 길지 않다는 것을 깨닫게 됩니다.

〈약 4:14〉 "들으라. 너희 중에 말하기를 오늘이나 내일이나 우리가 어떤 도시에 가서 거기서 일 년을 머물며 장사하여 이익을 보리라 하는 자들아. 내일 일을 너희가 알지 못하는도다. 너희 생명이 무엇이냐. 너희는 잠깐 보이다가 없어지는 안개니라."

우리 인생은 잠깐 보이다가 없어지는 안개와 같습니다. 그러므로 우리는 성경을 읽으며 영원한 세계를 준비해야 합니다. 성경을 열심히 읽으면 예수님이 하나님의 아들이요, 우리의 구주가 되시는 것을 깨닫게 됩니다. 인간의 모든 문제는 예수님만이 해결해 주실 수 있다는 것을 알게 됩니다.

또한 간절한 마음으로 성경 읽을 때에 예수님을 만나게 되고, 사모하는 마음으로 성경 읽을 때에 예수님의 영이신 성령을 받게 됩니다.

성경을 열심히 읽으면 하늘 문이 열립니다. 행복의 문이 열립니다. 성경을 열심히 읽으면 주님을 향해 시들했던 열정이 다시 살아납니다. 삶의 기쁨과 희망이 용솟음 치게 됩니다.

성경은 우리 인간에게 주신 하나님의 귀한 선물입니다. 최고의 선물입니다.

보통 책들은 몇 번 읽으면 싫증이 납니다. 그러나 성경책은 읽고 또 읽어도 무궁무진한 지혜와 새로운 깨달음을 얻게 됩니다.

생선회를 처음 먹으면 별로 맛을 느끼지 못합니다. 그러나 자꾸 먹으면 맛이 납니다. 그래서 비싼 돈을 주고도 회를 먹고 싶어 합니다. 성경 말씀도 이러합니다. 처음에는 잘 이해가 되지 않고 지루해 보일 수도 있습니다. 그러나 성경을 자꾸 읽다 보면 하나님의 은혜와 사랑을 깨닫게 되고 성경 말씀이 점점 재미있게 느껴집니다.

물론 성경을 읽지 않고도 성공하기도 하고 부자가 되기도 하고 대통령이 되는 사람도 있습니다. 그러나 성경 읽지 않는 사람이 자자손손 대대로 바르게 살고, 존경받으며 오랜 세월동안 형통한 사람을 보신 적이 있습니까? 아마 보기 힘들 것입니다.

어떻게 하면 범죄 없는 나라를 만들 수 있을까요? 집집마다 컴퓨터를 끄고 화투판을 둘둘 말아 쓰레기통에 처넣고, 가족들이 둘러앉아 매일 저녁마다 성경책을 열심히 읽는다면 아마 우리나라가 달라질 것입니다.

하나님께서 우리가정에 풍성한 복을 내리실 것입니다. 우리의 자녀들이 모두 다 훌륭한 인물로 자라날 것입니다.

자녀교육 어떻게 할까요?

자녀교육 어떻게 해야 하나요? 어떻게 하면 내 자녀를 훌륭하게 잘 키울 수 있을까요?

서울에 사는 어떤 부모는 자녀를 위해서 그리고 노후를 위해서 보험을 여러 개 가입을 했습니다. 그리고 열심히 돈을 벌었습니다. 그런데 아들은 점점 빗나가기 시작했습니다. 17살 난 아들은 문제를 자꾸 일으켜 결국 학교에서 퇴학을 당하고 소년원을 드나드는 신세가 되었습니다. 소년원에서 나온 지 며칠이 안 되어 보험금을 타기 위하여 자기 부모와 누나를 죽이기로 계획했습니다. 15살 난 동네 후배를 시켜서 밤중에 자기 집에 몰래 들어가 불을 지르고 만일 가족들이 뛰쳐나오거든 흉기로 찔러 죽이라고 시켰습니다. 그리고 보험금을 타게 되면 반씩 나누어 가지기로 하였습니다.

사건 당일 아버지는 집에 없어서 화를 면하였지만 어머니와 누나는 불에 타서 죽고 말았습니다.

이와 비슷한 사건이 우리 한국사회에서 가끔 일어나고 있습니다. 우리의 자녀들을 어떻게 하면 바르게 키울 수가 있을까요? 자녀들을 정직하고 훌륭한 인물로 키우는 방법은 무엇일까요? 어디에서 그 해답을 찾을 수 있을까요?

성경에서 그 해답을 찾을 수 있습니다.

〈잠 22:6〉 "마땅히 행할 길을 아이에게 가르치라. 그리하면 늙어도 그것을 떠나지 아니하리라."

〈신 6:5~6〉 "너는 마음을 다하고 뜻을 다하고 힘을 다하여 네 하나님 여호와를 사랑하라. 오늘 내가 네게 명하는 이 말씀을 너는 마음에 새기고 네 자녀에게 부지런히 가르치며"

자녀에게 하나님의 말씀인 성경을 가르치는 것이 최고의 교육방법입니다. 아이들에게 영어를 가르치기 전에 피아노를 가르치기 전에 성경을 가르쳐야 합니다.

〈딤후 3:15~17〉 "또 어려서부터 성경을 알았나니, 성경은 능히 너로 하여금 그리스도 예수 안에 있는 믿음으로 말미암아, 구원에 이르는 지혜가 있게 하느니라. 모든 성경은 하나님의 감동으로 된 것으로, 교훈과 책망과 바르게 함과 의로 교육하기에 유익하니, 이는 하나님의 사람으로 온전하게 하며, 모든 선한 일을 행할 능력을 갖추게 하려 함이라."

성경은 신비한 책입니다. 지루하고 읽기 어려운 책처럼 보일 수도 있겠지만 죄를 회개하고 겸손한 태도로 읽으면 놀라운 일이 일어납니다. 악한 사람이 선한 사람으로 거듭나게 됩니다. 게으른 사람이 부지런한 사람으로, 사나운 사람이 부드러운 사람으로 변화됩니다.

술에 찌들어 살던 사람도 성경을 꾸준히 읽으면 술을 끊게 되고 새사람이 됩니다. 사람을 많이 죽인 악한 사형수들도 성경을 열심히 읽으면 하나님을 만나게 되고 천사처럼 착하고 온유한 사람으로 변화됩니다.

또한 부자가 성경을 읽으면 인색함을 버리고 나누어 주기를 좋아하는 선한 부자가 됩니다. 가난한 사람이 성경 읽으면 게으름과 낭비하는 습관을 고치고 성실과 자신감과 꿈과 희망을 가지게 됩니다.

자녀에게 성경을 읽게 하는 것은 최고의 교육방법입니다. 유대인들은 자녀가 어릴 때부터 성경을 철저히 가르칩니다. 어릴 때부터 성경을 공부한 유대인들이 세계에서 노벨상을 가장 많이 차지하고 있습니다. 자녀에게 성경을 가르치지 않고 학교공부만 시키면 잘 되는 것 같아도 나중에 어떻게 돌변할 지 예측할 수 없습니다. 부모들이 자녀에게 성경을 가르치지 않기 때문에 세상이 점점 악해지는 것이 아닐까요?

사람은 성경을 모르고 하나님을 모르면 돈의 종이 되기 쉽습니다. 성경을 모르면 부모에게 불효하게 됩니다. 제가 아는 어떤 사람은 늙으신 부모가 병들었을 때에 구박하고 천대했습니다. 그러나 돌아가신 후에는 장례식을 호화롭게 치르고 무덤을 잘 꾸미고 제사를 잘 지냅니다. 과연 그것이 진정한 효도라고 할 수 있습니까?

성경은 부모님이 살아계실 때에 잘 해드리라고 강조하고 있습니다.

〈엡 6:1~2〉 "자녀들아, 너희 부모를 주 안에서 순종하라. 이것이 옳으니라. 네 아버지와 어머니를 공경하라. 이것이 약속 있는 첫 계명이니 이는 네가 잘 되고 땅에서 장수하리라."

여러분은 자녀에게 효도를 받고 싶습니까? 그렇다면 성경을 읽게 해야 합니다. 매일 저녁 TV를 끄고 가족들이 둘러앉아 30분 가량 성경을 읽어보십시오. 짜증스럽고 우울했던 분위기가 경건하고 화목한 분위기로 달라질 것입니다.

성경 읽으면 부지런해집니다. 자신감이 생깁니다. 근심 걱정이 사라집니다. 성경 읽으면 마음이 평안해지고 담대해집니다. 문제를 해결하는 지혜를 얻게 됩니다. 믿음이 강해지고 구원의 확신이 생깁니다. 영생의 소망과 기쁨을 누리게 됩니다.

온전한 사람이 되고 싶습니까? 성경을 읽어보세요. 인생을 기쁘고 즐겁게 그리고 바르게 살기를 원하세요? 성경을 읽어 보세요.

해뜰날

"쥐구멍에도 해뜰날이 온다"는 속담이 있습니다. 얼마나 희망적인 말입니까? 저는 송대관씨의 노래 "해뜰날"을 좋아합니다. 옛날에 유행했었던 노래이지만 찬송가에 넣고 싶을 정도로 좋은 노래라고 생각됩니다. 그래서 송대관씨가 혹시 예수 믿는 사람이 아닐까 했었는데 정말 예수님을 잘 믿는 신실한 신자이더군요.

저는 어제 저녁 아내와 함께 인터넷으로 송대관씨의 신앙 간증을 곁들인 콘서트를 시청했습니다.

그날 많은 사람들 앞에서 송대관씨가 말하기를 "사람은 누구든지 예수님을 믿고 긍정적인 노래를 많이 부르면 누구나 해 뜰 날이 온다."고 말하더군요. 그리고 하나님의 은혜로 예술대학교 교수가 되었노라고 말했습니다.

그의 노래는 "해뜰날" "세월이 약이겠지요" "네박자" "유행가" 등등 대부분 힘차고 경쾌하며 가사의 내용이 희망적이고 긍정적입니다. 그러나 이에 반해서 어떤 가수의 노랫말은 슬프고 우울합니다.

"아무도 날 찾는 이 없는 외로운 이 산장에……" 이렇게 시작되는 외롭고 슬픈 노래를 부른 어떤 여자 가수는 정말 슬프고 우울하게 살다가 시집도 못가고 젊은 나이에 병들어 죽고 말았습니다.

어떤 노래를 부르느냐? 어떤 책을 가까이 하느냐? 이것이 중요합니다. 그런데 좋은 노래, 희망과 기쁨을 주는 노래는 "찬송가"가 단연 최고입니다. 그리고 좋은 책, 희망과 기쁨을 주는 책은 역시 "성경책"이 최고입니다.

여러분, 우울하고 슬플 때 찬송을 불러보세요. 그리고 성경을 소리 내어 읽어보세요. 그런데 집에서 혼자 찬송 부르고 혼자 꾸준히 성경 읽을 수 있는 사람은 그리 많지 않습니다. 그러므로 교회에 정기적으로 출석해야 합니다.

교회에 나와서 함께 찬송 부르고 함께 성경 읽고 기도할 때, 더욱 큰 힘을 얻을 뿐 아니라 꾸준히 지속할 수 있습니다. 성경은 하나님의 말씀입니다. 성경을 꾸준히 읽으면 인격이 변하고 말이 달라집니다. 불평하던 입에서 감사하는 말이 나오게 됩니다. 남을 비난하고 흉보던 사람이 성경을 열심히 읽으면 남의 허물을 덮어주는 말, 남을 칭찬하는 말을 자주 하게 됩니다.

성경 읽는 습관은 참 좋은 습관입니다. 저질 만화책이나 나쁜 영화를 많이 보는 것은 나쁜 습관입니다. 성경을 읽으면 하나님의 사랑을 깨닫게 됩니다. 하나님의 사랑을 깨닫고 느끼게 되면 이 세상에 두려울 것이 없어지게 됩니다.

역도 선수 장미란씨는 신실한 크리스천입니다. 얼 짱이 아니어도 S라인이 아니어도 그녀는 당당합니다. 명랑합니다. 2008년 베이징 올림픽에서 역도로 금메달을 땄습니다. 세계신기록을 다섯 번이나 세웠습니다.

장미란 선수는 성경을 읽으며 찬송하고 기도하며 열등감을 극복했습니다. 성경 읽으면 행복해집니다. 성경 읽으면 자신감을 갖게 됩니다. 우리 모두 성경 읽는 습관을 가져보는 것이 어떨까요? 이 글을 읽으시는 분 중에 혹시 쥐구멍처럼 어두운 곳에서 우울하게 살고 계시는 분이 계십니까? 성경을 읽어 보세요. 예수님을 믿어 보세요. 머지않아 해 뜰 날이 옵니다.

꿀꿀이 죽

돼지가 어느 날 주인에게 이렇게 말했습니다.

"주인님, 제가 꿀꿀이죽을 먹는 모습을 구경만 하지 마시고 들어오셔서 나랑 같이 식사합시다. 이 꿀꿀이죽은 참 맛이 좋아요. 꿀 꿀 꿀……"

아무리 배고픈 사람이라 할지라도 꿀꿀이죽을 먹으려는 사람은 없을 것입니다.

그런데 이 세상에는 꿀꿀이죽보다 더 못한 더러운 내용의 책이나 저질 영화를 보는 사람들이 많습니다. 나쁜 책이나 영화는 나쁜 음식보다 더 해롭습니다. 꿀꿀이죽은 잠시 배탈이 나게 하지만, 나쁜 책이나 영화는 그 사람의 생각과 사상을 더럽혀서 죄짓게 하고 영원한 지옥으로 인도합니다.

'사람의 조상은 원숭이다? 사람은 짐승보다 조금 나은 존재에 불과하다? 아무 신이나 믿으면 된다? 돼지 대가리 삶아놓고 절하면 복을 받는다? 밀도 못하고 걸어 다니지도 못하는 우상에게 절을 하면 소원성취 한다? 부적을 소지하고 다니면 복을 받는다?' 이러한 사상은 꿀꿀이죽 보다 더 못한 사상입니다. 어리석은 주장입니다. 사람을 게으르게 만들고 멸망시키는 사상입니다.

어느 초등학교에서 선생님이 아이들에게 말했습니다. 여러분 파리를 죽이지 마세요. 파리를 죽이면 나중에 파리로 다시 태어나게 됩니다. 벌레를 죽이지 마세요. 벌레를 죽이면 나중에 벌레로 다시 태어납니다.

그 때 한 아이가 말했습니다. "선생님, 그러면 사람으로 다시 태어나려면 사람을 죽여야 되겠네요?" 선생님은 할 말이 없어졌습니다.

이 세상에는 잘못된 사상이나 주장이 사람의 마음을 미혹합니다. 사람은 고귀한 존재입니다. 짐승처럼 살다가 짐승처럼 죽어 없어지는 존재가 아닙니다. 사람은 하나님의 형상과 모양대로 지음 받은 특별한 피조물입니다.

〈창 1:27〉 "하나님이 자기 형상 곧 하나님의 형상대로 사람을 창조하시되 남자와 여자를 창조하시고"

사람에게만 영혼이 있습니다. 사람에게만 양심이 있고 종교심이 있습니다. 짐승에게는 양심도 없고 죄책감을 느낄 줄도 모릅니다.

이 세상에 많은 책이 있고 많은 정보가 있습니다. 하지만 모두 다 좋은 책이 아닙니다. 모두 다 좋은 정보가 아닙니다. 어떤 정보는 알면 해로운 정보도 많습니다. 사람을 우울하게 만들고 타락시키는 나쁜 정보도 많고 나쁜 책도 많습니다.

오늘 어떤 책을 읽느냐? 오늘 어떤 정보를 접하느냐? 오늘 어떤 내용의 영화를 보고 어떤 생각을 하느냐에 따라 그 사람의 미래가 달라집니다.

그런데 더러운 귀신들이 사람의 마음을 더럽게 하고 추하게 만듭니다. 어둠의 영들은 아무렇게나 막 살아라 하고 사람을 유혹합니다. "돈이 제일이니 수단 방법 가리지 말고 돈을 벌어라"라고 유혹합니다. "죽으면 그만이니 쾌락이 제일이다. 쾌락을 즐기라"고 유혹합니다. 그러나 성경은 이렇게 증거하고 있습니다.

〈히 9:23〉 "한 번 죽는 것은 사람에게 정해진 것이요. 그 후에는 심판이 있으리니……"

당신은 영원한 천국에 가고 싶습니까? 아니면 영원한 지옥에 떨어져서 세세토록 고통을 받고 싶습니까?

천국과 지옥은 분명히 존재합니다. 죄를 짓고 영원히 지옥에 떨어져야 할 우리를 위해서 하나님의 아들 예수 그리스도께서 십자가에서 우리 대신 죽으셨습니다. 그리고 우리 죄를 다 갚으시고 3일 만에 부활하셨습니다. 누구든지 예수님을 믿으면 죄 용서받고 구원받습니다. 예수님을 믿으면 멸망하지 않고 영생을 얻습니다.

〈요 3:16〉 "하나님이 세상을 이처럼 사랑하사 독생자를 주셨으니 이는 그를 믿는 자 마다 멸망하지 않고 영생을 얻게 하려 하심이라."

성경을 읽으면 구원의 도를 확실히 깨달아 알게 됩니다. 성경을 읽으면 누구든지 나쁜 습관을 고칠 수 있습니다. 더러운 말이나 더러운 행동을 고칠 수 있습니다. 술 먹고 마누라를 두들겨 패는 사람도 성경을 꾸준히 읽고 기도하면 새 사람이 될 수 있습니다.

〈히 4:12〉 "하나님의 말씀은 살아 있고 활력이 있어 좌우에 날선 어떤 검보다도 예리하여 혼과 영과 관절과 골수를 찔러 쪼개기까지 하며 또 마음의 생각과 뜻을 판단하나니 지으신 것이 하나도 그 앞에 나타나지 않음이 없고 우리의 결산을 받으실 이의 눈앞에 만물이 벌거벗은 것 같이 드러나느니라."

성경은 영혼의 참된 양식입니다. 음란한 소설이나 만화책이 꿀꿀이죽과 같다면 성경은 어머니의 정성이 깃든 보양식과 같습니다. 성경을 자꾸 읽으면 좋은 생각을 하게 됩니다. 성경을 읽으면 예수님을 만나게 됩니다. 성경을 읽으면 하나님의 거룩하신 성품을 점점 닮아가게 됩니다. 성경을 읽으면 영적 도덕적수준이 높아집니다. 성경을 읽으면 예수님을 알게 되고 믿게 되고 구원을 받습니다. 성경을 읽으면 자신감을 얻게 되고 자기 마음을 다스릴 수 있습니다. 성경을 읽으면 행복해집니다. 성경을 읽으면 하나님과 가까운 사이가 됩니다.

환난 중에도 즐거워 하나니

병들면 모두 다 불행해질까요? 고난이 닥치면 모두 다 좌절하고 절망에 빠지는 걸까요? 그렇지 않습니다. 예수님을 믿는 사람은 환난이나 시련이 닥쳐도 낙심하지 않습니다.

오히려 환난 중에도 즐거워 할 수가 있습니다. 성경을 늘 가까이 하는 사람은 환난이 닥쳐도 시련이 찾아와도 낙심하지 않고 절망하지 않습니다. 왜냐하면 성경을 읽음으로 늘 하나님의 음성을 듣고 하나님으로부터 신비한 힘을 늘 공급 받기 때문입니다. 성경을 꾸준히 읽으면 성격이 좋아집니다.

매사에 밝고 긍정적인 사람이 됩니다. 성경을 가까이 하면 고난이 닥쳐도 환난 풍파가 몰아쳐도 자신감을 잃지 않습니다. 적극적이고 진취적인 태도로 고난과 싸워서 이기고 승리합니다.

미국의 세계무역센터 수석 부총재이신 이희돈 박사는 빈손으로 미국에 건너가서 양말장사를 하며 고학을 해서 크게 성공을 했습니다. 그는 매일 성경 읽고 매일 기도하는 사람입니다.

그가 미국으로 처음 건너갈 때에 편도 비행기표만 간신히 마련하고 돈은 1달러도 갖고 가지 못했습니다. 하지만 매일 성경 읽고 기도함으로 하나님의 도우심을 받아서 박사학위도 받고 옥스퍼드 대학의 종신교수직도 얻게 되었습니다. 또한 젊은 나이에 세계무역센터의 수석 부총재가 되었습니다. 한국을 빛내는 자랑스러운 인물이 되었습니다. 쌍둥이 빌딩이 무너질 때는 출근 도중에 배가 아프고 설사가 나서 지각하는 바람에 기적적으로 살아나기도 했습니다.

성경 읽고 기도하는 사람은 인생살이의 여러 가지 환난과 시련을 믿음으로 잘 극복할 수 있습니다. 성경 읽고 기도하면 새 힘을 얻습니다.

〈사 40:31〉 "오직 여호와를 앙망하는 자는 새 힘을 얻으리니 독수리가 날개 치며 올라감 같을 것이요. 달음박질 하여도 곤비하지 아니하겠고 걸어가도 피곤하지 아니하리로다."

〈사 41:10〉 "두려워하지 말라. 내가 너와 함께 함이라. 놀라지 말라. 나는 네 하나님이 됨이라. 내가 너를 굳세게 하리라. 참으로 너를 도와주리라. 참으로 나의 의로운 오른손으로 너를 붙들리라."

또한 성경 읽고 기도하면 자신의 죄를 깨닫게 되고 하나님 앞에서 겸손한 사람이 됩니다. 사람들이 성경도 읽지 않고 하나님을 두려워하는 마음이 없기 때문에 세상은 점점 악해지고 있습니다.

그러나 우리에게는 희망이 있습니다. 성경을 가까이 하는 것이 우리의 희망입니다. 누구든지 성경 읽고 기도하면 하나님께서 길을 열어 주십니다. 서재생 스님은 절간에서 성경을 몰래 읽다가 예수님이 구세주요, 진리이신 것을 깨닫고 승복을 벗고 신학을 공부하여 목사가 되었습니다. 서울 대현교회 담임목사가 되었습니다.

〈요 14:6〉 "예수께서 이르시되 내가 곧 길이요, 진리요, 생명이니 나로 말미암지 않고는 아버지께로 올 자가 없느니라."

성경을 읽으면 옳고 그른 것을 구별하는 지혜를 얻게 됩니다. 성경을 읽으면 진리이신 예수님을 만나게 됩니다. 성경을 읽으면 하나님의 사랑을 깨닫게 됩니다.

〈요 3:16〉 "하나님이 세상을 이처럼 사랑하사 독생자를 주셨으니 이는 그를 믿는 자마다 멸망하지 않고 영생을 얻게 하려 하심이라."

성경을 읽으면 "자기비하" "열등감" "패배감"에서 벗어나게 됩니다. 성경을 읽으면 자신이 하나님의 사랑받는 존재라는 것을 깨닫게 됩니다. 성경을 읽으면 예수님을 알게 되고 예수님을 믿으면 구원받습니다. 영생을 선물로 받게 됩니다.

마음의 상처

마음의 상처가 없는 사람은 이 세상에 한 사람도 없습니다. 사람은 누구나 상처를 주기도 하고 받기도 합니다. 그런데 특별히 상처를 잘 받는 사람이 있습니다.

상처를 잘 받는 사람은 우울증에 빠지기 쉽습니다. 대체로 사람들은 자기가 남에게 상처 준 것은 잘 기억하지 못하고 상처받은 것만 오랫동안 기억합니다.

성경에는 상처받은 사람들이 하나님을 의지하여 상처를 치유하고 극복한 이야기가 많이 기록되어 있습니다. 창세기에 나오는 요셉은 형들에게 상처를 많이 받았습니다. 형들이 요셉을 조롱하고 죽이려고 하다가 노예 상인들에게 팔았습니다.

그러나 요셉은 노예생활을 하면서도 틈틈이 성경을 읽으며 기도함으로 상처를 치유하고 이집트의 훌륭한 총리가 되었습니다. 크게 성공했습니다. 성공한 후에 형들을 용서하고 조카들까지 끌어안았습니다.

상처를 치료하지 않고 내버려 두면 악화되어서 원한을 품게 되고 큰 불행을 가져옵니다.

상처를 입었을 때 성경 읽고 기도하면 빨리 치료됩니다. 성경은 최고의 상처 치료제입니다. 성경을 읽으면 정서가 순화됩니다. 성경을 읽으면 기도문이 열리게 되고 빨리 상처가 치료됩니다.

저는 상처받았을 때 성경 읽고 기도합니다. 때로는 성경 읽을 힘조차 없을 때에는 다른 목사님들의 설교를 듣거나 혹은 오래된 저의 설교를 듣기도 합니다. 설교를 듣거나 찬양을 들으면 상처가 빨리 치유됩니다.

사람을 너무 가까이 하고 의지하면 항상 상처받을 위험이 있습니다. 사람은 완전하지 않기 때문입니다.

저는 얼마 전에 정상애씨가 쓴 "내가 만난 기적의 하나님"이라는 책을 읽어 보았습니다. 그녀는 정말 남편으로부터 엄청난 상처를 받았던 여인이었습니다. 결혼 첫날밤부터 남편이 도박판을 벌이고 날마다 술과 도박 그리고 외도로 그녀는 큰 상처를 받았습니다. 그러나 예수님을 믿고 매일 성경 읽고 기도함으로 그 큰 상처를 치유받고 많은 사람들의 상처를 치유하는 귀한 일들을 하고 있습니다. 그녀는 지금 남편과 함께 부산 구포제일교회를 출석하며 간증집회 강사로 활동하고 있습니다. 남편은 장로님이 되고 본인은 전도사님이 되었습니다. 두 아들도 신학공부를 하고 있습니다.

평소에 성경을 늘 가까이 하는 사람은 상처를 잘 받지 않습니다. 상처를 받아도 빨리 치유됩니다. 그러나 성경을 멀리하고 하나님께 기도하지 않는 사람은 상처받았을 때에 속상해 하고 억울해 하다가 자살하는 경우도 있습니다. 어떤 연예인들은 인터넷 악플로 인하여 상처를 받고 자살하였습니다. 그러므로 나에게 상처를 주는 사람들을 잠시 멀리하고 성경을 읽을 필요가 있습니다.

성경은 우리의 상처를 치료해 주는 정말 좋은 책입니다. 서울 여의도 순복음교회에 다니는 서순덕 할머니는 이웃에 사는 비행청소년을 자기 집에 데려와서 같이 성경 읽고 기도했습니다.

상처가 많은 이 비행청소년은 돈을 만원씩 준다는 말에 귀가 솔깃해서 하루 한 시간씩 5일 동안 이 할머니와 함께 성경 읽고 기도했습니다.

이 청소년은 성경 읽다가 마음의 상처를 치유 받고 예수님을 믿기로 결심하고 모범청소년이 되었습니다. 올해 92세의 이 할머니는 무려 250명을 전도했습니다. 20년 동안 매일 새벽에 두 시간 저녁에 두 시간씩 성경 읽고 기도하고 있습니다.

이 할머니의 넷째 아들은 1999년부터 2005년까지 대법관을 지낸 유지담 변호사입니다. 성경을 열심히 읽으면 자신의 상처뿐만 아니라 다른 사람의 상처도 치유해 주는 능력을 공급받습니다. 누구든지 성경 읽고 기도하면 마음의 상처는 깨끗이 치료됩니다.

감사 노트

감사라는 말은 아름다운 말입니다. 감사하면 행복해집니다. 감사하면 힘이 납니다. 감사하면 일이 잘 됩니다. 감사하는 사람 곁에는 좋은 냄새가 납니다.

감사하는 얼굴에는 기쁨과 행복이 넘쳐납니다. 감사하는 마음으로 세상을 바라보면 세상이 참 아름답게 느껴집니다. 감사는 나를 행복하게 만들어 주고 또한 이웃사람들을 행복하게 만들어 줍니다.

감사하면 장사가 잘됩니다. 감사가 넘치는 가게는 손님들이 넘쳐나게 됩니다. 감사하는 교회는 부흥합니다. 감사하는 학생은 성적이 올라갑니다. 감사하는 마음은 지혜로운 마음입니다.

불평하는 사람은 주위 사람들에게 인기가 없습니다. 따돌림을 당하게 됩니다. 그러나 감사하는 사람은 사람들에게 환영받고 매력이 넘칩니다. 감사하는 사람의 얼굴은 평안해 보입니다. 불평하는 사람은 입이 쑥 나오게 되고 심술궂은 얼굴이 됩니다.

부부가 서로 감사하면 행복한 부부가 됩니다. 남편들이여, 아내가 밥을 안 해 줘도 감사를 표현합시다. 혼자 사는 것 보다는 아내가 있는 것이 백번 낫습니다. 아내들이여, 남편이 돈을 못 벌어 와도 감사해보세요. 돈을 못 벌어 와도 남편이 없는 것 보다는 남편이 있는 것이 훨씬 낫습니다. 그러므로 남편에게 무조건 감사합시다. 자식이 효자가 아니어도 감사합시다. 자식이 없는 것 보다는 있는 것이 훨씬 낫습니다. 부모가 훌륭하지 못해도 감사합시다. 부모 없이 홀로 힘들게 사는 고아나 소년 소녀 가장을 생각해 봅시다.

저는 어제 어떤 소녀가장이 서울대에 합격했다는 인터넷뉴스를 읽으며 눈시울이 뜨거워졌습니다. 얼마나 힘들었을까? 얼마나 외로웠을까? 우리 주위에는 나보다 더 힘들고 더 어려운 사람들이 많이 있습니다. 불평을 그치고 감사할 것이 무엇인지를 생각해보고 찾아보고 노트에 기록해 봅시다. 며칠 전에 어떤 사람이 저를 찾아와서 불평하는 소리를 늘어놓았습니다.

남을 비판하는 이야기, 불평하는 이야기, 그리고 자기 자랑을 늘어놓았습니다. 그런 이야기를 들어주려면 상당한 인내심이 필요합니다. 저는 그러한 이야기 들어주는 것이 너무 힘들어서 적당한 핑

계를 대고 자리를 뜰 때도 있습니다.

그날 저는 불평꾼이 돌아간 뒤에 우울해진 마음을 달래기 위해 감사노트를 펴놓고 억지로 감사할 것이 무엇인지를 찾아보았습니다.

1. 먼저 우리 집 냉장고에 먹을 것이 많다는 것이 생각났습니다. 저는 어릴 때에 배고픈 서러움을 많이 겪었습니다. 그런데 지금은 살이 찔까봐 매일 아침을 먹지 않습니다. 얼마나 감사한 일입니까?

2. 심야 전기보일러가 고장난 것이 감사했습니다. 고장나지 않았을 때는 너무 따뜻해서 예배시간에 교인들도 졸고 나도 졸았습니다. 어느 날 철야 예배 때 제가 너무 피곤하고 졸려서 설교하다가 다리가 휘청해서 넘어질 뻔 했던 적도 있습니다. 그런데 지금은 조금 서늘하니까 졸리지도 않고 기도가 잘 됩니다.

3. 나를 힘들게 하고 짜증나게 하는 사람이 내 주위에 있는 것도 감사했습니다. 왜냐 하면 그러한 사람 때문에 내가 더욱 기도하게 되고 정신을 차리게 되기 때문입니다.

4. 나를 힘들게 하는 사람을 미워하지 않고 복을 빌어줄 수 있는 마음을 주시는 하나님의 은혜가 감사했습니다. 내가 만일 예수님을 믿지 않았더라면 그 사람과 맞붙어 싸우느라 피투성이가 되었을 텐데…… 이런 생각이 들어서 너무 감사했습니다.

5. 착한 아내와 착한 교인들을 만나게 된 것이 감사했습니다. 저는 종종 실수를 하기도 하고 잘못을 저지르기도 합니다. 하지만 제 아내와 교인들은 저의 실수를 모른척 하고 저의 허물을 덮어줍니다. 오래 오래 참아 줍니다.

이렇게 감사할 거리를 찾아서 다섯 가지만 기록했는데도 벌써 내 마음속에서 우울한 생각이 떠나가고 감사와 행복과 기쁨이 넘쳐났습니다. 그리고 또 감사할 거리가 생각나더군요.

6. 매일 저녁에 두 시간, 새벽에 한 시간씩 함께 성경 읽고 기도하고 찬양할 수 있도록 교인들이 몇 사람이라도 함께 동참해 주는 것이 너무 감사했습니다.

7. 내 아들이 디스크 수술을 할 때 마취에서 깨어난 것이 너무 감사했습니다. 만일 깨어나지 못했다면 우리 부부의 마음이 얼마나 슬펐을까요? 아들을 잃었다가 다시 얻은 것 같아서 너무 감사했습니다. 아들이 너무 사랑스러워서 가끔 아들을 안아주고 싶습니다. 다 큰 아들과 딸을 안아주는 것은 쑥스러워서 약간의 용기가 필요합니다. 오늘 아들이 퇴근하고 들어올 때 반갑게 나가서 안아 줘야지 하고 다시 한 번 결심해 봅니다.

만약, 오늘도 아들 안아주기에 실패한다면 아버지 학교에 재입학을 해야 하지 않을까 생각해 봅니다.

〈살전 5:16~18〉 "항상 기뻐하라. 쉬지 말고 기도하라. 범사에 감사하라 이것이 그리스도 예수 안에서 너희를 향하신 하나님의 뜻이니라."

용 서

용서는 참 어렵습니다. 어렵지만 우리 모두에게 필요합니다. 내게 상처 입힌 사람을 용서하지 아니하면 내가 더욱 고통을 당하게 됩니다. 그러나 힘들어도 용서를 하면 먼저 내가 행복해지고 자유를 누리게 됩니다.

용서하지 아니하면 나에게 상처를 입힌 원수의 모습이 잊혀 지지 않고 늘 내 곁에서 떠나질 않습니다. 원수에 대한 나쁜 생각으로 늘 괴로워하며 미움과 원한과 증오심과 복수심으로 날마다 내가 고통을 당하게 됩니다.

"토크쇼의 여왕"이라고 불리어지는 미국의 흑인여성 "오프라 윈프리"는 자기를 성폭행한 외삼촌을 용서했습니다. 신앙의 힘으로 원수를 용서하고 복을 빌어 주었습니다. 그랬더니 그녀의 마음에 기쁨이 찾아오고 희망이 생겼습니다. 그녀는 성공했습니다. 세계인들이 존경하고 사랑하는 여성 지도자가 되었습니다. 돈도 엄청나게 벌었습니다. 성경에 나오는 "요셉"이라는 사람도 자기 형들을 용서했습니다. 용서하니까 요셉에게 길이 열렸습니다. 감옥에서 나오는 길이 열렸습니다. 출세하는 길이 열렸습니다. 행복으로 가는 길이 열렸습니다. 성공하는 길이 열렸습니다.

만일 요셉이 원수를 용서하지 않았다면 감옥에서 미움과 원한을 품고 목을 매고 자살했을는지 모릅니다.

요셉은 자기를 죽이려고 했던 형들을 용서했기 때문에 하나님께서는 요셉에게 복을 주셨습니다. 용서를 잘 하는 사람은 복을 받습니다. 형통하게 됩니다. 아내를 용서하고 남편을 용서해야 합니다. 부모를 용서하고 자식을 용서해야 행복하게 살 수 있습니다.

그리고 나 자신을 용서해야 합니다. 예수님께서 나를 용서하시기 위해서 내 대신 십자가에 못 박혀 피 흘리시고 죽어주셨습니다. 그러므로 나도 내 자신을 용서하고 나를 축복하며 힘차게 살아야 합니다. 예수님을 믿으면서도 죄책감에 사로잡히는 것은 하나님의 뜻이 아닙니다. 하나님은 우리의 과거와 현재와 미래의 모든 죄를 용서하셨습니다. 하나님께서 우리의 죄를 깊은 바다에 던지시고 낚시

금지 팻말을 써 붙여 놓으셨습니다.

예수님을 믿고 죄를 고백하는 사람은 누구든지 죄를 용서받을 수 있습니다. 그러나 예수님을 믿지도 아니하고 나는 죄없다 하고 하나님께 반항하는 사람은 용서받지 못하고 지옥에 떨어져서 영원한 고통을 받게 됩니다. 나를 용서하고 또한 나에게 상처를 입힌 원수를 용서하는 사람은 모든 일에 감사하며 행복하게 살 수 있습니다. 그러나 용서하지 아니하고 미움과 원한을 계속 품고 있는 사람은 소화도 안 되고 마음과 몸이 아프게 되고 불행해지게 됩니다.

많은 사람들이 용서하지 않기 때문에 여러 가지 병이 생기고 고통을 당합니다. 대부분의 질병이 마음으로부터 생깁니다. 마음이 병들면 몸도 병들게 됩니다.

그러면, 어떻게 하면 우리의 마음을 건강하게 하고 용서를 잘 할 수 있을까요? 용서를 잘 하려면 먼저 예수님을 믿어야 합니다. 예수님을 믿고 성경을 열심히 읽으면 용서할 수 있는 힘을 얻게 됩니다.

손양원 목사님은 여수 순천 반란사건 때 두 아들을 잃었습니다. 공산주의 사상에 물든 청년이 손 목사님의 두 아들을 무참히 죽였습니다. 손목사님은 자기의 두 아들 "동인"이와 "동신"이를 죽인 원수를 양아들로 삼아서 신학교에 보내고 목회자로 길렀습니다. 그리고 손목사님은 그 후 신사참배를 거부하다가 감옥에 갇혀 고생하시다가 일제의 칼에 순교당하셨습니다.

저는 손양원 목사님의 딸 손동희 권사님이 눈물로 쓴 책과 테이프를 읽고 들어보았습니다. 하나님께서 손양원 목사님에게 원수를 용서하고 사랑할 수 있는 힘을 부어주셨습니다. 손양원 목사님은 평소에 기도를 많이 하시고 성경을 열심히 읽으셨습니다.

우리도 손 목사님처럼 성경 많이 읽고 기도도 열심히 하면 점점 예수님을 닮아가게 됩니다. 인간의 힘으로는 원수를 용서할 수 없고 사랑할 수 없습니다. 그러나 하나님의 크신 사랑을 공급받으면 우리 같은 보통사람도 원수를 사랑하고 용서할 수 있는 힘을 얻게 됩니다.

예수님이나 손 목사님과 같은 수준에는 좀 미치지 못할지라도 용서와 사랑의 사람이 될 수 있습니다. 하나님의 크신 사랑은 우리가 성경 읽고 기도할 때에 우리 속에 흘러들어옵니다. 이번 겨울에 성경읽기와 기도생활에 힘써서 하나님의 큰 사랑을 경험하는 저와 여러분이 되었으면 참 좋겠습니다.

〈롬 12:19~21〉 "내 사랑하는 자들아 너희가 친히 원수를 갚지 말고 하나님의 진노하심에 맡기라. 기록되었으되 원수 갚는 것이 내게 있으니 내가 갚으리라고 주께서 말씀하시니라. 네 원수가 주리거든 먹이고 목마르거든 마시게 하라. 그리함으로 네가 숯불을 그 머리에 쌓아 놓으리라. 악에게 지지 말고 선으로 악을 이기라."

예수 믿으면 행복해집니다.

세상에서 나병환자보다 더 불행한 삶을 사는 사람이 있을까요? 저는 며칠 전에 나환자였던 사람이 쓴 책을 읽어보았습니다. "소록도여, 안녕"이라는 이 책은 나병환자였던 이명남씨가 소록도에서 예수님을 믿고 나병을 고침 받은 후 하나님의 은혜가 감사해서 쓴 수기입니다. 이 분은 11살 때 한센병이라고도 부르는 이 문둥병에 걸려서 마을에서 쫓겨나 큰 형이 지어준 산속 움막에서 혼자 살았습니다. 충남 금산의 깊은 산속 외딴 움막에서 밤이면 산짐승들의 울음소리에 무서워 잠 못 이루다가 새벽에야 깜박 잠이 들곤 했습니다.

이 아이의 아버지는 일찍 돌아가시고, 어머니는 가난한 살림에 남편도 죽고 아들이 한센병에 걸리게 되자 너무 절망한 나머지 가출을 해버렸습니다. 큰 형도 형수가 도망가서 술만 마시다가 병이 들어서 동생이 살고 있는 움막에 와서 며칠 앓다가 형마저 죽고 말았습니다. 이 동생은 형의 시신을 할머니와 함께 땅을 파고 대충 묻어드렸습니다.

가끔 먹을 것을 가지고 찾아오시던 할머니도 겨울이면 길이 얼어붙어서 오실 수가 없었습니다. 깊은 산속 움막에서 혼자 사는 이 소년은 너무 춥고 배고파서 서러워서 울고 또 울었습니다. 그러다가 간신히 겨울을 넘기고 봄이 되면 초등학교에 같이 다니던 친구들이 몰려와서 돌을 던지며 괴롭히다가 돌아가기도 했습니다.

자살을 하려고 움막에 불을 지르기도 했지만 그것도 실패하고 말았습니다. 어느 날 소록도에 가면 한센병을 고칠 수 있다는 말을 듣고 어렵게 소록도까지 먼 길을 찾아 갔지만 그곳 생활도 쉽지 않았습니다. 너무 배가 고파 바닷가에 가서 돌에 낀 청태와 김을 정신없이 뜯어먹고 설사가 나서 고생하기도 하고 자살 바위에 올라가서 자살하고 싶은 충동을 수 없이 느끼기도 했습니다.

그런데 이 불쌍한 소년에게 희망을 전해준 사람이 있었습니다. 그 분은 바로 소록도에 사는 앞 못 보는 장님 할아버지였습니다. 이 할아버지는 한센병이 심해져서 두 눈 마저 실명하게 되었지만 예수님을 믿고 천국의 소망을 가지고 행복하게 살고 있었습니다. 매일 지팡이로 더듬어 가며 교회의 새벽기도회를 다니는 이 노인은 무엇이 기쁘고 즐거운지 찬송을 흥얼거리며 즐겁게 살고 있었습니다. 그리고 이 불쌍한 소년을 자기 자식처럼 돌보아 주며 전도를 하였습니다. 소년은 도무지 이 장로님과 다른 교인들을 이해할 수 없었습니다.

어느 날 새벽 "새벽기도회에 같이 가보지 않을래?"하면서 부드럽게 권유하시는 소경 할아버지의 말씀을 못들은 척, 자는 척 하다가 벌떡 일어나 소경 할아버지 장로님의 뒤를 따라가 새벽기도회에 참석하였습니다.

바로 그날 이 한센병 소년은 예수님을 만났습니다. 울면서 실컷 기도하고 나니 속이 후련해지고 예수님이 믿어지고 하나님의 사랑이 느껴지기 시작했습니다. 말로 형용할 수 없는 큰 기쁨이 몰려왔습니다. 천국과 지옥이 믿어지고 하나님께서 살아 계시다는 사실이 믿어지기 시작했습니다.

성경도 열심히 읽고 매일 새벽기도회에 참석하며 간호사의 지시에 따라 약도 제 시간에 맞춰 성실히 복용했습니다. 하나님께서 그의 한센병을 깨끗이 고쳐 주셨습니다. 26년간의 투병생활을 끝내고 건강한 몸으로 육지로 나왔습니다. 건강한 아내를 얻어서 남매를 낳았습니다. 눈썹 이식 수술을 받아서 나병을 앓은 흔적이 전혀 없었습니다.

한센병을 앓았다는 사실을 숨기고 싶었습니다. 게다가 한센병을 앓았던 사실을 사람들에게 밝히면 이혼하겠다고 아내가 으름장을 놓았습니다. 왜냐하면 자녀들의 혼사길이 막힌다는 이유였습니다. 하지만 하나님의 은혜가 너무 감사해서 그리고 한센병에 대한 사람들의 잘못된 인식을 고쳐 주고 싶어서 책을 쓰고 TV에 출연하여 자기가 한센병을 앓다가 예수 믿고 고침 받은 사실을 세상에 알렸습니다. 지금은 아내도 남편의 뜻을 이해하고 적극 협조해 준다고 합니다.

그는 한국에 살고 있는 한센병 환자들보다 중국에 살고 있는 한센병 환자들이 훨씬 비참하게 살고 있다는 것을 알고 중국에 건너가서 그들을 돌보며 예수님의 사랑을 전하고 있습니다. 한센인 전문 선교사가 된 것입니다. 혹시 당신은 한센인도 아니면서 그들보다 더 자주 낙심하며 절망에 빠지는 나약한 사람은 아닙니까? 해보지도 않고 안 된다고 말하며 패배자의 길을 걷고 있지는 않습니까? 다시 일어나십시오. 주님을 바라보고 믿음을 가지세요.

저도 한센인 정착촌에서 그들과 함께 예배를 드린 적이 몇 번 있습니다. 그들 중에는 엉금엉금 기어서 열심히 교회에 나오시는 분들도 꽤 여러 명 있었습니다. 당신은 혹시 사지가 멀쩡한데 술이나 마시며 혹은 화투나 치면서 세월을 낭비하고 있지는 않습니까? 예수님을 믿어 보세요. 나환자들에게도 희망을 주시는 하나님을 당신도 믿어 보세요.

당신의 문제는 돈으로 해결되지 않습니다. 오직 예수님만이 당신을 진정으로 만족시켜 주실 수 있습니다. 길이요, 진리요, 생명되신 예수님만이 인간의 모든 문제를 해결할 수 있습니다.

〈요 14:6〉 "예수께서 이르시되 내가 곧 길이요, 진리요, 생명이니 나로 말미암지 않고는 아무도 아버지께로 올 자가 없느니라."

주 목

경북 영양읍 재래시장에 가면 "주목 그릇상회"가 있습니다. 저는 장날에 전도지를 사람들에게 나눠드릴 때에 "주목그릇상회"를 주목하게 됩니다. 그리고 그 가게 앞을 그냥 지나치지 않고 꼭 전도지를 드립니다.

왜냐하면 "주목그릇상회"의 주인 사모님께서 제가 쓴 전도지를 잘 읽고 있다고 말씀하셨기 때문입니다. 누구나 자기가 쓴 글을 읽어주면 좋아합니다. 성경은 하나님께서 여러 선지자들을 통하여 쓰게 하신 책입니다. 그러므로 원저자는 하나님이십니다. 성경을 읽으면 하나님께서 좋아하십니다. 성경을 읽으면 하나님과 친한 사이가 됩니다.

성경을 매일 읽으며 그 가르침에 순종하면 하나님께서 복을 주십니다. 마음의 평화를 주시고 기쁨도 주시고 물질적인 복도 주십니다.

〈시 1:1~3〉 "복 있는 사람은 악인들의 꾀를 따르지 아니하며 죄인들의 길에 서지 아니하며 오만한 자들의 자리에 앉지 아니하고 오직 여호와의 율법을 즐거워하여 그의 율법을 주야로 묵상하는 도다. 그는 시냇가에 심은 나무가 철을 따라 열매를 맺으며 그 잎사귀가 마르지 아니함 같으니 그가 하는 모든 일이 다 형통하리로다. 악인들은 그렇지 아니함이여 오직 바람에 나는 겨와 같도다."

성경말씀을 늘 읽고 묵상하는 사람은 복 있는 사람입니다. 그러나 늘 나쁜 책이나 나쁜 영화를 보고 나쁜 생각을 늘 품고 있는 사람은 바람에 이리저리 날아다니는 겨처럼 불안하고 메마른 삶을 살게 됩니다.

"하나님은 없다." "천국도 없다." "지옥도 없다." 이러한 생각은 나쁜 생각입니다. "하나님은 없다"라고 생각하면 죄짓는 것을 두려워하지 않게 됩니다.

그러므로 우리는 늘 성경말씀에 주목하고 관심을 기울여야 합니다. 성경책을 사랑하고 주목하는 사람은 하나님께 관심이 많은 사람입니다. 그러나 성경에 주목하지 않는 사람은 하나님께 주목하지 않고 자기 스스로 인간의 꾀를 의지해서 사는 사람입니다.

우리는 성경을 매일 읽으며 교훈을 받아야 합니다. 하나님께서 성경을 통하여 나에게 무엇을 말씀하시는지 귀를 기울여야 합니다. 성경 읽지 아니하고 기도하지 아니하면 하나님의 음성을 들을 수가 없습니다.

인간의 모든 불행은 성경을 주목하지 않기 때문입니다. 성경에 주목하지 않고 "오늘의 운세"에 주목하는 사람은 바람에 나는 겨와 같이 불안해지고 "행복한 미래"를 보장받을 수 없습니다.

케네디 대통령은 미국의 모든 공립학교에서 성경 가르치는 것을 금지하는 법안을 통과시켰습니다. 그때부터 미국의 청소년들이 급속도로 타락하기 시작했습니다.

그래서 미국은 다시 공립학교에서도 성경을 가르쳐야 한다는 주장이 여기저기서 일어나고 있습니다.

〈시 119:9~11〉 "청년이 무엇으로 그의 행실을 깨끗하게 하리이까? 주의 말씀만 지킬 따름이니 이다. …… 내가 주께 범죄 하지 아니하려 하여 주의 말씀을 내 마음에 두었나이다."

〈시 14:1〉 "어리석은 자는 그의 마음에 이르기를 하나님이 없다 하는도다. 그들은 부패하고 그 행실이 가증하니 선을 행하는 자가 없도다."

하나님이 없다고 말하는 사람은 "마음이 부패한 사람이며 행실이 가증하다"라고 성경에 말씀하고 있습니다.

성경을 읽으면 인간이 죄인이라는 사실을 깨닫게 됩니다. 또한 성경은 예수님을 믿지 않는 것이 죄라고 말씀하고 있습니다.

〈요 16:8~9〉 "그가 와서 죄에 대하여, 의에 대하여, 심판에 대하여 세상을 책망하시리라. 죄에 대하여라 함은 그들이 나를 믿지 아니함이요."

사람들이 하나님을 두려워 아니하고 예수님을 믿지도 않고 성경 말씀에 주목하지 않기 때문에 점점 자살을 많이 하고 이혼도 많이 하고 온갖 끔찍한 범죄를 계속 저지르고 있습니다. 사람들이 불행에 빠지는 이유는 돈이 없어서가 아닙니다. 성경을 읽지 아니하고 하나님께 주목하지 않기 때문에 온갖 문제가 발생하고 환난과 고통이 계속됩니다.

우리는 지금 하나님께로 돌아와야 합니다. 하나님만이, 그리고 그의 아들 예수님만이 우리의 모든 문제를 해결해 주실 수 있습니다. 여러분은 지금 무엇에 주목하고 있습니까? 여러분이 주목하고 있는 그것이 여러분을 영원토록 행복하게 만들어 줄 수 있습니까?

당신이 그토록 열망하고 갈망하고 주목하는 그것이 당신의 영혼을 구원할 수 있습니까? 우리는 예수님께 주목해야 합니다. 성경 말씀에 주목해야 합니다. 그리하면 우리의 모든 문제는 해결되고 참 자유와 영원한 행복을 얻게 될 것입니다.

성 탄 절

이제 며칠 지나면 성탄절입니다.

성탄절은 흥청망청 술 마시고 죄지으라고 만들어 놓은 날이 아닙니다. 성탄절은 예수님의 탄생을 축하하며 죄를 회개하고 경건하게 살기로 결심하는 날이어야 한다.

그런데 많은 청소년들이 성탄절을 전후해서 술을 마시고 탈선을 합니다. 안타까운 일입니다. 어른들도 마찬가지입니다. 저희 영양 감천교회는 금년 성탄절 헌금을 전액 "기독교 교도소 건축헌금"으로 보내기로 했습니다. 비록 작은 금액이지만…….

이에 대해서 저희 감천교회 교인들은 착해서 불평하지 않습니다. 그런데 제 아내에게는 좀 미안합니다. 해마다 성탄절뿐만 아니라 모든 행사 때마다 아내가 식사준비를 도맡아 준비하기 때문입니다.

그래서 나는 아내를 귀하게 생각하고 존댓말을 씁니다. 그리고 설거지나 방청소 같은 것이라도 도와주려고 애를 씁니다. 또 외출했다가 들어오면 달려 나가 90도로 절을 하며 인사를 한 적도 있습니다.

성탄은 하나님의 아들 예수 그리스도께서 사람의 몸을 입고 이 땅에 내려오신 사건입니다. 금년이 A.D. 2010년이니까 2010년 전에 팔레스테인 지역에서 일어난 역사적 사건입니다.

역사학자늘은 역사를 구분할 때 A.D.와 B.C.로 나눕니다. A.D.라는 말은 라틴어 Anno Domini의 약자입니다. 즉 "주님의 해, 주님이 이 세상에 오신 이후"라는 뜻입니다. 또한 미국사람들은 A.D.를 "After Death" 즉 "예수님의 십자가 죽으심 이후"로 이해하기도 합니다. 그리고 B.C.라는 말은 "Before Christ"의 약자로서 "그리스도가 오시기 이전"이란 뜻입니다. 또한 역사를 영어로 history라고 합니다. history는 his + story로 이루어져 있습니다. 즉 예수님의 이야기라는 뜻입니다. 예수 그리스도께서 이 세상의 역사를 주관해 오셨고 앞으로도 이 세상의 운명은 그의 손에 달려있습니다.

하나님이 우리 눈에 안 보인다고 해서 어떤 사람들은 "하나님이 없다."라고 말하기도 합니다. 눈에 안 보인다고 해서 무조건 존재하지 않는다고 말할 수 없습니다. 사랑과 미움은 눈에 안 보여도 분명히 존재합니다.

정신, 마음, 전파, 바람, 공기, 전기…… 이러한 것들은 사람의 눈으로 볼 수 없지만 분명히 존재합니다. 마귀, 귀신, 사탄, 악령, 어둠의 영들도 분명히 존재합니다. 무당이 시퍼런 칼날(작두) 위에 맨발로 올라가서 춤을 추는 것도 귀신이 있기 때문에 그런 일이 일어납니다.

많은 사람들이 조상 제사를 지내는 것도 귀신이 있다고 믿기 때문에 제사를 지냅니다. 귀신이 있다는 것을 믿으면서 하나님이 계신다는 것을 왜 믿지 못할까요? 귀신들은 사람들을 속입니다. 도와주는 척하면서 오히려 더 괴롭게 만들고 죄 짓게 하고 마음속에 온갖 욕심과 미움과 증오심을 부추깁니다. 그리하여 죄짓게 해서 결국 지옥으로 끌고 갑니다.

그러나 기독교 신앙은 죄를 회개하고 죄를 끊으라고 경고합니다. 그래서 사람들은 기독교 신앙을 부담스러워 합니다. 좀 부담스러워도 진리이신 예수님을 믿어야 합니다.

사람은 모두 죄인입니다. 겸손한 태도로 무릎을 꿇고 하나님께 죄를 고백해야 합니다. 예수님의 피로 나의 죄를 씻어 주시기를 구해야 합니다.

우리가 죄인이라는 사실을 인정하면 우리에게는 희망이 있습니다. 왜냐하면 예수님은 죄인을 구원하시기 위해 이 세상에 오셨기 때문입니다.

〈막 2:17〉 "예수께서 들으시고 그들에게 이르시되 건강한 자에게는 의사가 쓸데없고 병든 자에게 라야 쓸데 있느니라. 나는 의인을 부르러 온 것이 아니요, 죄인을 부르러 왔노라 하시니라."

몸에 때가 있는 사람이 목욕탕에 가서 때를 씻는 것처럼 죄가 있는 사람이 죄를 씻기 위해서 교회에 나옵니다.

"나는 죄 없다."라고 항변하고 하나님을 대적하는 사람의 마음속에는 참된 평화도 없고 행복도 없습니다.

하나님께서는 이 세상을 구원하시기 위해서 그의 아들 예수님을 이 땅에 보내셨습니다. 유대인들은 죄가 전혀 없는 예수님을 신성모독했다는 이유로 죽였습니다. 예수님은 구약성경에 예언된 대로 우리 인류의 죄를 대신 짊어지고 십자가에서 죽으셨습니다. 그리고 3일 만에 우리의 죄를 다 갚으시고 다시 살아나셨습니다.

누구든지 예수님을 믿으면 구원받습니다. 그리고 이 땅에서 하나님의 사랑을 받으며 살다가 때가 되면 천국에 가서 영생복락을 누리게 됩니다.

〈요 3:16〉 "하나님이 세상을 이처럼 사랑하사 독생자를 주셨으니 이는 그를 믿는 자마다 멸망하지 않고 영생을 얻게 하려 하심이라."

〈행 16:31〉 "주 예수를 믿으라. 그리하면 너와 네 집이 구원을 얻으리라."

성탄절의 각오

오늘 아침에 영양 정비공장에서 전화가 왔습니다. 아내가 전화를 받았습니다. 아내의 낡은 승용차 문짝을 바꾸라는 전화였습니다. 그런데 녹슨 문짝을 다시 칠을 하거나 좀 나은 문짝으로 바꾸어 단다고 해서 새 차가 되는 것은 아닙니다.

사람도 마찬가지다. 예쁘게 화장을 한다고 해서, 좋은 옷을 입는다고 해서 의인이 되는 것이 아니다. 죄인이 착한 일을 좀 한다고 해서 의인이 되는 것이 아닙니다. 산에 가서 도를 닦는다고 해서 갑자기 신령한 사람이 되는 것도 아닙니다.

유명한 성철 스님은 평생 산속에서 도를 닦았지만 "나는 어리석은 중생들을 너무 많이 속이고 지옥으로 떨어지는구나."하며 탄식하고 허무하게 이 세상을 떠나고 말았습니다.

영양의 어떤 가게 주인은 참 잘 생겼습니다. 그런데 예수님을 안 믿겠다고 한다. 자기는 가끔 어려운 사람들을 도와주고 착한 일을 하기 때문에 예수님을 안 믿어도 천국 갈 수 있다고 주장합니다. 얼핏 들어보면 그럴듯 합니다.

그러나 착한 일 좀 한다고 해서 죄가 없어지는 것이 아닙니다. 만물보다 거짓되고 심히 부패한 것은 사람의 마음입니다.

〈렘 17:9〉 "만물보다 거짓되고 심히 부패한 것은 (사람의) 마음이라. 누가 능히 이를 알리요마는……"

사람은 마음으로도 죄를 짓고 말이나 행동으로도 무수히 죄를 짓습니다. 죄에 빠진 우리 인생을 구원하시기 위해서 지금으로부터 2010년 전에 예수님께서 이 세상에 어린 아기의 모습으로 오셨습니다.

33년 동안 이 세상에 사시면서 복음을 전하시고 우리 인류의 죄를 대신 짊어지시고 십자가에 못 박혀 죽으셨습니다. 그리고 3일 만에 부활하셨습니다.

누구든지 이 예수님을 믿으면 죄 용서받고 구원 받습니다.

〈요 3:16〉 "하나님이 세상을 이처럼 사랑하사 독생자를 주셨으니 이는 그를 믿는 자마다 멸망하지 않고 영생을 얻게 하려 하심이라."

〈요 1:12)〉 "영접하는 자 곧 그 이름을 믿는 자들에게는 하나님의 자녀가 되는 권세를 주셨으니"

당신은 이미 예수님을 영접한 하나님의 자녀입니까? 그렇다면 이번 성탄절을 보내면서 하나님의 자녀답게 살기로 결심해 봅시다.

하나님의 자녀는 전도해야 합니다. 전도하지 아니하면 신앙심이 점점 시들해지고 교회생활이 별 재미가 없어집니다. 그러나 전도를 열심히 하면 내 신앙이 뜨거워지고 교회생활이 재미있게 됩니다.

얼마 전 저희교회에 강사로 오셨던 정상애 씨는 오랜 세월 동안 술과 도박에 빠진 남편 때문에 절망에 빠져 자살을 시도하기까지 했던 기구한 운명의 여인이었습니다. 하지만 어느 날 이웃의 권유로 예수님을 믿고 간절히 기도하여서 남편이 술과 도박을 완전히 끊고 새 사람이 되어서 교회의 장로가 되었습니다. 그리고 본인은 신학 공부를 하여서 전도사가 되었습니다. 그녀의 두 아들도 신학을 공부하는 중입니다.

우리는 종종 이러한 아름다운 간증을 듣고 도전을 받아야 한다. 그렇지 아니하면 옛날 모습으로 되돌아 가기 십상입니다. 성도들이여! 일어납시다! 빛을 비춥시다! 빛이신 예수님을 열심히 선전합시다! 전도를 열심히 하면 우리 마음이 화창한 봄날처럼 기쁨과 활기가 넘치게 됩니다. 마음속의 어둠과 근심이 사라집니다. 하나님은 전도하는 교인에게 복을 주십니다.

〈사 60:1~5〉 "일어나라. 빛을 발하라……그 때에 네 마음이…… 화창하리니 이는 바다의 부가 네게로 돌아오며 이방나라들의 재물이 네게로 옴이라."

그분이 신당에 오신대요.

어느 날 제 아내가 이렇게 말했습니다.

"여보, 오늘 서울 M교회 김 목사님이 영양군 청기면 신당교회에 오신대요. 우리도 신당에 가요." 그래서 제가 대답했습니다.

"당신이야 그 분이 친구 오빠니까 반가와 하시겠지만 나야 뭐 반가와 하실까?"하고 대답했습니다.

김 목사님은 아주 훌륭하시지만 그분도 사람이기 때문에 우리를 항상 반겨 주실 수도 없고 나의 모든 문제를 해결해 주실 수는 없습니다.

그러나 하나님은 항상 우리를 반겨 주시고 우리의 모든 문제를 해결해 주실 수 있습니다. 하나님은 전능하시고 못하실 일이 없습니다. 하나님은 이 세상을 만드신 분이시며 지금도 이 세상을 다스리고 계십니다.

그러면 어떻게 하면 하나님을 만날 수 있을까요? 성경 읽고 기도하면 하나님께서 우리를 만나 주십니다. 누구든지 죄를 회개하고 성경을 가까이 하면 하나님께서 우리를 찾아오십니다.

성경을 읽으면 하나님을 알 수 있고 하나님을 만날 수 있습니다. 하나님을 경험할 수 있습니다. 또한 성경을 읽으면 예수 그리스도께서 인류의 구세주가 되신다는 것을 깨달을 수 있습니다. 성경을 읽으면 꿈이 생깁니다. 희망을 가지게 됩니다. 꿈을 잃고 무기력하던 사람이라 할 지라도 성경을 읽으면 눈동자에 빛이 나고 삶의 목표와 희망을 갖게 됩니다.

성경을 읽으면 가치 있고 고귀한 일에 헌신하고 싶은 뜨거운 열정이 생깁니다. 그런데 성경은 옛날에 써진 책이라서 읽고 이해하기가 쉽지 않습니다. 그래서 성경을 꾸준히 읽으려면 교회의 성경읽기 모임에 참여해서 함께 읽으면 더욱 좋습니다.

함께 읽으면 지루하지도 않고 도중에 포기하지 아니하고 끝까지 읽을 수 있습니다. 성경은 이 세상에서 가장 좋은 책입니다. 그러나 믿음이 없는 사람에게는 지루하게 느껴질 수도 있습니다.

청송 출신 김진홍 목사님은 옛날 전도사 시절에 성경을 거의 읽지 않았다고 합니다. 그는 민주화 운동을 하다가 박정권의 미움을 받아서 감옥에 갇히게 되었습니다. 그 때 비로소 성경을 열심히 읽었습니다. 추운 겨울 난방 시설이 안된 교도소 독방에서 그는 성경을 읽다가 하나님을 만나게 되었습니다. 너무 감격스러워서 일어나 춤을 추고 울기도 하고 웃기도 하며 찬송을 불렀습니다.

그는 지금 경기도 남양만, 그리고 구리시에, 또 북한과 중국에 수백만평의 두레 농장과 큰 교회를 세우고 하나님의 일을 열심히 하고 있습니다.

혹시 당신은 불투명한 앞날에 대해 불안하지 않습니까? 경제적인 문제, 자녀 문제, 풀리지 않는 인간관계로 인하여 괴로워하지 않습니까?

단호하게 TV를 끄고 컴퓨터와 휴대폰도 끄고 성경을 펼쳐 보세요. 성경읽기에 몰두해 보세요. 혼자 성경읽기가 힘이 들면 출석하는 교회나 혹은 감천교회 성경읽기 모임에 참여해서 성경을 읽어 보세요.

성경을 꾸준히 읽으면 놀라운 일이 일어납니다. 연세가 많아서 글씨를 읽지 못하는 분은 들을 수 있는 성경낭독기계를 사서 열심히 들어보세요.

성경을 읽거나 들으면 놀라운 일이 일어납니다. 성경을 읽으면 문제를 해결하는 지혜를 얻게 됩니다. 성경을 읽으면 나쁜 습관을 고치게 됩니다. 성경은 신비한 책입니다. 성경은 살아있는 하나님의 말씀입니다.

〈히 4:12〉 "하나님의 말씀은 살아 있고 활력이 있어 좌우에 날선 어떤 검보다도 예리하여 혼과 영과 및 관절과 골수를 찔러 쪼개기까지 하며 또 마음의 생각과 뜻을 판단하나니 지으신 것이 하나도 그 앞에 나타나지 않음이 없고 우리의 결산을 받으실 이의 눈앞에 만물이 벌거벗은 것 같이 드러나느니라."

〈시 119:105〉 "주의 말씀은 내 발에 등이요, 내 길에 빛이니이다."

영양 M식당에서

저는 언젠가 아주 훌륭하시고 유명하신 김 목사님과 영양 M식당에서 함께 식사할 기회가 있었습니다.

그날 모임을 주선하신 분이 저를 그 분 가까이 맞은편에 억지로 앉게 하셨습니다. 감사한 마음으로 상석에 앉기는 했지만 한편으로는 상당히 불편했습니다. 왜냐하면 다른 분들이 그분 가까이에 서로 앉고 싶어 하는 것 같았기 때문입니다. 또 큰 교회 목사님 앞에 앉으니 조그만 교회 전도사인 제 자신이 괜히 초라하게 느껴지기도 했으니까요.

사람들은 잘 나가는 사람, 유명한 사람을 가까이 하고 싶어 합니다. 무언가 배울 점도 많고 유익이 있기 때문입니다. 그런데 김목사님보다 훨씬 더 우리에게 유익을 주시는 분이 있습니다. 그 분은 예수 그리스도이십니다. 김목사님은 나를 잊어버릴 수도 있고 나를 외면하실 수도 있습니다. 그러나 예수님은 영원히 나를 잊지 아니하시고 나를 뜨겁게 사랑하고 계십니다.

믿어지지 않는다구요? 당신도 성경을 읽어보면 예수님이 얼마나 당신을 사랑하시는지를 알게 될 겁니다. 성경 읽다가 예수님의 사랑을 깨닫게 되면 너무 좋아서 울기도 하고 웃기도 하고 기뻐서 어쩔 줄 모르게 됩니다.

저는 예수님을 처음 만나고 나서 성경 읽는 것이 너무 즐거워서 한동안 밤낮 성경만 읽었습니다. 집에서 쫓겨나기까지 했으니까요. 그런데 흔히 성경을 한 번도 읽어보지 않은 사람이 성경을 비판합니다.

루 월리스(1827~1905)는 철저한 무신론자이며 이유없이 기독교에 적대적인 감정을 품고 있던 사람이었습니다. 그는 하나님도 모르고 성경을 읽어본 경험도 없으면서 기독교를 공격했습니다. 사람들이 기독교에 빠져서 자유롭게 살지 못하는 것이 불쌍하다고 생각했습니다. 그래서 그는 기독교를 반박하는 책을 쓰기 위해서 성경을 읽기 시작했습니다. 성경의 잘못된 점을 찾아내려고 정신을 집중해서 성경을 읽었습니다. 그런데 구약성경을 다 읽어 가는데도 자신의 생각처럼 성경의 잘못된 점을 찾을 수가 없었고 오히려 자신의 생각이 잘못되었다는 것을 느끼기 시작했습니다. 하나님과 성경에 대해

무턱대고 반대하고 적개심을 품었던 일이 부끄럽게 느껴졌습니다.

그는 다시 신약성경을 펼치고 마태복음부터 읽기 시작했습니다. 그리고 인류의 죄를 담당하기 위해 아무 죄가 없으신 예수님이 참혹하게 십자가에 못 박히는 장면에서 그는 무릎을 꿇고 말았습니다.

"예수님, 예수님은 정말로 하나님의 아들이십니다. 그리고 저의 구세주가 되십니다."

교만했던 그의 마음이 주님의 십자가 사랑 앞에 눈처럼 녹아내리기 시작했습니다. 하나님을 믿는 것이 속박이고 억압인 줄로 알았던 그가 하나님을 만나고 나서야 참된 기쁨과 진정한 평화를 누리게 되었습니다.

그는 하나님의 사랑에 감동되어 하나님의 사랑을 널리 알리는 소설을 썼습니다. 그것이 바로 유명한 불후의 명작 "벤허"입니다. 그 작품은 영화로까지 만들어져서 많은 사람들에게 하나님의 사랑을 깨닫게 하고 그들을 예수님께로 인도하고 있습니다.

〈잠 16:20〉 "삼가 말씀에 주의하는 자는 좋은 것을 얻나니 여호와를 의지하는 자는 복이 있느니라."

〈요 20:30〉 "오직 이것을 기록함은 너희로 예수께서 하나님의 아들 그리스도이심을 믿게 하려 함이니라."

1분간 크게 웃어 봅시다.

"아무리 화가 나거나 슬퍼도 1분간만 미친 듯이 크게 웃어 보세요. 웃음은 무엇이든 극복할 수 있게 해 주거든요. 활짝 웃어보세요. 내가 웃으면 다른 사람들도 나를 보고 따라서 웃게 되지요. 그것을 보면 내 마음이 더욱 즐거워진답니다."

이 말은 대학 1학년 때 교통사고를 당해서 골반이 산산 조각난 아가씨가 하는 말입니다.

그녀의 몸은 횡격막도 찢어지고 폐도 심각한 손상을 입었습니다. 여성으로서의 기능을 모두 잃어버렸습니다. 이 아가씨가 휠체어에 앉은 채로 퇴원할 때 의사선생님들은 "평생 걷지 못할 수도 있다"고 말했습니다.

하지만 이 아가씨는 골반이 망가졌어도 하나님께서 도와주시면 걸을 수 있다고 믿고 노력했습니다.

그녀는 결국 걷게 되었습니다. 다리를 절지만 휠체어에서 일어나 걷기 시작했고 그 모습은 사람들에게 깊은 감동을 주었습니다. 그녀의 이름은 "엠마"입니다.

엠마는 가해자를 용서하고 모든 것을 감사함으로 받아들이고 시련을 극복하였습니다. 대학공부를 계속하고 있습니다.

모든 일에 감사하는 사람은 시련이 닥쳐도 잘 극복합니다. 감사하며 잘 웃는 사람은 성공합니다. 엠마 아가씨는 고통 받고 있는 사람들에게 이렇게 말해 주고 싶어 한답니다.

"아무리 어려워도 자기 일에만 너무 마음을 쓰지 마세요. 무슨 일이 생겨도 잘될 것이라는 믿음을 가지세요. 여러분 주위에 있는 모든 사람들에게 감사하세요. 하나님께 감사하고, 자신에게도 감사하세요. 그렇게 살아간다면 하루하루가 즐거워질 거예요."

이 이야기는 "감사의 힘"이라는 책에 나오는 실화입니다. 저는 이 책을 지난번에 대구에 갈 때 군위 휴게소에서 샀습니다. 이 책을 읽으며 제 마음속에도 감사가 넘쳐나기 시작했습니다.

고속도로가 생긴 것도 감사하고 고속도로를 달리다가 휴게소가 있다는 사실이 감사하고 휴게소 매점에서 책을 살 수 있어서 또한 감사합니다.

책을 읽을 수 있는 시력이 있음을 감사하고 이러한 전도지를 만들 수 있는 컴퓨터와 프린터가 있는 것이 감사합니다. 영양 장날에 사람들에게 전도지를 나눠 줄 수 있도록 후원해 주시는 분들이 있음을 감사하며 손을 내밀어 전도지를 받아서 읽는 분이 있어서 감사합니다.

제가 건네 주는 전도지가 필요 없다며 안 받는 사람이 있는 것도 감사합니다. 왜냐하면 전도지 제작비용이 절약되니까요.

아주 가끔씩 전도지의 글을 잘 쓴다며 칭찬해 주는 분들이 있어서 더욱 감사하고 또 화를 내며 전도지를 받는 즉시 찢어버리거나 휴지통에 버리는 분들에게도 역시 감사합니다.

왜냐하면 전도하다가 핍박받으면 하늘나라에 가서 큰 상을 받기 때문입니다.

〈마 5:10~12〉 "의를 위하여 박해를 받은 자는 복이 있나니 천국이 그들의 것임이라. 나로 말미암아 너희를 욕하고 박해하고 거짓으로 너희를 거슬러 모든 악한 말을 할 때에는 너희에게 복이 있나니 기뻐하고 즐거워하라. 하늘에서 너희의 상이 큼이라. 너희 전에 있던 선지자들도 이같이 박해하였느니라."

그래서 저는 핍박을 받은 후에 하늘의 상을 생각하며 억지로라도 웃으려고 애를 씁니다. 웃음치료에 관한 책을 읽어보면 억지로 웃는 것도 건강에 크게 도움이 된다고 합니다.

그러므로 우리 모두 억지로라도 크게 웃어봅시다. 으하하 하하…….

저는 다가오는 새해 첫 주일 예배 때 감천교회 교인들과 함께 시계를 보면서 1분간 크게 웃어보려고 합니다. 억지로라도 웃으면 기분이 상쾌해집니다.

〈살전 5:16~18〉 "항상 기뻐하라. 쉬지 말고 기도하라. 범사에 감사하라. 이것이 그리스도 예수 안에서 너희를 향하신 하나님의 뜻이니라."

해맞이 한다고 복을 받을까요?

해마다 이맘 때가 되면 많은 사람들이 해맞이를 하려고 정동진으로 모여 듭니다. 또 영양에서는 일월산에 가서 해맞이를 하는 사람들도 있습니다.

1월 1일 떠오르는 태양을 향하여 소원을 빌고 절을 하면 정말 소원이 이루어질 까요? 정말 복을 받게 될까요?

그것은 미신이요. 어리석은 생각입니다. 태양은 하나님이 만드신 많은 피조물 중의 하나입니다. 인격이 없습니다. 복을 주거나 재앙을 줄 수 있는 능력이 전혀 없습니다.

제가 살고 있는 감천 마을에도 몇 달 전 누군가가 조그만 탑을 세워 놓았습니다. 그런데 그 탑 주위를 뱅뱅 돌면서 합장을 하며 절을 하는 사람이 있습니다. 안타깝기 그지없습니다.

왜 만물의 영장이라고 하는 인간이 말도 못하고 걷지도 못하는 각종우상에게 절을 합니까? 왜 해와 달과 별을 향해서 절을 하고 소원을 빕니까? 그런 것들은 인간에게 복을 주지 못합니다. 오히려 그러한 우상을 섬기며 절을 하면 잡귀신들이 찾아 와서 도둑질하고 죽이고 멸망시키는 일을 합니다.

우상 숭배를 열심히 할수록 사람들은 더욱 고통을 받게 되고 집안에 우환이 그치지 않게 됩니다. 간혹 우상 숭배를 열심히 해서 부자도 되고 대통령도 되고 잘되는 경우도 있습니다. 하지만 영원히 잘되고 자자손손 잘 되는 것은 결코 아닙니다.

잡귀신들은 우상 숭배하는 자들을 잠시 잘되도록 도와주는 척하다가 영원한 지옥으로 끌고 갑니다. 귀신들은 하나님을 믿지 아니하고 예수님을 믿지 아니하는 사람들의 마음을 어둡게 만들고 혼미하게 만듭니다.

그리고 귀신들은 우울한 생각을 심어주기도 하고 자살 충동을 일으켜서 스스로 목숨을 끊게 하기도 합니다. 누구든지 예수님을 믿지 아니하면 귀신의 영향력에서 자유로워질 수 없습니다. 대학을 졸업하고 박사가 되고 교수가 되어도 예수님을 믿지 아니하면 귀신의 유혹에 넘어가서 온갖 죄를 짓게 되고 불행해지는 경우가 너무 많습니다.

그리고 예수님을 믿어도 정신 차려 기도하지 아니하고 성경도 읽지 아니하고 하나님의 말씀에 순종하지 아니하면 대단히 위험합니다. 귀신에게 미혹됩니다. 타락하게 되고 죄짓고 멸망하는 경우도 많습니다.

그러므로 우리는 예수님을 믿되 잘 믿어야 합니다. 그리고 해를 향하여 절을 하거나 소원을 빌면 복을 받는 것이 아니라 화를 당하게 됩니다. 복은 천지를 지으신 하나님께서 주십니다. 해를 향해서 절을 할 것이 아니라 해를 만드신 하나님을 찬양하고 하나님께 예배드려야 합니다.

오늘은 12월 31일입니다. 해맞이 하러 가지 말고 교회에 가서 송구영신 예배를 드려야 복을 받습니다.

〈출 20:3~4〉 "너는 나 외에는 다른 신들을 네게 두지 말라. 너를 위하여 새긴 우상을 만들지 말고, 또 위로 하늘에 있는 것이나, 아래로 땅에 있는 것이나, 땅 아래 물속에 있는 것의 어떤 형상도 만들지 말며, 그것들에게 절하지 말며 그것들을 섬기지 말라."

〈벧전 5:8〉 "근신하라. 깨어라. 너희 대적 마귀가 우는 사자같이 삼킬 자를 찾나니 너희는 믿음을 굳건하게 하여 그를 대적하라."

〈롬 1:21~23〉 "하나님을 알되 하나님을 영화롭게도 아니하며, 감사하지도 아니하고, 오히려 그 생각이 허망하여지며, 미련한 마음이 어두워졌나니 스스로 지혜 있다 하나 어리석게 되어, 썩어지지 아니하는 하나님의 영광을 썩어질 사람과 새와 짐승과 기어 다니는 동물 모양의 우상으로 바꾸었느니라."

돈을 사랑함이 일만 악의 뿌리가 되나니

어제 저는 제가 살고 있는 지역에서 최고의 부자 어른께서 돌아가셨다는 말을 들었습니다. 소문에 의하면 그 분은 췌장암 수술 후 7개월 만에 돌아가셨다고 합니다.

그 분의 장례식장에 진열된 화환이 아주 많이 들어왔다는 말을 들었습니다. 아마 그 분은 우리 지역에서 대단하신 분이 틀림없는 것 같습니다.

사람들은 부자를 부러워 합니다. 왜냐하면 부자는 돈으로 큰소리 칠 수 있고 돈으로 할 수 있는 일이 많기 때문일 것입니다.

부자가 고급승용차를 끌고 호텔에 가면 웨이터가 90°로 절을 하고 환영합니다. 그러나 허름한 옷을 입은 사람이 고물 자동차를 끌고 호텔에 가면 주차거부를 당할지도 모릅니다.

돈으로 예쁜 여자도 살 수 있고, 돈으로 잘 생긴 남자를 종으로 부릴 수도 있고, 돈으로 온갖 쾌락을 즐길 수 있습니다.

그런데 돈으로 할 수 없는 것도 있습니다. 돈으로 불치병을 고칠 수 없습니다. 돈으로 생명을 연장할 수 없습니다. 돈으로 참된 행복을 살 수 없습니다. 돈으로 진정한 친구를 얻을 수 없습니다. 돈으로 영생을 살 수 없습니다. 돈으로 천국을 살 수 없습니다.

미국의 큰 부자였던 "하워드 휴즈"라는 사람은 죽을 때에 호텔방에서 영양실조로 죽었다고 합니다. 아내와 자식들이 주는 음식에 독이 들어 있을까봐 먹지 못하고, 식당의 음식도 먹지 못하고, 쥬스만 조금씩 마시다가 영양실조와 정신병으로 불안에 떨다가 비참하게 죽었습니다.

돈만 많이 가지면 사람이 행복하게 살 수 있을까요? 아닙니다. 돈보다 더 소중한 것이 있습니다. 그것은 하나님의 아들이신 예수님을 구주로 믿는 믿음입니다.

하나님을 경외하고 하나님의 아들 예수님을 마음속에 구주로 영접할 때 참된 평화와 행복을 누리게 됩니다.

저는 어제 영양 버스 정류장 남자 화장실과 대합실 주위를 청소했습니다. 대합실 주변의 작은 배수로에 버려져 있는 담배꽁초를 손으로 일일이 주웠습니다.

저는 확신합니다. 담배꽁초를 버린 사람보다 그것을 손으로 줍는 제 마음이 더 행복할 것이라고 확신합니다.

부자들이 따뜻한 호텔방에서 고급 양주를 마시며 온갖 쾌락을 즐긴다 할지라도 그것은 진정한 행복이 아닙니다. 쾌락이 끝난 후에 죄책감과 허무감에 시달리게 될 것이 뻔합니다. 그런데 착한 부자들도 있습니다.

이명박 대통령께서 불우한 청소년들을 위해 331억이나 되는 자기 재산 대부분을 헌납한 것은 참으로 훌륭한 일입니다. 또 얼마 전 전북 전주시에서 어떤 사람이 자기 신분을 숨기고 8,000만원의 현금 상자를 주민 센터에 건네주었습니다. 어려운 사람들을 위해서 사용해 달라는 편지와 함께…….

그 분도 정말 멋진 사람임에 틀림없습니다.

새해에는 우리 모두 돈에 대한 욕심을 버리고 예수님을 믿고 감사하며 살기로 결단을 내려 봅시다.

〈딤전 6:7~12〉 "우리가 세상에 아무 것도 가지고 온 것이 없으매 또한 아무 것도 가지고 가지 못하리니, 우리가 먹을 것과 입을 것이 있은 즉 족한 줄로 알 것이니라. 부하려 하는 자들은 시험과 올무와 여러 가지 어리석고 해로운 정욕에 떨어지나니 곧 사람으로 파멸과 멸망에 빠지게 하는 것이라. 돈을 사랑함이 일만 악의 뿌리가 되나니 이것을 탐내는 자들은 미혹을 받아 믿음에서 떠나 많은 근심으로써 자기를 찔렀도다. 오직 너 하나님의 사람아. 이것들을 피하고 의와 경건과 믿음과 사랑과 인내와 온유를 따르며 믿음의 선한 싸움을 싸우라. 영생을 취하라."

구원의 확신

몇 년 전 우연히 제 아내가 아닌 다른 여자 분과 함께 단 둘이서 안동에 다녀온 적이 있습니다. 어색한 분위기를 깨기 위해서 그분과 이런 저런 대화를 나누다가 넌지시 물어 보았습니다.

"사모님은 나중에 천국에 갈 자신이 있습니까?"

"글쎄요. 자신이 없는데요."

제가 또 질문을 했습니다.

"사모님은 어떻게 해야 천국에 갈 수 있다고 생각하세요?"

"그야 뭐 착한 일을 많이 하면 천국에 갈 수 있지 않겠어요?"

많은 사람들이 이분처럼 생각하고 있습니다. 그런데 성경에는 이렇게 기록되어 있습니다.

〈요 3:14~16〉 "모세가 광야에서 뱀을 든 것 같이 인자도 들려야 하리니 이는 그를 믿는 자마다 영생을 얻게 하려 하심이니라. 하나님이 세상을 이처럼 사랑하사 독생자를 주셨으니 이는 그를 믿는 자마다 멸망하지 않고 영생을 얻게 하려 하심이라."

예수님을 믿기만 하면 영생을 얻는다고 성경에 기록되어 있습니다.

〈요 5:24〉 "내가 진실로 진실로 너희에게 이르노니 내 말을 듣고 또 나 보내신 이를 믿는 자는 영생을 얻었고 심판에 이르지 아니하나니 사망에서 생명으로 옮겼느니라."

그러면 우리가 착한 일을 해야 하는 이유는 무엇일까요? 그것은 우리가 예수님을 믿어서 하나님의 자녀가 되었으니까 감사해서 착한 일을 하는 것입니다.

이미 구원받고 영생을 얻었으니까 하나님의 은혜와 예수님의 사랑에 감사해서 그 은혜를 보답하는 마음으로 착한 일을 하는 것입니다.

어느 날 한 청년이 무디 선생님을 찾아 왔습니다.

"무디 선생님, 제가 죽으면 천국에 갈 수 있을지 자신이 없어서 늘 불안합니다. 어떻게 하면 좋겠습니까?"

"요한복음 5장 24절을 읽어보게. '내가 진실로 진실로 너희에게 이르노니 내 말을 듣고 나 보내신 이를 믿는 자는 영생을 얻었고' 예수님은 '진실로 진실로'라고 두 번 반복하시면서 진리를 분명히 알아들으라고 강조하셨지. '영생을 얻게 될 것이고'가 아니네. 믿는 자는 영생을 얻었고 심판에 이르지 아니하나니 사망에서 생명으로 옮겨졌다고 확실히 말씀하셨다네."

무디는 친절히 설명한 후 다시 청년에게 물었습니다.

"자네는 예수님을 믿는가?" "예, 예수님을 믿습니다."

"그렇다면 영생을 얻었는가?" "그건 잘 모르겠어요."

무디는 요한복음 5장 24절을 다시 읽어보라고 했습니다. 청년이 다시 읽자 똑같은 질문을 했습니다.

"자네는 예수를 믿는가?" "네, 분명히 믿습니다."

"그러면 영생을 얻었는가?" "글쎄요, 제가 그걸 잘 모르겠습니다."

"성경을 다시 읽어보게."

청년은 다시 똑같은 성경 말씀을 읽었습니다. 그래도 영생을 잘 모르겠다고 대답하자 무디는 크게 호통을 쳤습니다.

"예수님이 영생을 얻었다고 하시면 영생을 얻은 것이지 자네가 감히 하나님의 말씀을 의심하는가?"

그 책망에 정신이 번쩍 든 청년은 "내가 믿는 것은 틀림없어. 내가 믿으니까 영생이 있는 거야."라고 깨닫게 되었습니다.

구원의 도리를 깨닫게 된 청년은 그 후로 열심히 신앙생활을 했고, 신학을 공부하여 무디교회의 책임자가 되었습니다.

이 청년의 이름은 '윌버 채프만'입니다. 그는 목사가 되어서 "믿는 자는 영생을 얻었고"라는 설교로 많은 사람들에게 구원의 확신을 심어주었습니다.

전도해야 하는 이유

어떤 사람이 제게 말했습니다.

"왜 감천교회는 그렇게 야단스럽게 전도를 합니까? 전도 안 해도 예수 믿고 싶은 사람은 다 알아서 교회에 갈 텐데 뭣 하러 추운데 전도한다고 돌아다니십니까?"

많은 사람들이 전도 안 해도 예수님을 믿고 싶은 사람은 믿게 될 거라고 말합니다. 그러나 사실은 그렇지가 않습니다. 인간은 미련해서 예수님이 어떤 분이신지 알려 주어도 자꾸만 잘못된 길로 나아갑니다.

〈롬 10:13~15〉 "누구든지 주의 이름을 부르는 자는 구원을 받으리라. 그런즉 그들이 믿지 아니하는 이를 어찌 부르리요. 듣지도 못한 이를 어찌 믿으리요. 전파하는 자가 없이 어찌 들으리요. 보내심을 받지 아니하였으면 어찌 전파하리요. 기록된바 아름답도다! 좋은 소식을 전하는 자들의 발이여 함과 같으니라."

전도하지 아니하면 신앙심이 시들해지고 믿는 사람인지 믿지 아니하는 사람인지 구별이 안 됩니다. 그러나 전도를 열심히 하면 내

신앙이 확실해지고 믿음이 흔들리지 않게 됩니다. 또한 전도를 해야 복을 받게 됩니다. 전도하지 아니하면 화를 당하게 된다고 성경에 기록되어 있습니다.

〈고전 9:16〉 "내가 복음을 전할지라도 자랑할 것이 없음은 내가 부득불 할임이라. 만일 복음을 전하지 아니하면 내게 화가 있을 것임이로다."

그러므로 우리는 전도를 열심히 해야 합니다.

왜 전도해야 할까요? 복음 외에는 이 세상을 구원할 방법이 전혀 없기 때문입니다. 어제 제가 살고 있는 감천마을 경로당에 갔더니 연세 드신 어른들께서 "지구 온난화"에 대해 걱정들을 하시더군요. 감천 어르신들은 상당히 수준이 높다고 생각됩니다.

그런데 아직도 예수님에 대해서는 모르시는 분들이 많습니다. 그저 남에게 악한 일하지 않고 선하게 살면 좋은 데 가는 줄로 알고 계십니다.

그런데 성경에는 "의인은 없나니 하나도 없으며 깨닫는 자도 없고 다 치우쳐 함께 무익하게 되고 선을 행하는 자는 없나니 하나도 없도다."(롬 3:10~12)

"모든 사람이 죄를 범하였으매 하나님의 영광에 이르지 못하더니"(롬3:23)라고 기록되어 있습니다.

우리는 예수님을 꼭 믿어야 합니다. 오직 예수님만이 우리의 죄를 대신하여 십자가에서 죽으시고 3일 만에 다시 살아나셨습니다.

누구든지 이 예수님을 믿으면 모든 죄를 용서받고 구원받습니다. 예수님을 믿으면 영생을 선물로 받게 됩니다. 예수님을 믿으면 끔찍하고 무서운 지옥에 가지 않고 아름다운 천국에 들어가서 영원히 복을 누리며 살게 됩니다.

〈롬 6:23〉 "죄의 삯은 사망이요, 하나님의 은사(선물)는 그리스도 예수 우리 주 안에 있는 영생이니라."

〈요 3:16〉 "하나님이 세상을 이처럼 사랑하사 독생자를 주셨으니 이는 그를 믿는 자마다 멸망하지 않고 영생을 얻게 하려 하심이라."

뱀 잡으면 죄

어제 감천경로당에 갔더니 어떤 할아버지께서 뱀 잡으면 종교적으로 죄가 되느냐고 물으셨습니다. 또 어떤 분은 독사는 사람을 해칠 수도 있으니까 잡는 것을 법으로 금해서는 안 된다고 하셨습니다. 기독교는 그러한 일로 사람을 얽어매지 않습니다.

〈창 1:28〉 "하나님이 그들에게 복을 주시며 하나님이 그들에게 이르시되 생육하고 번성하여 충만 하라. 땅을 정복하라. 바다의 물고기와 하늘의 새와 땅에 움직이는 모든 생물을 다스리라 하시니라."

기독교는 누구든지 예수님을 믿기만 하면 구원받고 천국에 가서 영원히 복을 누리며 살 수 있다고 가르칩니다.

그러면 십계명을 비롯한 성경의 많은 가르침은 필요 없는 것일까요?

그렇지는 않습니다. 구원은 믿음으로 받지만 이 땅에서 복을 누리며 살기 위해서는 계명을 지키며 성경의 가르침에 순종해야 합니다.

십계명을 비롯한 여러 가지 성경의 가르침은 하나님께서 우리를 괴롭히려고 만드신 것이 아닙니다. 교통질서를 지켜야 자동차를 타고 즐거운 드라이브를 할 수 있습니다. 이와 마찬가지로 하나님이 만드신 이 세상의 영적인 법을 지켜야 사람답게 바르고 행복하게 살 수 있습니다.

십계명은 우리를 보호해주는 울타리와 같습니다. 가축이 울타리 안에 있어야 안전합니다. 울타리를 넘어서 제 마음대로 돌아다니면 사나운 짐승에게 잡아먹히게 됩니다.

사람도 마찬가지입니다. 하나님이 만드신 울타리와 같은 십계명을 지켜야 사람답게 행복하게 살 수 있습니다.

십계명을 어기고 제 마음대로 방탕하게 살면 마귀, 사탄에게 속아서 도둑질당하고 죽임을 당하고 멸망을 당하게 됩니다.

〈요 10:10〉 "도둑이 오는 것은 도둑질하고 죽이고 멸망시키려는 것뿐이요, 내가 온 것은 양으로 생명을 얻게 하고 더 풍성히 얻게 하려는 것이라."

십계명을 지키면 우리의 생활이 더욱 즐거워지고 참된 기쁨과 평화를 누리게 됩니다. 그러나 계명을 지키지 아니하면 마귀에게 틈을 주게 되어서 우리의 행복을 빼앗기게 되고 고통을 당하게 됩니다.

그러면 구약성경 출애굽기 20장에 기록된 10계명을 잠시 살펴보기로 하겠습니다.

제1계명 : 너는 나 외에는 다른 신들을 네게 두지 말라.

제2계명 : 너를 위하여 새긴 우상을 만들지 말고, 또 위로 하늘에 있는 것이나, 아래로 땅에 있는 것이나, 땅 아래 물속에 있는 것의 어떤 형상도 만들지 말며, 그것들에게 절하지 말며, 그것들을 섬기지 말라.

제3계명 : 너는 네 하나님 여호와의 이름을 망령되이 부르지 말라.

제4계명 : 안식일을 기억하여 거룩하게 지키라.

제5계명 : 네 부모를 공경하라.

제6계명 : 살인하지 말라.

제7계명 : 간음하지 말라.

제8계명 : 도둑질하지 말라.

제9계명: 네 이웃에 대하여 거짓 증거 하지 말라.

제10계명: 네 이웃의 집을 탐내지 말라.

어떻게 살면 이 땅에서도 행복하게 살고 또 죽은 후 내세에서도 영생복락을 누리며 살 수 있을까요?

그것은 예수님을 믿는 것입니다. 그리고 10계명을 비롯한 성경말씀에 순종하며 사는 것입니다.

놀부의 여동생

놀부의 여동생 이름은 놀순이, 놀숙이, 놀자입니다. 그러면 놀부의 남동생 이름은 무엇일까요?(정답은 끝부분에 있습니다.)

저는 오늘 개그맨 마감성씨가 쓴 책 "입 뒀다 뭐하냐?"를 읽다가 웃음을 터뜨렸습니다. 또 있습니다. 부자 아빠가 되는 가장 쉬운 방법은 무엇일까요?(정답은 역시 끝부분에……)

그 책에 실린 내용 중에 이런 글귀도 좋은 글이라고 생각합니다.

"어떤 말을 만 번 이상하면 반드시 미래에 그 일이 이루어진다." -인디언 속담- 말의 중요성을 다시 한 번 깨닫게 해주는 군요. 한 가지만 더 소개할게요.

"행복해서 웃는 것이 아니라 웃으면 행복해진다." 이 말도 늘 기억하고 싶은 좋은 말입니다.

저는 며칠 전 새벽 2시에 요란한 전화벨 소리에 잠을 깨어 전화를 받았습니다. 귀에 익은 듯 하며 술 취한 여자 음성이 들려왔습니다. 다행히 통화를 짧게 끝내 주어서 그 분에게 고마운 마음을 품고 다시 잠을 잘 수 있었습니다.

얼마나 괴로웠으면 술을 마시고 새벽 2시에 교회로 전화했을까? 곰곰이 생각해보니 그 분의 아픈 마음이 이해가 되었습니다.

이 세상에는 온갖 상처와 괴로움으로 술을 찾는 사람들이 많습니다. 그러나 술은 사람의 문제를 더 어렵게 할 뿐이지 해결해 주지 못합니다.

술 장사하시는 분들에게는 죄송하지만 술은 끊어야 합니다. 그런데 인간의 의지로 좀처럼 끊기가 어렵습니다. 그러나 교회에 나와서 예수님을 믿으면 쉽습니다.

미국의 부시(George Walker Bush,1946~) 대통령도 한 때는 술에 찌들어 방탕했던 적이 있습니다. 그런데 그에게는 에번스(Donald Evans, 1946~)라는 예수님을 잘 믿는 친구가 있었습니다. 이 친구가 부시의 생일날 그를 교회로 인도하고 성경을 읽으라고 간곡히 권유했습니다. 부시는 그 친구의 권유를 받아들이고 매일 성경을 읽으며 교회생활을 시작했습니다. 그는 하나님의 도우심으로 사업가로 성공을 하고 주지사를 거쳐 미국의 대통령이 되었습니다. 만일 부시가 계속해서 술에 찌들어 살았더라면 대통령도 되지 못하고 쓸모없는 사람이 되거나 폐인이 되어서 죽었을는지도 모릅니다.

예수님을 믿으면 술을 끊을 수 있습니다. 예수님을 믿으면 자신감을 가질 수 있습니다. 예수님을 믿으면 누구든지 행복하게 살 수 있습니다.

저는 원래 우울하고 열등감이 많았던 사람입니다. 게다가 말을 좀 더듬기까지 했습니다. 그런데 예수님을 믿고 나서부터 자신감을 가지게 되었습니다. 그래서 여러 사람 앞에서 말을 많이 하는 전도사가 되었습니다. 영양 장날에 큰 소리로 예수님을 믿으라고 소리치는 복음 전도자가 되었습니다.

예수님을 믿으면 행복해 집니다. 예수님을 믿으면 자신감을 가지게 됩니다. 예수님을 믿으면 모든 문제를 극복할 수 있습니다.

〈행 16:31〉 "주 예수를 믿으라. 그리하면 너와 네 집이 구원을 받으리라."

〈요 3:16〉 "하나님이 세상을 이처럼 사랑하사 독생자를 주셨으니 이는 그를 믿는 자마다 멸망하지 않고 영생을 얻게 하려 하심이라."

* 놀부의 남동생 이름은 흥부이고, 부자 아빠 되는 쉬운 방법은 자녀 이름을 '부자'로 지으면 됩니다.

구두닦이 소년이 대학 교수가 되다.

아주 가난한 집에서 태어나 구두닦이를 하며 야간고등학교에 다니던 소년이 유학을 마치고 대학교수가 되었습니다.

그는 건국대 교수와 부총장을 역임했던 류태영 박사입니다. 좋은 환경 속에서도 불평하며 실패자의 삶을 사는 사람이 있습니다. 이와 반대로 나쁜 환경 속에서도 감사하며 열심히 노력하여 성공하는 사람도 있습니다.

류태영 박사는 청소년 시절에 너무 굶어서 영양실조로 여러 번 쓰러지기도 했습니다. 배가 너무 고파서 쓰레기통을 뒤져서 식은 밥

덩어리를 주워 먹기고 하고, 곰팡이 나서 버린 빵을 주워 곰팡이를 대충 뜯어내고 먹기도 했습니다.

그러던 그가 어떻게 성공할 수 있었을까요? 어려움을 딛고 꿈을 향하여 달려갔던 그의 용기와 신념은 도대체 어디로부터 왔을까요? 덴마크 국왕에게 편지를 써서 덴마크 정부의 도움을 받아 전액 장학생으로 유학공부를 했던 그의 지혜와 두둑한 배짱은 어디로부터 나왔을까요? 그의 용기와 지혜와 신념은 위로부터 왔습니다. 천지를 지으신 하나님께서 이 가난한 구두닦이 소년에게 꿈과 용기와 굳센 의지력을 주셨습니다.

그는 길거리에서 잠을 자고 거지같은 생활을 하면서도 꿈과 믿음을 잃지 않았습니다. 하나님을 향한 믿음과 꿈을 가진 사람은 어떤 역경이 와도 흔들리지 않습니다. 포기하지 않습니다. 포기하지 않는 사람은 마침내 꿈을 이루고야 맙니다.

하나님께서는 포기하지 않는 사람을 도와 주십니다. 도전해 보지도 않고 쉽게 포기하고 좌절하고 낙심하는 사람은 성공할 수 없습니다.

〈빌 4:13〉 "내게 능력 주시는 자 안에서 내가 모든 것을 할 수 있느니라."

〈막 9:23〉 "예수께서 이르시되 '할 수 있거든' 이 무슨 말이냐? 믿는 자에게는 능히 하지 못할 일이 없느니라 하시니"

류태영 박사는 비록 찢어지게 가난한 집에서 태어났지만 어릴 때부터 교회를 다녔습니다. 교회를 다니며 믿음을 가지게 되면 역경을 극복하는 놀라운 힘을 공급받습니다.

세계적으로 뛰어난 훌륭한 인물들을 자세히 살펴보면 기독교인들이 아주 많습니다. 왜 그럴까요? 천지를 지으신 하나님께서 살아계시고 그분의 말씀에 순종하며 노력하는 사람에게 복을 주시기 때문입니다.

제가 서울에서 노점장사를 할 때에 가끔 KFC 매장 앞에서 장사를 했던 적이 있습니다. 그 매장 앞에는 늘 허연 수염을 기른 백인 할아버지의 큰 그림이나 인형을 세워놓았습니다. 그 할아버지는 KFC의 창업자 "샌더스"할아버지입니다.

"샌더스"는 실패를 거듭하다가 65세에 켄터기 후라이드 치킨(Kentucky Fried Chicken)을 개발하여 세계 80여개 나라에 매장을 열고 크게 성공을 하였습니다. 그는 기독교 신자로서 75세에는 자신의 회사를 다른 사람에게 넘기고 지금은 열심히 예수님의 복음을 전파하는 일에만 전념하고 있다고 합니다. 샌더스는 65세까지 빛을 보지 못했지만 65세 때부터 사업에 크게 성공을 했습니다.

우리는 외모, 학벌, 연령에 상관없이 예수님을 믿고 열심히 기도하며 노력하면 누구나 성공할 수 있고 행복하게 잘 살 수 있습니다.

며칠 전 이웃마을에서 20대의 젊은 경찰관이 자살을 했습니다. 저는 그 소식을 듣고 너무 마음이 아팠습니다. 어려운 일이 있어도 예수님을 믿고 하나님을 의지하면 하나님께서 지칠 줄 모르는 새 힘을 부어주실 텐데 너무 안타까운 일입니다.

혹시 이 글을 읽으시는 분 중에도 인생살이가 너무 힘들어서 자살을 생각하시는 분이 있다면 예수님을 믿으시고 꿈과 소망을 갖게 되시기를 바랍니다.

〈마 11:28〉 "수고하고 무거운 짐 진 자들아, 다 내게로 오라. 내가 너희를 쉬게 하리라. 나는 마음이 온유하고 겸손하니 나의 멍에를 매고 내게 배우라. 그리하면 너희 마음이 쉼을 얻으리니 이는 내 멍에는 쉽고 내 짐은 가벼움이라 하시니라."

누구든지 예수님을 믿으면 참된 평화와 위로를 얻게 됩니다. 시련과 역경을 이길 수 있는 지칠 줄 모르는 새 힘을 위로부터 공급받게 됩니다.

하얀 지팡이로 돌진하는 남자

어느 나른한 초여름 오후, 미니스커트와 배꼽티를 입은 날씬한 아가씨가 길가에 서서 정신없이 휴대폰으로 문자를 날리고 있었습니다.

그런데 이 아가씨의 늘씬한 다리 사이로 하얀 지팡이를 집어넣으며 돌진하는 한 남자가 있었습니다.

"어머나! 이게 무슨 짓이에요? 뭐 이런 남자가 ……?"

그런데 그 남자는 앞을 전혀 보지 못하는 맹인이었습니다. 맹인으로서 한국 최초의 박사가 된 강영우 박사가 실수했던 이야기입니다.

맹인은 아무것도 할 수없는 무능한 사람으로 생각하기 쉽습니다. 그러나 강영우 박사는 맹인이지만 예수님을 확실히 믿는 믿음을 가지고 또한, 정직한 태도로 크게 성공을 하였습니다.

그는 중학교 2학년 때 축구공에 얼굴을 맞고 양쪽 눈을 모두 실명하고 장님이 되고 말았습니다. 홀어머니 마저 돌아가시고 누나도 죽고 동생 2명도 뿔뿔이 흩어지고 졸지에 고아가 되고 말았습니다.

그러나 교인들의 도움으로 연세대학교를 졸업하고 미국 유학을 거쳐 박사가 되고 대구대학교 교수가 되었습니다. 그리고 미국의 부시 대통령의 임명과 상원의원들의 인준을 받아서 한국인으로서 최고위 공직자가 되었습니다.

그의 두 아들 중 한명은 변호사가 되고 한 명은 안과의사가 되었습니다.

한국을 빛내는 자랑스러운 인물이 되었습니다.

누구든지 예수님을 믿고 정직하고 성실한 태도로 노력하면 하나님께서 도와주십니다. 길을 열어 주십니다.

앞 못 보는 시각 장애인도 정직한 신앙과 성실한 태도로 역경을 헤쳐 나가는데 사지가 멀쩡한 사람들이 환경을 탓하고 부모나 배우자를 탓하면서 좌절하거나 낙심해서야 되겠습니까?

특별히 예수님을 믿는 사람은 아무리 어려운 일이 닥쳐도 포기하면 안 됩니다. 포기는 김장철에 배추를 셀 때나 사용하고 보통 때는 생각하지도 말고 입에 담지도 맙시다.

지난주에는 영양고등학교에서 고1, 고2 학생들을 서울 명문대 캠퍼스를 견학시키는 행사를 했습니다. 참 의미 있는 일입니다.

저는 몇 년 전에 강헌구 교수님이 쓰신 "아들아, 머뭇거리기에는 인생이 너무 짧다."라는 책을 읽어보았습니다. 그 책은 청소년들에게 정직한 마음과 꿈을 가질 것을 강조하고 있습니다. 또한 그 책의 저자는 기독교인이며 성경을 바탕으로 해서 쓴 책입니다.

그런데, 그 책도 좋지만 성경을 직접 읽으면 더 좋습니다. 매일 성경을 읽으며 기독교 신앙을 가질 때에 역경을 극복하는 신비한 힘을 공급받습니다.

성경을 읽을 때에 정직하고 성실한 태도를 기르게 되고 좋은 꿈과 비전을 품게 됩니다. 그러나 성경을 멀리하고 인간적인 욕심이나 야망은 쉽게 물거품처럼 사라지게 됩니다.

하나님이 주시는 좋은 꿈을 잉태해야 합니다. 좋은 꿈은 품기 위해서는 예수님을 진실하게 믿고 죄를 회개하고 정직한 사람이 되어야 합니다.

거짓말하고 음란하고 이기적인 사람은 좋은 꿈을 품을 수 없습니다. 하나님은 정직한 사람을 도와주십니다. 저는 강영우 박사가 쓴 책을 몇 권 읽어보았습니다. 그는 정직하고 부지런한 사람입니다. 성경 창세기에 나오는 요셉도 정직하고 부지런한 사람입니다. 사자굴에서 살아난 다니엘도 정직하고 부지런한 사람입니다.

우리 모두 예수님을 바로 믿고 정직한 사람이 되어서 하나님과 이웃을 위해 봉사하는 저와 여러분이 되었으면 참 좋겠습니다.

〈신 6:18〉 "여호와께서 보시기에 정직하고 선량한 일을 행하라.

〈시 84:11〉 "여호와 하나님은 해요, 방패이시라 . 여호와께서 은혜와 영화를 주시며 정직하게 행하는 자에게 좋은 것을 아끼지 아니하실 것임이니 이다."

〈왕상 15:5〉 "이는 다윗이 헷 사람 우리야의 일 외에는 평생에 여호와 보시기에 정직하게 행하고 자기에게 명령하신 모든 일을 어기지 아니하였음이니라."

〈잠 2:6~7〉 "대저 여호와는…… 정직한 자를 위하여 완전한 지혜를 예비하시며 행실이 온전한 자에게 방패가 되시나니"

빛과 어두움

'아아티' 라는 조그만 나라에 지진이 일어나서 많은 사람이 죽었습니다. 전 국민 900만 명 중에 3분의 1에 해당하는 300만 명이 죽었다고 합니다. 부상을 당하고 살아남은 사람들을 위해서 한국교회가 팔을 걷어붙이고 나섰습니다.

국민일보를 보니 수천만 원에서 1억 원 이상 기부한 교회이름이 많이 실려 있더군요. 하지만 제가 섬기는 영양 감천교회는 20여명 정도 모이는 조그만 교회이니까 5만원 혹은 10만원만 기부해도 욕을 먹지는 않겠구나하고 생각했습니다. 부담되지 않을까 조금 염려스러웠지만 교인들에게 돈을 좀 내시라고 말씀드렸습니다.

가수 김장훈씨는 어머니가 목회하는 개척교회와 어려운 사람들을 위해서 지난 10년 동안 40억 원을 기부했다고 합니다. 자신은 집 한 채도 없이 24평짜리 아파트에 월세를 산다고 합니다. 가수 장나라 그리고 이명박 대통령도 자신의 재산 대부분인 330억 원을 어려운 청소년을 위해서 기부했습니다. 이번에 아이티 사람들을 위해서 중소기업을 운영하는 어떤 교인은 자신의 이름을 밝히지 않고 1억 원을 기부했습니다.

그런데 기독교인들이 가장 많이 선한 일을 하면서도 가장 많이 욕을 먹기도 합니다. 왜 그럴까요? 이 세상에는 어두움에 속한 사람들이 많이 있기 때문입니다.

〈요 3:19~21〉 "그 정죄는 이것이니 곧 빛이 세상에 왔으되 사람들이 자기 행위가 악하므로 빛보다 어둠을 더 사랑한 것이니라. 악을 행하는 자마다 빛을 미워하여 빛으로 오지 아니하나니 이는 그 행위가 드러날까 함이요. 진리를 따르는 자는 빛으로 오나니 이는 그 행위가 하나님 안에서 행한 것임을 나타내려 함이라 하시니라."

예수님은 빛이십니다. 그리고 예수님을 믿으면 빛의 자녀가 됩니다.

〈엡 5:8~9〉 "너희가 전에는 어둠이더니 이제는 주 안에서 빛이라. 빛의 자녀들처럼 행하라. 빛의 열매는 모든 착함과 의로움과 진실함에 있느니라."

당신은 예수님을 믿고 빛의 자녀가 되었습니까? 그렇다면 세상이 당신을 미워하는 것을 이상하게 생각하지 마십시오. 세상은 빛 되신 예수님을 미워하고 십자가에 못 박아 죽이기까지 했습니다.

〈요 15:18~19〉 "세상이 너희를 미워하면 너희보다 먼저 나를 미워한 줄을 알라. 너희가 세상에 속하였으면 세상이 자기의 것을 사랑할 것이나, 너희는 세상에 속한 자가 아니요, 도리어 내가 너희를 세상에서 택하였기 때문에 세상이 너희를 미워하느니라."

예수 믿는 사람은 모두 다 부자가 되어야 하는 것은 아닙니다. 모두 다 출세하고 성공해야 하는 것도 아닙니다. 그러나 우리는 모두 다 착한 일을 해야 합니다. 예수님께서는 우리에게 이웃을 사랑하라고 명령하셨습니다. 가난한 자, 병든 자, 감옥에 갇힌 자, 소외된 자, 고통 당하는 자를 돌아보라고 말씀하셨습니다.

입으로만 믿는 다고 하지 말고, 믿음을 행동으로 실천하라고 명령하셨습니다. 입으로만 믿는 것은 쉽습니다. 그러나 실천하는 것은 어렵습니다. 실천하려면 내가 희생해야 하고 내가 수고해야 하고 내가 손해를 보아야 합니다. 그런데 손해 보는 것 같지만 움켜쥐고 있을 때보다 훨씬 큰 행복과 기쁨을 누리게 됩니다.

〈잠 11:24~25〉 "흩어 구제하여도 더욱 부하게 되는 일이 있나니 과도히 아껴도 가난하게 될 뿐이니라. 구제를 좋아하는 자는 풍족하여질 것이요, 남을 윤택하게 하는 자는 자기도 윤택하여 지리라."

참된 기쁨

항상 기뻐하는 것은 교인들의 특징입니다. 만일 교회 다니는 사람이 늘 우울해하고 불평하고 화를 잘 낸다면 그 사람은 진실한 신자가 아닙니다.

진실한 교인은 늘 기뻐합니다. 늘 행복해 합니다. 왜 행복해 할까요? 하늘나라의 영원한 소망을 바라보기 때문입니다. 죄를 용서받았기 때문입니다. 천국에서 영원히 복을 누리며 산다는 확신이 있기 때문입니다. 또한 날마다 하나님의 사랑을 느끼기 때문에 교인들은 늘 기뻐하며 감사하며 행복하게 살 수 있습니다.

어떤 사람들은 말합니다. 예수쟁이들은 재미없는 사람들이라고…….

술 마실 줄도 모르고 바람도 피우지 않고 고스톱도 안치고 무슨 재미로 사느냐고 말합니다.

술을 마실 때도 물론 기쁨이 있고 바람 피우고 여러 가지 죄를 지을 때도 짜릿한 기쁨이 있겠지요? 그러나 그러한 기쁨은 참된 기쁨이 아닙니다. 오랫동안 영원히 계속되는 기쁨도 아니고요. 잠시 쾌락이 지나가면 허무와 공허감 그리고 죄책감과 수치심이 밀물처럼 밀려와서 더 큰 고통과 괴로움으로 또 술을 찾게 되고 더 큰 쾌락을 찾아 헤매게 됩니다.

예수님 안에서만 진정한 행복과 영원한 기쁨을 누릴 수 있습니다. 예수님을 떠나서 하나님을 떠나서 얻는 일시적인 기쁨과 쾌락은 바닷물과 같습니다. 바닷물은 마실수록 더 큰 갈증을 불러일으키고 결국 죽음을 가져옵니다.

세상 쾌락은 추구하면 추구할수록 더 큰 욕망과 허기를 느끼게 하고 결국 영원한 멸망을 가져오게 됩니다. 요한복음 4장에 나오는 수가성 우물가의 여인은 결혼을 5번했지만 모두 실패했습니다. 6번째 또 어떤 남자와 동거를 시작했지만 이 남자도 역시 그녀를 행복하게 해주지 못했습니다.

그러다가 그 여인은 예수님을 만났습니다. 예수님이 길이요, 진리요, 생명이신 것을 깨닫게 되었습니다. 예수님이 세상에서 가장 귀한 분이심을 깨닫게 되었습니다.

물동이를 버려두고 마을 사람들에게 전도하기 시작했습니다. 이 여인은 예수님을 만난 이후 너무나도 기쁘고 행복하게 살았습니다.

미국의 유명한 여배우 "마릴린 몬로"도 얼굴이 아주 예쁘고 몸매도 아름다웠습니다. 돈 많은 많은 남자들이 그녀를 사랑했습니다. 케네디 대통령도 그녀를 사랑했습니다. 그러나 마릴린 몬로는 행복하지 못했습니다. 많은 수면제를 한꺼번에 먹고 38살 젊은 나이에 자살하고 말았습니다.

행복은 어디에서 오는 걸까요? 참된 기쁨은 누가 줄 수 있을까요?

하나님의 아들 예수님만이 우리 인생의 참된 기쁨이 되십니다. 누구든지 예수님을 만나고 예수님을 경험하면 슬픔이 사라지고 기쁨이 찾아옵니다. 놀라운 변화가 일어납니다.

죄를 회개하고 예수님을 구주로 영접하면 이전에 깨닫지 못하던 영적 세계를 알게 되고 큰 기쁨을 누리게 됩니다. 그 기쁨이 너무 크고 감격스러워서 핍박을 받아도 낙심하지 않습니다.

참된 기쁨과 행복은 많은 재산으로부터 오는 것이 아닙니다. 인기나 높은 지위나 권력, 혹은 아름다운 외모에서 오는 것도 아닙니다.

참된 기쁨과 진정한 행복은 예수님께로부터 옵니다.

〈시 16:11〉 "주께서 생명의 길로 내게 보이시리니 주의 앞에는 충만한 기쁨이 있고 주의 오른쪽에는 영원한 즐거움이 있나이다."

〈시 5:11〉 "그러나 주께 피하는 모든 사람은 다 기뻐하며 주의 보호로 말미암아 영원히 기뻐 외치고 주의 이름을 사랑하는 자들은 주를 즐거워하리이다."

〈살전 5:16~18〉 "항상 기뻐하라. 쉬지 말고 기도하라. 범사에 감사하라. 이것이 그리스도 예수 안에서 너희를 향하신 하나님의 뜻이니라."

꿈을 이루는 방법

복음성가 중에 이런 노래가 있습니다.

"내 하나님은 크고 힘 있고, 능 있어 못 할 일 전혀 없네. 내 하나님은 크고 힘 있고, 능 있어 못 할 일 전혀 없네. 저 산들도 그의 것 바다도 그의 것 별들도 그의 솜씨. 내 하나님은 크고 힘 있고, 능 있어 못 할 일 전혀 없네."

꿈은 사람을 행복하게 만들어 줍니다. 꿈은 꿈꾸는 사람을 부지런하게 만들어 줍니다. 꿈을 품고 있으면 눈이 빛나고 목소리에 자신감이 묻어나옵니다.

우리는 교회 부흥의 꿈을 꾸어야 합니다. 교회가 부흥하는 꿈은 좋은 꿈입니다. 교회가 부흥하면 마을이 잘 되고 도시가 잘 되고 나라가 잘 됩니다. 교회는 지역사회의 소망이요, 대한민국의 소망입니다. 교회가 깨어서 기도하고 교인들이 도덕적인 본을 보일 때 우리 민족은 희망이 있습니다. 그러나 교회가 부패하고 타락하면 그 나라에 희망이 없습니다. 하나님은 교회를 통해서 복을 주십니다.

황수관 박사는 초등학교 교사로 만족하지 않고 대학교수가 되는 꿈을 꾸었습니다. 이명박 청소부는 환경미화원의 옷을 벗고 대통령이 되는 꿈을 꾸며 열심히 노력했습니다. 꿈이 있는 사람은 시간을 함부로 낭비하지 않습니다. 꿈이 있는 사람은 실패해도 다시 일어섭니다. 찬란한 꿈을 꾸는 사람은 남을 비판할 시간이 없습니다. 쓸데없이 남의 흉이나 보고 남을 비판하느라 에너지를 소모하는 사람은 불쌍한 사람입니다.

이러한 사람은 복을 받지 못합니다. 내가 잘되고 복을 받기 원한다면 남을 칭찬하고 복을 빌어 주어야 합니다. 저는 거의 매일 나라와 민족을 위해서 영양과 청송지역의 42개 교회 이름을 하나하나 불러가며 복을 빌어주는 기도를 합니다. 왜냐하면 이웃교회를 위해서 남을 위해서 기도를 많이 해주면 나도 함께 복을 많이 받기 때문입니다.

이명박 대통령의 어머니는 자기 가족보다 남을 위해서 기도를 많이 했다고 합니다. 그분은 시장에서 노점상을 하며 가난하고 힘들게 살았지만 자녀들이 잘 되는 꿈을 꾸며 매일 새벽마다 잠자는 자녀들을 깨워서 무릎 꿇게 하고 기도했습니다. 나라와 민족을 위해 기도하고 동네 사람들의 이름을 하나하나 불러가며 기도하고 맨 나중에 자녀들을 위해서는 간단히 기도했습니다. 건전한 꿈, 하나님 보시기에 합당한 꿈을 꾸는 사람은 남을 위해 기도해 주는 여유가 있습니다.

남의 행복을 위해 기도해 주며 주님을 기쁘시게 하는 좋은 꿈을 꾸면 하나님이 도와주십니다.

그런데 꿈을 다른 사람에게 이야기하면 시기하거나 질투하는 사람이 생기기 마련입니다. 그래도 계속 꿈을 말하고 꿈을 향하여 달려가면 결국 그 꿈을 이루게 됩니다.

그리고 꿈을 이루기 위해서는 반드시 대가를 치러야 합니다. 눈물과 땀과 때로는 피를 흘려야 합니다. 꿈이 강렬하면 기꺼이 수고하고 희생하고 땀과 눈물을 흘릴 수 있습니다.

그러나 꿈이 없거나 꿈이 너무 작으면 자기도 모르게 게을러지고 나태해지게 됩니다. 크고 강렬한 꿈을 꾸며 목표를 향하여 열정을 품고 나아가는 사람은 하나님께서 반드시 도와주십니다.

꿈을 이루기 위해서는

첫째, 꿈을 말해야 합니다. 가까운 친구에게 혹은 가족에게 할 수만 있으면 많은 사람에게 말하는 것이 좋습니다.

둘째, 꿈을 이루기 위해서는 구체적인 목표를 잘 보이는 곳에 써 붙여야 합니다. 그리고 날마다 소리 내어 읽어보십시오.

셋째, 예수님을 믿고 하나님께 기도해야 합니다. 예수님을 믿지 아니하면 일시적으로 꿈을 이룰지라도 마지막이 좋지 않습니다. 유명 하신 분들이 가끔 자살하는 이유는 하나님을 믿지 않고 이 세상의 삶에만 집착했기 때문입니다.

넷째, 기도해야 합니다. 죄를 회개하고 기도하면 부정적인 생각이 사라지고 희망과 자신감을 얻게 됩니다.

다섯째, 꿈이 이미 이루어진 모습을 상상하고 즐거워하십시오. 때가 되면 어느 날 꿈이 현실로 이루어지게 될 것입니다.

여섯째, 성경책을 비롯하여 좋은 책을 가까이 하십시오. 그리고

긍정적인 친구를 사귀면 꿈을 이루는데 큰 도움이 됩니다.

반면에 불평꾼은 멀리 해야 합니다. 매사에 비판하기를 좋아하고 남의 흉을 잘 보는 사람을 가까이 하면 당신의 꿈은 물거품처럼 사라지게 될 것입니다. 이 세상에서 가장 긍정적이신 분은 하나님이십니다. 하나님을 늘 가까이 하십시오.

〈약 4:8〉 "하나님을 가까이 하라. 그리하면 너희를 가까이 하시리라."

천국에 들어가려면

며칠 전에 저는 "어? 하버드에 들어가네!"라는 책을 읽어보았습니다. 이순근 목사님과 그의 부인 이애실 사모님이 함께 쓴 책입니다. 그 책에는 이런 내용이 있습니다.

이순근 목사님에게는 두 딸이 있었습니다. 피바디 음대 대학원에 다니는 큰 딸이 다섯 살, 하버드에 들어간 작은 딸이 세 살 때의 일입니다. 어느 날 이애실 사모님이 열무를 다듬다가 3살짜리 작은 딸 수아에게 이렇게 질문했습니다.

"수아야, 너는 언니한테 양보도 안하고 징징대고 아빠한테 잘못하고서도 잘못했다고 말하지도 않고 고집쟁이인데 너 천국갈 수 있을까? 엄마랑 아빠랑 언니는 이다음에 천국가서 행복하게 살 텐데…… 너는 천국에 들어가지 못하면 어떡하지? 수아만 천국에 못 오고 지옥에 떨어지면 어떻게 하지?"

부엌바닥에 앉아서 열무를 다듬던 엄마가 3살짜리 딸에게 좀 심각한 질문을 했습니다. 이 질문을 받은 "수아"는 충격을 받았는지 얼굴이 갑자기 노래졌습니다. 그리고는 갑자기 큰 소리로 울기 시작했습니다.

"엄마 나 기도 좀 해야겠어…… 어…… 기도 좀 해야겠어…… 어…… 어……"

그러더니 옆방으로 걸어갔습니다. 문을 꽝하고 닫았습니다. 그리고 대성통곡하는 아이의 울음소리가 온 집안을 흔들었습니다.

"엉…… 엉……"

둑이 터지는 것처럼 얼마나 세게 울어 대는지 그리고 뭐라고 기도를 하는데 무슨 말인지 엄마 귀에는 잘 들리지 않았습니다. 그 때 옆방에서 피아노를 치던 언니가 피아노 선생님과 함께 눈이 똥그래져서 문을 열고 내다보았습니다.

피아노 소리가 그치자 세 살짜리 "수아"의 기도소리가 선명하게 들려왔습니다.

"나도 천국에 들어가야 되는데…… 나도 천국에 들어가야 되는데……" 초상집에서 곡하는 소리와 다를 바 없었습니다. 바다 절벽에 매달려 버둥거리는 사람이 부르짖는 절규 같았습니다.

자지러듯 질러대는 비명소리는 비록 5분 정도이었지만 엄마에게는 상당히 길게 느껴졌습니다. 하지만 엄마는 그냥 내버려 두었습니다. 그러다가 한 순간 통곡소리가 멈췄습니다. 한참 후 세 살짜리 수아는 해처럼 방글거리며 문을 열고 나왔습니다.

"엄마, 이젠 됐어."

그 날 저녁 이애실 사모님은 세 살짜리 딸아이에게 다시 한 번 천국과 지옥에 대해 가르쳐 주고 거듭난 딸을 축하해 주었습니다.

이순근 목사님 부부는 어린 딸들에게 기독교 신앙을 확실히 가지도록 가르쳤습니다.

세 살 때부터 확실한 신앙을 가진 수아는 하버드 대학에 다닐 때에도 일주일에 한 번씩 노숙자들을 위해서 밤을 새우면서 봉사활동을 했습니다. 노숙자들이 덮는 이불을 세탁하는 봉사를 했습니다.

이 책은 지식교육에만 너무 신경을 쓰는 우리 한국 부모님들에게 신선한 충격과 감동을 주는 좋은 책이라고 생각됩니다.

그런데 하버드에는 못 들어가도 천국에는 꼭 들어가야 합니다. 이 글을 읽으시는 당신은 오늘 밤에라도 세상을 떠난다면 천국에 들어갈 자신이 있습니까? 당신은 무슨 자격으로 천국에 들어가려고 합니까?

모든 사람은 죄인입니다. 죄인은 천국에 들어갈 수 없습니다.

〈롬 3:4〉 "사람은 다 거짓되되 오직 하나님은 참되시다 할지어다."

〈롬 3:23〉 "모든 사람이 죄를 범하였으매 하나님의 영광에 이르지 못하더니"

죄인이 용서받고 구원받아 천국에 들어가려면 어떻게 해야 할까요? 예수님을 믿어야 합니다. 죄 없으신 하나님의 아들 예수님께서 우리 죄인들을 위하여 십자가에서 못 박혀 죽으셨습니다. 우리 죄를 다 갚으시고 3일 만에 다시 살아나셨습니다. 누구든지 그를 믿는 자는 죄용서 받고 구원받습니다.

〈요 3:16〉 "하나님이 세상을 이처럼 사랑하사 독생자를 주셨으니 이는 그를 믿는 자마다 멸망하지 않고 영생을 얻게 하려 하심이라."

하버드에는 못 들어가도 괜찮습니다. 그러나 천국에는 꼭 들어가야 합니다. 우리 모두다 예수님을 믿으시고 천국백성이 되시기를 간곡히 부탁드립니다.

곰보 아가씨

옛날 어느 마을에 곰보 아가씨가 살고 있었습니다. 어느 날 이웃 교회와 함께 치르는 연합행사에서 멋진 남자를 알게 되었습니다. 잘 생기고 설교도 잘 하는 총각 전도사님이었습니다. 첫 눈에 반했습니다. 가슴이 설레었습니다. 하지만 그의 주위에는 늘 예쁜 아가씨들이 늘 따라다니고 있었습니다.

이 곰보 아가씨도 그 전도사님을 좋아하여 여러번 편지를 보냈습니다. 한두 번 답장이 오긴 했지만 이내 답장도 끊어지고 아무런 소식이 없었습니다. 그러나 포기할 수 없었습니다. 하나님께 간절히 기도했습니다. 그리고 그 전도사님을 너무 좋아한 나머지 그 전도사님이 출석하는 교회근처로 이사를 가서 그 교회에 다니기 시작했습니다.

선물을 보내고 편지를 보내고 드러내 놓고 좋아한다는 신호를 보냈습니다. 하지만 그 총각 전도사님은 끄떡도 하지 않았습니다. 오히려 코웃음 치며 경멸의 눈초리로 쏘아보며 냉정하게 거절했습니다. 화를 내기도 했습니다. 곰보인 주제에 거머리처럼 달라붙다니…… 이 그! 지겨워!

그리 크지 않은 교회에서 금방 소문이 나고 그 전도사님은 창피해서 얼굴을 들고 다닐 수 없었습니다. 하지만 이 아가씨는 남자의 차가운 반응에도 아랑곳하지 않고 한 결 같이 새벽기도회에 나가서 기도하며 집요하게 전도사님의 주위를 떠나지 않았습니다. 시간이 흘러감에 따라 차츰 교회의 분위기는 이 아가씨를 동정하는 분위기로 바뀌었습니다.

몇 몇 권사님들이 전도사님 앞에서 이 아가씨를 칭찬하기 시작했습니다. 이 아가씨는 얼굴만 곰보였지 모든 것이 착하고 훌륭했습니다. 성격도 명랑하고 적극적인데다가 찬송을 기막히게 잘 불렀습니다. 목소리가 아주 고왔습니다. 기도도 열심히 하고 성가대와 주일학교 교사노릇도 잘하고 아이들도 노인들도 모두 다 이 아가씨를 좋아했습니다. 총각 전도사님도 차츰 이 아가씨가 좋아지기 시작했습니다.

그 교회로 옮긴지 삼년 쯤 되던 어느 날 총각 전도사님이 이 아가씨에게 함께 사진을 찍자고 했습니다. 그 사진은 이들의 약혼 사진이 되었고 결국 두 사람은 온 교인들의 축하를 받으며 결혼식을 올렸습니다. 그리고 두 사람은 개척교회를 시작했습니다.

교인들이 하나 둘 모여들더니 세월이 흘러 아주 큰 교회로 부흥하였습니다. 그 교회는 바로 현재 미국 최대의 한인교회인 "뉴욕 퀸즈 한인교회"입니다.

이 이야기는 1969년에 뉴욕 퀸즈 한인교회를 개척하여 오늘의 큰 교회로 성장시킨 한진관 목사님과 김태열 사모님의 이야기입니다. 제가 살을 조금 붙이긴 했지만 실화입니다.

김태열 사모님은 두 살 때 천연두를 앓아서 얼굴에 보기흉한 마마자국이 있습니다. 보통 여자들은 얼굴에 심한 흉터나 보기 흉한 마마지국이 있으면 자신감을 잃고 우울하게 생활할 텐데 김태열 사모님은 달랐습니다. 어릴 때부터 자신감을 가지고 명랑하게 생활했습니다. 왜냐하면 그녀의 어머니는 신앙심이 깊은 기독교 신자였기 때문에 딸에게 자신감을 심어주었습니다.

"너의 얼굴의 마마자국은 하나님이 너를 사랑하시고 너와 함께 하신다는 증거다. 네가 천연두를 앓을 때 이웃의 두 아이도 함께 그

병을 앓았다. 그리고 그 아이들은 모두 죽었고 너는 살았다. 하나님께서 특별히 너를 살리신 것이다. 자신감을 가지고 열심히 공부해라. 그리고 하나님의 복음을 전하는 훌륭한 목사님의 부인이 되어라."

그녀의 어머니는 그녀에게 믿음과 자신감을 갖게 했습니다. 이 딸은 자라서 외모에서 느끼는 열등감을 극복하고 훌륭하고 잘 생긴 남편을 만나서 행복하게 잘 살고 있습니다.

누구든지 예수님을 믿으면 자신감을 가질 수 있습니다. 열등감을 극복하고 행복하게 잘 살 수 있습니다. 이 글을 읽으시는 당신도 혹시 예수님을 믿지 않으신다면 오늘부터 예수님을 믿기로 결심하시기를 간곡히 부탁드립니다.

〈행 16:31〉 "주 예수를 믿으라. 그리하면 너와 네 집이 구원을 얻으리라."

〈요 3:16〉 "하나님이 세상을 이처럼 사랑하사 독생자를 주셨으니 이는 그를 믿는 자마다 멸망하지 않고 영생을 얻게 하려 하심이라."

기도해야 합니다.

저는 영양 장날마다 영양 재래시장에 가서 전도합니다. 그런데 가기 전에 충분히 기도해야 합니다. 기도를 대충하고 가면 전도할 용기가 나지 않습니다. 그러나 기도를 간절히 하고 나가면 예수님을 믿으라는 말이 술술 잘 나옵니다. 그러나 기도가 부족하면 자꾸만 위축되고 두려움이 생깁니다.

기도는 우리를 담대한 사람으로 만들어 줍니다. 다니엘은 열심히 기도하는 사람이었습니다. 하루 세 번씩 예루살렘을 향하여 창문을 열어놓고 기도했습니다. 날마다 무릎 꿇고 감사하며 기도했습니다.

〈단 6:10〉 "다니엘이 이 조서에 어인이 찍힌 것을 알고도 자기 집에 돌아가서는 윗방에 올라가 예루살렘으로 향한 창문을 열고 전에 하던 대로 하루 세 번씩 무릎을 꿇고 기도하며 그의 하나님께 감사하였더라."

기도를 열심히 했던 다니엘은 사자 굴에 들어가는 것도 두려워하지 않았습니다. 사자 굴에 들어가니 오히려 사자들이 다니엘을 보고 두려워하여 벌벌 떨었습니다.

"오우! 기도의 용사 다니엘 총리께서 우리 사자 굴에 들어오시다니…… 몸 둘 바를 모르겠구나. 얘들아 우리가 몸을 납작 엎드려서 침대를 만들어 드리자."

다니엘은 사자 침대위에 드러누워 잠을 잘 자고 이튿날 사자 굴에서 당당하게 걸어 나왔습니다. 사자 굴에서 살아난 다니엘을 보고 왕과 신하들이 두려워서 다니엘 앞에 납작 엎드렸습니다. 그리고 모두 다 하나님을 믿게 되었습니다. 아무도 기도하는 다니엘을 해칠 수가 없었습니다.

하나님께서는 기도하는 사람을 보호해주십니다. 기도하는 사람을 높여주십니다. 돈이 좀 있다고 해서 기도를 시시하게 생각하는 사람이 있습니다. 배운 지식이 좀 있다고 해서 하나님께 기도하지 않는 사람이 있습니다. 높은 권력이 있다고 해서 스스로의 힘으로 얼마든지 잘 살 수 있다고 생각하며 기도하지 않는 사람들이 있습니다.

그것은 어리석은 행동입니다. 천지를 지으신 하나님께 기도하지 않고 예수님을 믿지 않고 끝까지 잘되는 사람은 없습니다. 한 나라의 대통령을 지냈던 사람이라 할지라도 재벌 총수라 할지라도 하나님이 지켜 주시지 않으면 일순간에 비참한 종말을 맞이하게 됩니다.

얼굴 예쁘고 인기 있는 연예인 중에서도 하나님께 기도하지 않고 사람을 의지하고 술을 의지하다가 자살하는 사람이 가끔 있습니다. 우리는 하는 일이 잘 되어도 돈이 많을지라도 여전히 하나님께 겸손한 태도로 기도해야 합니다.

가정이 평안해도 …… 가정의 평안과 행복을 계속 유지하려면 하나님께 기도해야 합니다. 매일 저녁마다 잠시 TV를 끄고 손을 모으고 기도하는 가정은 복된 가정입니다.

성경 읽고 기도하는 가정을 하나님께서 지켜 주십니다. 마음이 괴롭고 슬플 때 교회에 나와서 기도해 보세요. 마음의 평화와 참된 기쁨을 얻게 될 것입니다. 그런데 혼자 기도하기가 어렵기 때문에 우리는 교회의 기도 모임을 소중히 여겨야 합니다.

새벽기도회나 혹은 저녁기도회에 꾸준히 참석해서 기도하는 사람은 좀처럼 부정적인 감정에 사로잡히지 않습니다. 우울증에도 걸리지 않습니다.

기도하는 사람은 늘 밝고 활기찬 생활을 할 수 있습니다. 하나님께서는 기도하는 사람에게 복을 주십니다. 기도하는 사람에게 은혜를 주십니다.

〈히 4:16〉 "그러므로 우리가 긍휼하심을 받고 때를 따라 돕는 은혜를 얻기 위하여 은혜의 보좌 앞에 담대히 나갈 것이니라."

말의 중요성

며칠 전에 "당신의 말이 기적을 만든다."라는 책을 읽어 보았습니다. 말의 중요성을 깨닫게 해주는 좋은 책이라고 생각됩니다. 그 책의 저자이신 박필 교수님께 감사의 편지라도 드리고 싶은 마음입니다.

그렇습니다. 우리의 입에서 나오는 말이 참 중요합니다. 말을 들어보면 그 사람이 믿음이 있는 사람인지 믿음이 없는 사람인지 금방 알 수 있습니다. 항상 좋은 말을 하는 사람은 좋은 사람입니다.

늘 나쁜 말을 하는 사람은 나쁜 사람입니다. 말을 들어보면 그 사람의 인격이 어떠한지를 알 수 있습니다.

〈잠 6:2〉 "네 입의 말로 네가 얽혔으며 네 입의 말로 인하여 잡히게 되었느니라."

좋은 말을 하면 좋은 에너지에 사로 잡혀서 긍정적인 사람이 되고 행복한 삶을 살게 됩니다. 그러나 나쁜 말을 하면 나쁜 에너지에 사로잡혀서 부정적인 사람이 되고 불행한 삶을 살게 됩니다.

저는 몇 주 전에 노회에서 요청하는 "교세 통계표"를 작성하여 노회에 우송했습니다. 전에는 등기로 보냈는데 이번에는 그냥 보통 편지로 보내도 될 것 같아서 250원짜리 우표 한 장을 붙이고 일반 편지로 보냈습니다.

그런데 배달 사고가 나서 노회에 도착하지 않은 모양입니다. 노회에서 독촉하는 전화를 받고 잠시 불평하는 마음이 생겼지만 억누르고 감사하기로 결심했습니다.

그리고 이번에는 총회사이트에 직접 접속해서 재작성하는 과정에서 놀라운 일이 생겼습니다.

어떤 큰 교회에서 우리 감천교회로 보내는 선교비가 13개월 동안 엉뚱한 곳으로 흘러가는 것을 발견하게 되어서 생각지도 않던 선교비 260만원이 내 통장에 입금이 되고 매월 20만원의 선교비가 추가로 들어오게 되었습니다. 우편물의 배달사고가 오히려 저에게 큰 유익을 가져오게 되었습니다.

범사에 감사하며 늘 긍정적인 말을 하면 날마다 하나님의 축복과 사랑을 경험하며 행복하게 살 수 있습니다. 그러나 불평하거나 원망하는 말을 자꾸 하면 어두움의 영들에게 붙잡히게 되어 실패와 고통과 저주가 찾아옵니다.

성경에 기록된 10명의 정탐꾼들은 원망하고 불평하다가 하나님께 버림받아 멸망당했습니다. 그러나 똑같은 환경 속에서도 감사와 믿음의 말을 했던 여호수아와 갈렙은 하나님의 복을 받아 건강한 몸으로 장수하며 행복하게 잘 살았습니다.

당신은 항상 감사하며 행복하게 살고 있습니까? 아니면 늘 불평하면서 우울하게 살고 있습니까? 우리는 새로워질 수 있습니다. 내 힘으로는 불평하는 습관을 고치기가 어렵지만 하나님께 기도하고 도움을 요청하면 그리 힘들지 않게 고칠 수 있습니다.

누구든지 예수님을 믿고 열심히 교회생활을 하면 변화될 수 있습니다. 불평하고 원망하고 징징거리던 사람이 예수님 안에서 감사하며 긍정적인 말을 하는 사람으로 바뀔 수 있습니다.

말은 참으로 중요합니다. 불평의 말을 그치고 감사의 말을 하려면 예수님을 믿어야 합니다. 교회에 정기적으로 출석하며 기도에 힘쓰면 말이 달라집니다.

〈**엡 5:3~4**〉 "음행과 온갖 더러운 것과 탐욕은 너희 중에서 그 이름조차도 부르지 말라. 이는 성도에게 마땅한 바니라. 누추함과 어리석은 말이나 희롱의 말이 마땅치 아니하니 오히려 감사하는 말을 하라."

기도도 중요하지만 일상생활의 말은 더욱 중요합니다. 의심하는 말, 불평하는 말, 낙심되는 말을 하지 맙시다. 더러운 말도 하지 말고, 음란한 말, 어리석은 말, 남을 비판하거나 조롱하는 말을 삼가합시다.

축복하는 말, 감사하는 말, 사랑하는 말, 용서하는 말, 칭찬하는 말, 격려하고 위로하는 말을 많이 하여서 우리 모두 더욱 행복하게 살았으면 참 좋겠습니다.

기도하는 사람은 밥도 잘 삽니다.

몇 주 전 영남신학대학교 신학대학원 헬라어 계절학기 수업기간 중에 있었던 일입니다. 대부분 신입생들이어서 낯이 설었습니다. 저는 공부를 제대로 안하다가 낙제를 해서 재수강하는 처지이지만 앞자리에 앉았습니다. 오전 수업을 마치고 저를 포함하여 앞자리에 앉은 세 사람이 나이도 비슷하고 해서 함께 점심을 먹으러 갔습니다.

구미에서 오신 어떤 분이 밥을 자기가 사겠다며 조금 비싼 음식을 주문했습니다. 저도 밥을 잘 사는 편에 속하는 줄로 알았는데 그날은 제가 얻어먹게 되었습니다. 나중에 알고 보니 그 분은 기도도 많이 하는 분이었습니다. 그래서 저는 기도 많이 하는 사람은 밥도 잘 사는구나하고 생각했습니다.

그렇습니다. 기도를 열심히 하는 사람은 하나님과 친하게 지내는 사람입니다. 하나님과 친한 사람은 담대합니다. 쩨쩨하지 않습니다. 기도를 게을리 하는 교인은 믿음도 약하고 머리가 복잡합니다. 생각이 많습니다. 근심 걱정을 끼고 삽니다. 그러나 기도를 열심히 하면 근심 걱정이 사라지고 담대해집니다. 기도하는 사람은 주님의 날개그늘 아래에서 평안을 누리게 됩니다.

기도하는 사람은 이런 찬송을 즐겨 부릅니다.

〈통일찬송 478장〉 "주 날개 밑 내가 편안히 쉬네, 밤 깊고 비바람 불어쳐도 아버지께서 날 지키시리니 거기서 편안히 쉬리로다. 주 날개 밑 즐거워라. 그 사랑 끊을 자 뉘뇨. 주 날개 밑 내 쉬는 영혼 영원히 거기서 살리."

다윗은 하나님께 늘 기도하는 사람이었습니다. 그래서 그는 담대하게 이런 고백을 하였습니다.

〈시 27:1~3〉 "여호와는 나의 빛이요, 나의 구원이시니 내가 누구를 두려워 하리요. 여호와는 내 생명의 능력이시니 내가 누구를 무서워 하리요. …… 군대가 나를 대적하여 진 칠지라도 내 마음이 두렵지 아니하며 전쟁이 일어나 나를 치려할 지라도 나는 여전히 태연하리로다."

전능하신 하나님께 매일 기도하는 사람은 앞날에 대해 불안해하지 않습니다. 두려워하지 않습니다. 하나님께서 함께 하시고 도와주심을 믿기 때문에 염려하지 않습니다. 가끔 교회에 다니는 사람 중에도 미래에 대해서 불안해하고 초조해 하고 안절부절 못하는 사람이 있습니다. 그런 사람은 대부분 기도를 열심히 하지 않는 사람임에 틀림없습니다. 그런데 하나님께 기도하려면 내 욕심을 버리고 고집을 꺾어야 합니다. 겸손한 태도로 죄를 고백하고 진실 되게 기도해야 합니다.

더러운 욕심을 품고 교만한 마음을 가지고 있으면 기도의 문이 열리지 않습니다. 그러나 죄를 슬퍼하고 애통하며 자신의 무능함을 겸손히 고백하고 하나님의 용서와 자비를 구하면 기도가 잘 됩니다. 그리고 하나님께서 그러한 기도를 신속히 응답해 주십니다. 기도하는 사람은 하나님께서 날마다 함께 하시고 돌보아주시는 것을 체험하면서 행복하게 살아갑니다. 기도하는 사람은 믿음으로 사는 사람입니다. 기도하는 사람은 하늘의 위로를 받으며 힘차게 생활합니다. 기도하는 사람은 지금 당장 안 좋은 일이 생겨도 결국에는 합력해서 좋은 결과를 가져오게 될 것을 믿습니다.

〈통일찬송 434장〉 "나의 갈 길 다가도록 예수 인도 하시니 내주 안에 있는 긍휼 어찌 의심하리요. 믿음으로 사는 자는 하늘 위로 받겠네. 무슨 일을 만나든지 만사형통 하리라. 무슨 일을 만나든지 만사형통 하리라."

〈롬 8:28〉 "하나님을 사랑하는 자 곧 그 뜻대로 부르심을 입은 자들에게는 모든 것이 합력하여 선을 이루느니라."

모든 것이 합력하여 선을 이룬다는 믿음, 이러한 믿음은 기도하는 사람만이 가질 수 있습니다. 제가 27살 때 처음으로 전도사 생활을 시작할 때에 첫 목회지의 교회에서 이 노래를 많이 불렀습니다.

"오는 집을 나서기 전 기도했나요. 오늘 받을 은총 위해 호소했나요. 기도는 우리의 안식 빛으로 인도하니 앞이 캄캄할 때, 기도 잊지 마세요."

창조주 하나님께 기도하는 사람은 밥도 잘 삽니다. 밥값 낼 때에 화장실에 가거나 신발 끈을 고쳐 매는 사람은 십중팔구 기도를 게을리 하는 사람입니다. 기도하는 사람은 적극적인 태도, 긍정적이며 진취적인 자세로 힘차게 인생을 살아갑니다.

〈살전 5:16~18〉 "항상 기뻐하라. 쉬지 말고 기도하라. 범사에 감사하라. 이것이 그리스도 예수 안에서 너희를 향하신 하나님의 뜻이니라."

대통령님! 죄송합니다.

"대통령님! 죄송합니다. 제가 뭘 잊어버렸습니다. 잠깐 나갔다 오겠습니다."

"갔다 오게."

김 비서관은 대통령 집무실을 나오자마자 빈 방을 찾아 들어가서 그 곳에 서서 잠시 기도를 했습니다.

'하나님, 이제 보고를 하러 갑니다. 저에게 담대함을 주시고 지혜와 정직함을 허락해 주십시오.'

그는 이렇게 늘 기도했기 때문에 대통령이 언제 어떻게 물어도 담대함을 가지고 정직하게 말할 수 있었습니다. 이것은 대통령 비서관과 주중대사를 거쳐 통일부장관을 역임했던 김하중 장로님(온누리교회)의 이야기입니다.

그는 비서관 시절에 대통령께 보고할 때 항상 먼저 하나님께 기도했다고 합니다. 그런데 어떤 때는 기도를 깜박 잊고 대통령 집무실에 들어갔을 때 대통령을 잠시 기다리게 해놓고 옆방에 가서 기도를 한 적이 몇 번 있었다고 합니다.

저는 어제 그가 쓴 책 "하나님의 대사"를 읽어보았습니다. 그 책에는 김하중 장관이 기도로 하나님의 도우심을 받아 "황장엽 망명사건"과 그 외 많은 문제를 지혜롭게 해결한 내용이 실려 있습니다. 서울대를 졸업하고 외무고시를 통과한 똑똑한 사람이 왜 그렇게 기도하고자 애를 썼을까요? 왜 눈물 콧물 흘려가며 기도하고 어떤 때는 손으로 벽을 치면서 무식하게 기도했을까요? 기도하면 하나님께서 도와주시기 때문입니다.

저의 큰 형수님은 안동에 있는 큰 교회에 출석하십니다. 그런데 교회가 조금 멀리 있어서 매일 택시를 타고 새벽기도를 다녀오십니다. 새벽마다 손자를 위해서 열심히 기도하시더니 손자가 금년(2010년)에 서울대에 합격을 했습니다. 물론 손자가 열심히 공부를 했겠지만 기도의 힘을 무시할 수는 없습니다. 형수님은 아들 내외로부터 그리고 손자로부터 기도해주셔서 고맙다는 인사를 여러 번 들었다고 하십니다.

저는 수년 전에 "우리 감천교회에서 원어민 영어강사를 모시고 영어예배를 드리게 해 주세요."하고 하나님께 기도했었습니다.

어느 날 영양 길거리에서 전도하다가 외국인(백인)이 걸어가는 것을 보고 '헬로우!'(Hello!)하고 말을 건넸습니다. 어설픈 영어였지만 그 외국인은 내말을 알아듣는 듯했습니다. 그 때부터 지금까지 저희 감천교회는 조그만 시골 미자립 교회이지만 거의 매주 영어예배를 드리고 있습니다. 만 4년이 다되어 갑니다. 그리고 통역할 사람이 없어서 제가 대충 통역을 합니다.

또한 그 원어민 영어교사인 "해리"씨와 "아이미"부부는 신앙심도 깊은 분들입니다. 도시의 큰 교회에서도 신앙심 깊은 원어민 교사를 구하는 일은 쉽지 않을 것 같습니다. 이분들은 지난 4년 동안 무료로 우리교회에서 봉사를 해왔습니다. 하나님께서 제 기도를 들어주신 것이 분명합니다. 믿음으로 기도하면 하나님께서 들어 주십니다. 그러나 잘못된 기도, 욕심으로 구하는 기도는 들어주시지 않습니다.

저는 어제 영양군민 회관에 전도하러 갔습니다. 사람들이 정월 대보름이라고 해서 마당에 나무를 쌓아놓고 소원을 적은 종이를 나무더미에 끼워 넣고 있는 것을 보았습니다. 보름달을 보고 절하거나 잡귀신에게 소원을 비는 기도는 어리석은 일입니다. 귀신의 도움으로 일시적으로 소원이 이루어지는 일이 가끔 있지만 결과가 좋지 못합니다. 귀신을 섬기면 섬길수록 더욱 불행해집니다. 비참한 종말을 맞이하게 됩니다.

거룩하신 하나님께 기도해야 합니다. 천지를 지으신 하나님께 기도해야 합니다. 그리고 예수님을 믿고 예수님의 이름으로 기도해야 합니다. 이명박 대통령도 예수님을 믿고 기도를 합니다.

오바마 미국 대통령도, 황수관 박사, 김하중 장관, 정근모 장관도 기도를 합니다. 그 외에 수많은 훌륭한 인물들이 예수님을 믿고 교회에 가서 기도를 합니다. 그런데 우리 같은 보통사람들이 바쁘다고 교회에도 가지 않고 기도도 하지 않는다면 말이 되겠습니까?

〈마 7:7〉 "구하라. 그리하면 너희에게 주실 것이요. 찾으라. 그리하면 찾아낼 것이요. 문을 두드리라. 그리하면 너희에게 열릴 것이니."

〈약 4:2~3〉 "너희가 얻지 못함은 구하지 아니하기 때문이요. 구하여도 받지 못함은 정욕으로 쓰려고 잘못구하기 때문이라."

〈약 1:5〉 "너희 중에 누구든지 지혜가 부족하거든 모든 사람에게 후히 주시고 꾸짖지 아니하시는 하나님께 구하라. 그리하면 주시리라."

기도와 사랑

"내가 드라마 보고, 영화 보고, 스포츠 중계를 즐겨 본다면 하나님께 집중하기가 어려웠을 것이다. 나는 오직 나의 본연의 일과 공부, 그리고 기도 밖에 모른다."

이것은 김하중 장로님의 고백입니다. 그는 대통령 수석비서관, 주중대사, 통일부 관 등을 역임한 온누리 교회의 장로님이십니다.

저는 최근에 그분이 쓰신 "하나님의 대사" 라는 책을 읽어보았습니다. 그는 열심히 기도하는 사람입니다. 기도생활에 재미를 느끼고 갖가지 신비한 체험을 하며 흠뻑 기도에 취한 사람입니다. 그는 교인들 중에 기도가 안 된다 하는 사람에 대해 이렇게 말하고 있습니다.

"하나님은 사랑이시다. 그 분은 사랑할 때 일하신다. 마음속에 미움을 품고 있으면 기도가 안 된다. 기도하기가 싫어진다. 그러나 하나님의 사랑을 우리 마음에 부어주시는 성령님이 미운 사람을 위해서도 기도해 줄 수 있도록 도우신다. 그래서 기도하는 사람에게 사랑은 정말 중요하다. 사랑하는 사람만이 기도할 수 있고 기도하면 누구든지 사랑할 수 있다. 결국 사랑을 잘 하는 사람이 기도를 잘 하는 사람이고 기도를 잘 하는 사람이 사람을 사랑할 수 있다."

저는 이 부분을 읽으며 깊이 공감했습니다. 저에게도 수년 전 아주 미운 사람이 있었습니다. 그래서 억지로 그 사람을 축복하며 여러 날 동안 기도를 했습니다. 그렇게 했더니 그렇게도 미웠던 사람이 사랑스러워지고 만나면 웃으면서 정말 반갑게 인사를 나눌 수 있게 되었습니다.

우리는 모두다 이 세상에서 살다보면 미운 사람을 수 없이 만나게 됩니다. 그러나 천지를 지으신 하나님께 기도하는 사람은 미운 사람을 사랑할 수 있습니다. 기도의 맛을 모르는 사람은 쉽게 이해되지 않을 것입니다. 그러나 성경 읽고 기도하면 누구든지 점점 마음이 너그러워지고 평화가 넘치게 되고 모든 사람이 사랑스러워지게 됩니다.

마음속에 사랑과 평화가 넘쳐나면 이것이 곧 최고의 행복이 아닐까요? 높은 권력과 명예를 가지고 있어도, 돈이 많아도, 인기가 있어도, 마음속에 불안과 초조 그리고 미움과 질투심이 가득 차 있다면 그 사람은 결코 행복한 사람이 아닙니다.

참된 평화는 좋은 집이나 고급 승용차로부터 나오는 것이 아닙니다. 하나님께로부터 나옵니다.

〈요 14:27〉 "평안을 너희에게 끼치노니 곧 나의 평안을 너희에게 주노라. 내가 너희에게 주는 것은 세상이 주는 것과 같지 아니하노라. 너희는 마음에 근심하지도 말고 두려워하지도 말라."

누구든지 죄를 고백하고 하나님께 기도하면 넘치는 평화와 기쁨 그리고 진정한 행복을 누릴 수 있습니다. 예수님을 믿고 그의 말씀에 순종하는 사람은 날마다 평화를 누릴 수 있습니다. 그러나 사랑하라는 주님의 말씀을 거역하고 미움을 품고 있으면 기도하기가 어려워집니다. 기도하기가 싫어지고 마음에 불평, 원망, 시기, 질투, 불안, 초조 …… 기타 부정적인 감정에 사로잡히게 됩니다.

부정적인 감정으로부터 탈출하려면 억지로라도 기도해야 합니다. 비장한 각오를 하고 교회에 열심히 나와야 합니다. 당신은 TV를 많이 봅니까? 아니면 기도를 많이 합니까? TV를 가까이 하면 점점 미움과 시기 질투심의 포로가 되기 쉽습니다. 하나님을 가까이 하고 기도에 힘쓰면 사랑과 평화를 누리게 됩니다.

〈요 2:15~17〉 "이 세상이나 세상에 있는 것들을 사랑하지 말라. 누구든지 세상을 사랑하면 아버지의 사랑이 그 안에 있지 아니하니 이는 세상에 있는 모든 것이 육신의 정욕과 안목의 정욕과 이생의 자랑이니 다 아버지께로부터 온 것이 아니요. 세상으로부터 온 것이라. 이 세상도, 그 정욕도 지나가되 오직 하나님의 뜻을 행하는 자는 영원히 거하느니라."

예수님 때문에 행복해요.

"외적 조건은 결코 인생의 성공기준이 아닙니다. 최선을 다한다면 그것이 성공입니다. 하나님께서 우리를 위해 놀라운 계획을 갖고 계십니다."

이 말은 팔 다리가 없는 장애자 "닉 부이치치"가 한 말입니다. 저는 "닉 부이치치"에 관한 신문기사를 읽어보고 이런 생각을 했습니다.

'팔 다리가 없어도 살 수 있지만 희망을 잃으면 살 수가 없구나……'

2010년 2월 24일, 서울의 어느 대학 교수가 자기 아파트 12층 창문에서 뛰어내려 자살을 했습니다. 세계적으로 뛰어난 물리학자 이며 노벨상 후보로 거론되던 그가 왜 자살을 했을까요? 희망을 잃었기 때문입니다. 희망을 잃으면 모든 것을 잃는 것입니다. 그런데 이 세상의 희망은 모두 다 유한하고 일시적입니다. 사람이 부귀영화를 누린 다해도 결국 모든 사람은 죽음을 피할 길이 없습니다. 엄밀한 의미에서 "사람이 살아간다."는 말은 틀린 말입니다. "사람이 죽어간다."는 말이 더 정확한 말입니다. 모든 사람이 현재 죽어가고 있습니다. 죽음을 향하여 달려가고 있습니다. 건강한 사람도 죽어가는 사람이고 병든 사람도 죽어가는 사람입니다.

높은 지위에 있는 사람이나 낮은 지위에 있는 사람이나 모두 다 죽음을 피할 수는 없습니다. 그래서 인생을 촛불에 비유하기도 합니다. 양초가 다 녹아 없어지면 결국 촛불이 꺼지는 것처럼 사람도 수명이 다하면 결국 죽게 됩니다.

그러므로 사람은 죽음이후의 삶을 생각해보아야 합니다. 죽음을 생각해보지 않는다면 짐승보다 나은 존재라고 말할 수 없을 겁니다.

요즘에는 시골사람들도 농한기에는 운동을 합니다. 그런데 운동을 아무리 잘해도 꾸준히 해도 죽음을 피할 수는 없습니다. 사람은 죽음을 생각하면 허무해집니다. 시골 경로당에는 10원짜리 동전을 주고받으며 하루 종일 화투치며 죽음의 날을 기다리는 노인들이 많습니다.

그런데 죽음을 뛰어넘는 영원한 생명이 있습니다. 하나님이 주시는 생명, 예수님이 주시는 생명이 있습니다. 누구든지 이 생명을 얻으면 죽음이후의 천국과 지옥이 있다는 사실이 믿어지고 천국의 영원한 삶을 바라보게 됩니다. 그래서 기독교인이 된다는 것은 영생을 얻고 행복하게 산다는 것을 의미합니다. 예수님을 믿으면 이 땅에 살 때에도 행복을 누리고 영원한 천국에 가서도 행복을 누릴 수 있습니다. 옛날 우리의 믿음의 선배들은 이런 노래를 즐겨 불렀습니다.

"세상사람 날 부러워 아니하여도 / 나도 역시 세상사람 부럽지 않네. / 하나님의 크신 은혜 생각할 때에 / 할렐루야 찬송이 저절로 나네.

세상사람 날 부러워 아니하여도 / 하늘나라 천군천사 날 부러워해. / 영원토록 누릴 영화 생각할 때에 / 할렐루야 찬송이 저절로 나네."

태어날 때부터 팔다리가 없는 장애자 "닉 부이치치"는 예수님을 믿고 영생을 얻었기에 그는 희망을 노래하고 있습니다. 그는 예수님 때문에 자신감이 넘칩니다. 예수님 때문에 행복하다고 말합니다. 물론 그도 외롭고 힘들 때가 있겠지요. 그러나 외로움 속에 오랫동안 갇혀서 절망하지는 않습니다. 외로움을 떨치고 다시 일어서서 희망을 외치고 복음을 전파합니다.

누구든지 예수님을 믿으면 죄를 용서받고 의롭다함을 얻게 됩니다.

〈롬 5:18〉 "그런즉 한 범죄로 많은 사람이 정죄에 이른 것같이 한 의로운 행위로 말미암아 많은 사람이 의롭다하심을 받아 생명에 이르렀느니라."

인류의 조상 아담의 범죄로 이 세상 많은 사람이 지옥 형벌을 받게 되었습니다. 그러나 또 한 분 예수님이 오셔서 십자가에서 죽으심으로 수많은 사람이 의롭다하심을 받아서 영생을 얻게 되었습니다. 당신은 예수님을 믿고 의롭다하심을 받았습니까? 만일 그렇지 않다면 지금 예수님을 믿으시고 영생을 선물로 받으시기를 바랍니다.

〈요 3:16〉 "하나님이 세상을 이처럼 사랑하사 독생자를 주셨으니 이는 저를 믿는 자마다 멸망치 않고 영생을 얻게 하려 하심이라."

하나님께 시간을 충분히 드리세요.

우리는 제한된 시간을 살고 있습니다. 우리에게 무한한 시간이 주어진 것이 아닙니다. 이 세상을 지혜롭게 살려면 시간을 잘 활용해야 합니다.

"시간은 돈이다."라는 말도 있습니다. 우리의 소중한 시간을 어떻게 사용해야 할까요? 소중한 시간을 먼저 하나님께 드려야 합니다. 하나님께 시간을 바치는 사람은 시간을 지혜롭게 잘 활용할 수 있습니다.

새벽에 일어나서 하나님께 시간을 드리는 사람은 지혜로운 사람입니다.

제가 아는 사람 중에 새벽부터 일을 하는 사람이 있습니다. 그런데 그는 열심히 일을 하면서도 하는 일마다 실패하고 빚에 눌려 힘들어하고 있습니다.

시간을 먼저 하나님께 드리면 하나님께서 도와주십니다. 구약성경 창세기에 이런 내용이 나옵니다. "아브라함"은 아침에 일찍 일어나서 먼저 하나님께 시간을 드렸습니다. 그는 천지를 지으신 하나님께 새벽예배를 드리고 하나님의 말씀에 순종하며 살았습니다. 그는 형통했습니다. 다른 사람을 도와주며 살았습니다. 베풀며 양보하며 살았습니다. 풍성하고 여유롭게 살았습니다.

그러나 아브라함의 조카 "롯"은 하나님께 시간을 드리는 것을 아까와 했습니다. 헌금 드리는 것도 아까와 하고 자기 욕심을 앞세우는 사람이었습니다. 이기적으로 살았습니다. 그는 처음에는 잘 되는 듯했지만 결국 소돔에서 망할 때 모든 재산을 잃고 아내도 잃고 수치스러운 삶을 살았습니다. 힘들게 살았습니다.

오늘날에도 주일날 교회에 나와서 예배 드리는 것을 시간 낭비라고 생각하는 사람들이 많습니다. 그런데 이상하게도 교회에 나와서 예배를 잘 드리는 사람은 잘 됩니다. 형통합니다. 그것은 하나님께서 복을 주시기 때문입니다. 하나님께 시간을 충분히 드리는 사람은 하나님께로부터 담대함을 얻습니다. 신비한 힘을 공급받습니다. 그래서 인생길을 지지치 않고 힘차게 달려갈 수 있습니다.

〈사 40:31〉 "오직 여호와를 앙망하는 자는 새 힘을 얻으리니 독수리가 날개 치며 올라감 같을 것이요. 달음박질하여도 곤비하지 아니하겠고 걸어가도 피곤하지 아니하리로다."

부모의 말이 자녀를 변화시킵니다.

어떤 할머니가 술로 세월을 보내는 방탕한 자기 아들을 향하여 "낭패다. 낭패……"라고 말씀하시며 탄식하는 모습을 옆에서 지켜본 적이 있습니다. 그래서 제가 위로의 말씀을 드렸습니다.

"할머니 그렇게 속상해하지 마시고 예수님을 믿어보세요. 교회에 다니시면서 하나님께 간절히 기도해보세요. 그렇게 하시면 할머니의 마음도 평안해지고 아드님도 점점 변화될 거예요."

부모가 잔소리하고 탄식한다고 해서 자녀가 훌륭한 사람으로 변화되지 않습니다. 부모가 먼저 훌륭한 본을 보여야 합니다.

어느 날 저희 감천교회에서 어떤 아이에게 제가 물어보았습니다.

"얘야, 너는 속상할 때가 언제이니?"

그 아이는 눈을 반짝이며 한참 생각하더니 이렇게 대답하더군요.

"엄마가 TV 보면서 나에게는 TV 못 보게 하고 공부하라고 할 때에 제일 속상해요."

웃어 넘길 일이 아닙니다. 자녀는 부모가 지시하고 잔소리하는 대로 자라는 것이 아니라 부모의 행동을 그대로 닮아 갑니다. 자녀가 바르게 자라기를 원한다면 부모가 바르게 살기로 결심하고 실천해야 합니다. 자녀가 거짓말을 하지 않고 정직하게 살기를 바란다면 부모가 먼저 정직하게 살아야 합니다.

자녀가 공부를 잘 하기 원한다면 부모가 먼저 TV를 끄고 책 읽는 모습을 보여 주어야 합니다. 그리고 부정적인 말을 하지 말고 긍정적인 말을 해야 합니다. 또한 자녀가 부모의 기대에 어긋난 행동을 하더라도 부모는 믿음을 잃지 말아야 합니다.

"너도 노력하면 잘 할 수 있어. 힘 내. 엄마가 너를 위해 기도하고 있으니까 하나님께서 너를 도와주실 거야." 하고 말해주는 것이 좋습니다.

"이놈아, 너는 인간되기가 틀려 먹었다. 싹수가 노랗구나. 왜 너는 하는 일이 만날 그 모양이냐?" 절대로 이러한 말을 하지 말아야 합니다.

"낭패다, 낭패. 큰일 났다." 이러한 말을 자꾸 하면 정말 낭패스러운 일이 일어납니다. 부모가 하는 말이 자녀에게 큰 영향을 미칩니다.

〈잠언 18:21〉 "죽고 사는 것이 혀의 힘에 달렸나니 혀를 쓰기 좋아하는 자는 혀의 열매를 먹으리라."

그런데 부모가 자녀에게 긍정적인 말을 꾸준히 해주려면 약간의 결심과 노력이 필요합니다. 특별히 예수님을 믿고 하나님께 늘 기도하는 부모는 자녀에게 긍정적인 말을 해주기가 훨씬 쉽습니다.

예수님을 믿고 하나님께 기도하는 부모는 먼저 부모자신의 마음의 상처가 치료됩니다. 그래서 부모의 마음이 치유되고 마음속에 평화가 넘쳐나면 자녀에게 축복의 말, 믿음의 말, 긍정적인 말, 칭찬과 격려의 말을 아낌없이 해 줄 수 있습니다.

그러나 부모의 마음이 근심, 걱정으로 짓눌려 있으면 입에서 나오는 말도 부정적인 말이 나오게 됩니다. 부모의 마음이 비뚤어져 있으면 자녀에게 칭찬과 격려의 말을 해주지 못하고 자기도 모르게 비난하는 말, 파괴적인 말, 상처 주는 말을 하게 됩니다. 그러므로 자녀가 잘 되기를 바란다면 부모가 먼저 예수님을 믿고 새사람이 되어야 합니다.

무엇보다도 하나님께 늘 기도하는 부모가 되십시오. 하나님께 기도하는 부모가 최고의 부모입니다. 이명박 대통령의 어머니는 그 가난하고 어렵던 시절에 노점상을 하면서도 매일 새벽 장사하러 가기 전에 잠자는 아이들을 깨워서 무릎 꿇게 하고 기도했다고 하지 않습니까?

그렇게까지는 못한다 할 지라도 매일 새벽이나 혹은 저녁에 부르짖어 기도하는 부모의 기도는 하늘에 상달됩니다. 자녀의 못마땅한 모습을 보고 잘못을 거듭해서 지적하거나 나무라면 당신의 자녀는 점점 더 위축되고 절망하게 될 것입니다. 먼저 하나님께 기도하는 부모가 되십시오.

잡귀신에게 기도하지 말고, 말 못하는 우상에게도 빌지 말고, 천지를 창조하시고 지금도 살아계셔서 인간의 생사화복을 주관하시는 하나님께 기도하십시오. 당신의 자녀는 훌륭한 하나님의 자녀로 거듭나게 될 것입니다.

〈빌립보서 4:6~7〉 "아무것도 염려하지 말고 다만 모든 일에 기도와 간구로 너희 구할 것을 감사함으로 하나님께 아뢰라. 그리하면 모든 지각에 뛰어난 하나님의 평강이 너희 마음과 생각을 지키시리라."

24억 장학생 엄마

남편 없이 홀로 삼남매를 잘 키워서 유명해진 엄마가 있습니다. 세 자녀가 받은 장학금을 모두 합하면 24억 원이 된다고 합니다.(미화 170만 불)

그녀의 막내딸 최은희 양은 빌게이츠 재단으로부터 100만 불의 장학금을 받게 되었습니다. 세계에서 가장 좋은 대학으로 알려진 하버드 대학 4년 전액 장학생이기도 합니다. 큰 딸 최은혜 양과 외아들 최성찬 군은 둘 다 보스톤 대학 전액 장학생입니다.

이들은 공부만 잘하는 것이 아니라 리더십과 봉사정신과 남을 배려하는 마음도 특별합니다. 운동도 잘하고 악기도 잘 다룹니다. 자랑스러운 한국인들입니다. 이 삼 남매의 어머니인 황경애 씨는 어떻게 해서 자녀들을 훌륭하게 잘 키웠을까요? 사람들이 궁금해 합니다. 그래서 자녀교육 세미나 인기강사 순위 1번입니다. 그녀는 백화점에서 힘들게 일을 하며 자녀를 양육했습니다.

그런데 우리나라의 대도시에 사는 어떤 젊은 엄마들 중에는 몸을 팔아서 자녀 학원비를 마련한다는 얘기를 들은 적이 있습니다. 제가 살고 있는 지역에도 어떤 여자가 그런 짓을 한다는 소문을 최근에 들은 적이 있습니다. 엄마가 그렇게 부도덕한 짓을 해서 돈을 번다면 그 자녀들이 바르게 자랄 수 있을까요? 올바른 자녀교육은 절대 돈으로 할 수 있는 것이 아닙니다. 부모가 먼저 바르게 살아야 합니다. 그리고 하나님께서 도와 주셔야 가능합니다.

황경애 씨는 자녀들이 학교에 갈 때 현관에서 꼭 아이들의 머리에 손을 얹고 축복기도를 매일 해주었습니다. 급할 때는 아이들이 엄마 손을 끌어당겨 자기 머리에 손을 얹고 빨리 기도해 달라고 재촉하기도 했습니다.

그녀는 이처럼 예수님을 확실히 믿는 기독교신자입니다. 백화점에서 늦게까지 일하느라 무척 피곤했을 텐데도 매일 새벽기도회와 저녁예배를 빠뜨리지 않았다고 하니 놀라운 일입니다.

세 자녀는 아빠가 안 계시고 엄마가 힘들게 일하는 것을 보고 주말이나 방학 때에 엄마가 하는 일을 도와 드리고 고등학교 3학년 때에도 아르바이트를 해서 용돈은 스스로 벌어서 썼습니다.

막내딸은 고3 여름방학 때 교회에서 실시하는 남미 니콰라과에 선교여행을 다녀왔습니다. 엄마가 처음엔 반대했습니다. 엄마가 딸에게 지금은 공부가 급하니까 공부에 전념하고 선교여행은 대학 들어간 후에 하라고 권유하니까 이렇게 대답을 했습니다.

"엄마, 쓰고 남는 시간, 한가한 시간을 주님께 드리는 것은 누구나 할 수 있어요. 나는 가장 중요한때 가장 귀한 시간을 주님께 드리고 싶어요."

그래서 결국 두 달 동안 입시와 상관없는 스페인어 성경과 스페인어 찬송을 매일 저녁교회에 가서 배우고 선교훈련을 받은 후에 보름동안 선교여행을 다녀왔습니다. 그렇게 하면서도 전교수석으로 고등학교를 졸업하고 하버드대학 4년 전액 장학생에다가 빌게이츠 재단의 100만 불 장학생이 되다니 정말 대단한 일입니다. 하나님의 도우심을 말하지 아니하고는 설명할 길이 없습니다.

이 글을 읽으시는 분이 젊은 엄마라면 황경애 씨의 책을 구입해서 읽어 보시기를 바랍니다.〈엄마 울지마〉〈백만불 장학생 엄마되기〉

전혀 교회에 다니지 않던 분들이 그녀의 자녀교육에 대한 강의를 듣거나 책을 읽고 감동을 받아서 교회에 다니기 시작한 사람들이 꽤 여러 명 됩니다. 어느 날 그녀는 남편 없이 홀로 세 자녀 키우기가 너무 힘들어서 하루는 아들에게 이렇게 말했습니다.

"성찬아, 할아버지께 가서 생활비를 좀 얻어 와라."그랬더니 아들이 대답하는 말 "엄마, 할아버지 보다 훨씬 부자이신 하나님께 달라고 하세요."하면서 가지 않았습니다.

그 이후로는 '그래, 맞아. 하나님께 달라고 해야지' 결심하고 교회에 가서 눈물로 기도했습니다. 눈물로 기도하는 어머니가 있는 자식은 결코 망하는 법이 없습니다. 우리 모두 예수님을 믿고 자녀를 위해 눈물로 기도하는 어머니와 아버지가 되었으면 좋겠습니다.

〈시 126:5~6〉 "눈물을 흘리며 씨를 뿌리는 자는 기쁨으로 거두리로다. 울며 씨를 뿌리러 나가는 자는 반드시 기쁨으로 그 곡식 단을 가지고 돌아오리로다."

〈잠언 1:7〉 "여호와를 경외하는 것이 지식의 근본이거늘 미련한 자는 지혜와 훈계를 멸시하느니라."

〈잠언 9:10〉 "여호와를 경외하는 것이 지혜의 근본이요, 거룩하신 자를 아는 것이 명철이니라."

닉부이치치가 좋아하는 성경구절

저는 오늘 "닉 부이치치"의 집회실황을 인터넷으로 시청했습니다. 팔다리가 없는 그는 시종일관 웃음을 잃지 않고 청중들에게 힘 있는 메시지를 선포했습니다. 그는 초등학교에 입학했을 때 팔다리가 없어서 아이들에게 놀림 받고 8세 때 자살을 시도하기도 했습니다.

그러나 끊임없는 부모님의 사랑과 하나님의 사랑에 힘입어 그는 절망을 극복하고 세계적인 복음 전도자가 되었습니다. 그의 부모님은 그에게 날마다 성경을 읽어주고 "하나님께서 너를 사랑하신단다. 하나님께서 너를 위해 특별한 계획을 갖고 계신다. 네가 할 수 있는 최선을 다하면 나머지는 하나님께서 도와주실 거야."라고 끊임없이 격려해 주었습니다.

세계의 수많은 사람들이 "닉 부이치치"의 강연을 듣고 용기와 희망을 얻고 있습니다. 그는 기독교 신앙으로 절망을 극복하고 희망을 전파하는 희망전도사가 되었습니다. 그러면 "닉"이 좋아한다는 성경구절을 살펴볼까요?

〈렘 29:11~13〉 "여호와의 말씀이니라. 너희를 향한 나의 생각을 내가 아나니 평안이요, 재앙이 아니니라. 너희에게 미래와 희망을 주려는 것이니라. 너희가 내게 부르짖으며 내게 와서 기도하면 내가 너희들의 기도를 들을 것이요, 너희가 온 마음으로 나를 구하면 나를 찾을 것이요, 나를 만나리라."

"닉 부이치치"의 기도를 들어 주시는 하나님께서는 저와 여러분의 기도도 들어 주십니다. 그리고 우리를 만나 주십니다. 누구든지 예수님을 만나기만 하면 절망을 극복하고 힘차게 살아갈 수 있습니다. 또한 "닉 부이치치"는 성경 로마서 8장 28절 말씀을 좋아한다고 하더군요.

〈롬 8:28〉 "우리가 알거니와 하나님을 사랑하는 자 곧 그 뜻대로 부르심을 입은 자들에게는 모든 것이 합력하여 선을 이루느니라."

"닉"은 어릴 때 하나님께 팔다리를 달라고 기도했습니다. 그런데 하나님은 팔다리를 주시지 않고 팔다리보다 더 좋은 믿음, 소망, 사랑을 주셨습니다. 팔다리보다 더 좋은 영생을 주셨습니다. 천국의 영원한 소망을 주셨습니다.

팔다리는 80~90년 달고 다니다가 결국 죽으면 썩어 없어집니다. 그러나 예수님을 믿는 믿음은 영원합니다. 팔다리가 있어도 마음이 부패하고 악하고 더러우면 온갖 죄를 짓고 많은 사람들에게 해를 끼칩니다. 그러나 "닉 부이치치"는 팔다리가 없어도 예수님을 구세주로 믿는 믿음이 있기에 수많은 사람들에게 희망과 웃음을 선물하고 있습니다.

세 번째로 "닉"이 좋아하는 성경구절은 이러 합니다.

〈롬 8:18〉 "생각하건대 현재의 고난은 장차 우리에게 나타날 영광과 비교할 수 없도다."

이 땅에 사는 모든 사람은 고난을 겪을 때가 있습니다. 그러나 예수님을 믿고 장차 영원한 천국에서 누리게 될 영광을 생각하면 오늘의 고난을 넉넉히 이길 수 있습니다.

팔다리 없는 장애인도 최선을 다해서 열심히 사는데 우리들도 낙심하지 말고 포기하지 말아야 하겠습니다.

〈빌 4:13〉 "내게 능력주시는 자 안에서 내가 모든 것을 할 수 있느니라."

저는 “닉 부이치치”의 동영상을 시청하면서 그의 부모님이 정말 훌륭한 신앙인이라는 것을 느끼게 되었습니다.

보통 우리 한국인 부모들은 팔다리 없는 장애아가 태어난다면 고아원 앞에 내다 버릴지도 모릅니다. 그러나 “닉”의 부모님은 개척교회를 섬기는 목회자였기 때문에 그리고 하나님의 선하심을 믿었기에 절망하지 않고 사랑과 칭찬과 격려로 이 아이를 잘 길렀습니다. 날마다 성경을 읽어주고 기도를 가르치고 또 학교에 보내서 공부도 할 수 있도록 적극 도와주었습니다.

그런데 이 글을 읽으시는 당신은 무엇 때문에 힘들어 하십니까? 길이요, 진리요, 생명이신 예수님을 믿어 보세요. 천지를 지으신 하나님을 의지하고 소망을 가지시기를 바랍니다.

선택은 자유

어느 날 두 친구가 길을 가고 있었습니다. 갈림길이 나왔습니다. 한 길은 교회로 가는 길이고 또 한 길은 술집으로 가는 길이었습니다. 한 청년은 교회로 갔고 또 한 청년은 술집으로 갔습니다.

교회로 간 친구는 예수님을 잘 믿고 열심히 노력하여 마침내 미국의 22대 대통령이 되었다. “클리블랜드” 대통령 이야기는 너무나 유명합니다. 그날 교회로 가지 않고 술집으로 간 친구는 계속해서 허랑방탕하게 살다가 결국 살인죄를 짓고 교도소 신세가 되었습니다.

인생은 끊임없는 선택입니다. 신앙을 택할 것인가? 불신앙을 택할 것인가? 천국을 택할 것인가? 지옥을 택할 것인가? 선택은 자유입니다. 그러나 그 결과는 내가 책임져야 합니다.

50여 년 전 충청도 어느 마을에서 초등학교 6학년 두 아이가 갈림길에서 머뭇거리고 있었습니다. 한 길은 교회로 가는 길이었고 또 한 길은 학교로 가는 길이었습니다. 담임 신원희 선생님이 주일날에도 학교에 와서 공부하라고 명령을 내린 것입니다.

한 아이는 선생님으로부터 매 맞는 것이 두려워 학교로 갔고, 한 아이는 교회로 가서 예배를 드린 후에 학교에 늦게 갔다. 교회에 가지 않고 바로 학교로 간 아이는 평범하게 살다가 교통사고를 만나서 일찍 세상을 떠났습니다. 그러나 교회로 갔던 친구는 예수님을 잘 믿고 열심히 노력하여 9개 회사를 거느린 대의그룹 회장이 되었습니다. 그가 바로 "주께 하듯 하라", "하늘 경영"의 저자 "채의숭" 장로입니다.

선택은 자유입니다. 그러나 수십 년의 세월이 흐른 후 선택의 결과는 엄청난 차이를 가져옵니다. 우리는 날마다 선택을 합니다.

'주일날 교회에 갈까? 친척 결혼식에 갈까? 설교 말씀을 듣고 감사한 마음으로 순종을 할까? 불평하면서 내 멋대로 살까?'

어느 날 술 주정뱅이 남편이 술에 취해 밤늦게 집에 들어오자마자 방바닥에 오물을 토해 버렸다고 합시다. 남편 뒤통수에 악담과 저주를 퍼부을 것인가? 참고 인내하며 눈물로 기도할 것인가? 선택은 자유입니다. 그러나 그 결과는 하늘과 땅 차이입니다.

지난 번 우리 영양 감천교회에 간증집회 강사로 오셨던 "정상애" 전도사님은 결혼 첫날밤부터 술과 도박에 빠진 남편 때문에 눈물을 많이 흘렸습니다. 자살을 시도하기도 하고 이혼을 하려고 법원을 찾아 가기도 했습니다. 법원에 가서 이혼이 확정되기 직전 마음을 고쳐먹고 이혼을 미루고 예수님을 믿어보기로 결심했습니다.

교회에 나가서 눈물로 기도하기 시작했습니다. 그 결과 술과 도박, 그리고 바람까지 피던 남편이 새사람이 되어서 지금은 김해 구포제일교회 장로님이 되었다고 합니다. 그리고 그녀는 전도사님이 되었고 그녀의 두 아들도 신학교에 다니고 있습니다. 그녀는 지금 전국 누비며 간증집회를 인도하며 행복을 노래하고 있습니다. 초등학교를 겨우 졸업한 그녀는 하나님의 은혜로 시집도 발간하고 자서전도 출간했습니다. 나는 그녀가 쓴 책 "내가 만난 기적의 하나님"(은혜출판사)을 감명 깊게 읽어 보았습니다. 그녀가 만일 신앙을 택하지 않고 이혼을 선택했더라면 그녀와 남편과 두 아들 모두 불행해졌을 것입니다.

이와 반대로 매일 불평하면서 잔소리를 끊임없이 퍼부어대는 아내가 있다고 합시다. 그럴 때에 남편 되는 사람은 마누라를 두들겨 패거나 바람을 피울 수도 있습니다. 아니면 참고 인내하며 더 사랑해주고 더 위로해줄 수도 있을 것입니다. 선택은 자유입니다. 그러나 그 결과는 행복과 불행으로 나눠집니다.

이 글을 읽고서 당신은 잠시 망설일 것입니다. 다시 마음을 잡고서 교회에 나가볼까? 그냥 되는대로 막 살아버릴까?

선택은 자유입니다. 그러나 그 결과는 천국과 지옥입니다. 예수님을 택하고 교회생활을 선택하면 하나님이 도와주십니다. 계속해서 올바른 선택을 할 수 있도록 지혜를 주십니다.

그러나 세상을 택하고 불신앙을 선택하면 당신은 점점 어두움의 길로 가다가 마침내 지옥 멸망의 길로 떨어지게 됩니다. 예수님을 믿으면 천국, 안 믿으면 지옥입니다.

〈행 16:31〉 "주 예수를 믿으라. 그리하면 너와 네 집이 구원을 얻으리라."

〈히 9:27〉 "한 번 죽는 것은 사람에게 정해진 것이요. 그 후에는 심판이 있으리니"

〈요 3:16〉 "하나님이 세상을 이처럼 사랑하사 독생자를 주셨으니 이는 그를 믿는 자마다 멸망하지 않고 영생을 얻으리라."

부 활 절

부활절은 기독교에만 있습니다. 이 세상에 수많은 종교가 있지만 그 종교를 만든 교주가 죽었다가 다시 살아난 일은 없습니다. 그러나 기독교의 예수님은 십자가에서 처참하게 죽으셨다가 장사된 지 3일 만에 다시 살아나셨습니다.

타종교에서 기독교를 모방하고 흉내 내는 일이 종종 있지만 절대로 흉내 내지 못하는 것이 있습니다. 그것은 부활절입니다. 예수님의 부활은 누가 지어낸 이야기도 아니고 꾸며낸 이야기도 아닙니다. 실제로 있었던 일입니다. 역사적 사실입니다.

예수님께서 죽으셨다가 3일 만에 다시 살아나셨기 때문에 지금도 수많은 사람들이 예수님을 따르고 예수님의 가르침을 목숨처럼 귀하게 생각합니다. 만일 예수님이 십자가에서 죽으시고 다시 살지 못하셨다면 예수님은 하나님의 아들도 아니고 우리의 구세주가 될 수 없습니다. 그저 미친 사람이라고 볼 수밖에 없을 것입니다.

그러나 예수님은 실제로 부활하셨기에 하나님의 아들이요, 인류의 구세주로 증명이 되신 것입니다. 성경을 읽어보면 예수님의 부활이 자세히 기록되어 있습니다. 예수님이 십자가를 지시기 전에 이미 여러 차례 제자들에게 자신의 죽음과 부활을 미리 예언하셨습니다.

그래서 예수님이 죽으신 후에 예수님의 시신을 묻어둔 무덤을 로마 군인들이 철통같이 지키고 있었습니다. 왜냐하면 예수님의 시신을 그의 제자들이 훔쳐가서 몰래 숨긴 후에 예수님이 부활했다고 거짓소문을 퍼뜨릴까 봐 무덤을 지키게 했던 것입니다.

그러나 3일째 되던 날 새벽에 지진이 일어나고 하나님의 천사가 내려와서 무덤 문을 열어젖혔고 예수님은 다시 살아나셨습니다. 무덤을 지키고 있던 군인들은 두려워서 덜덜 떨며 죽은 자처럼 되었습니다.(마 28:4)

예수님은 부활하신 후에 500여명의 제자들에게 부활하신 자신의 모습을 보여주시고 40일 후에 하늘로 올라가셨습니다. 제자들은 예수님의 부활을 목격하고 뜨겁게 기도하고 성령을 충만히 받은 후에 목숨 걸고 담대하게 전도하였습니다.

만일 예수님이 다시 살지 못하셨다면 예수님의 제자들은 실망하고 뿔뿔이 흩어졌을 것입니다. 그러나 예수님의 부활은 역사적 사실이기 때문에 오늘날에도 전 세계에서 예수님의 부활을 기뻐하는 행사가 계속되고 있습니다.

우리 인생들이 부활하신 예수님을 구주로 영접하고 예수님의 가르침을 따라 산다면 참된 평화와 행복을 누릴 수 있습니다. 그러나 아직도 많은 사람들이 참된 행복의 근원이 되시는 예수님을 알지 못하고 세상의 부귀영화와 쾌락이 사람을 행복하게 만들어 주는 줄 알고 그것을 향하여 정신없이 달려가고 있습니다. 그러나 그 마지막은 멸망입니다. 죽음입니다. 무서운 지옥심판이 기다리고 있습니다.

예수님은 생수의 근원이 되십니다. 인간의 목마름을 해결해 주시는 분은 오직 예수님 뿐입니다. 며칠 전에도 어떤 연예인이 또 자살을 하여서 우리를 우울하게 합니다. 그러나 우리는 우울한 기분에 계속 사로잡혀 있어서는 안 됩니다. 하나님을 바라보고 예수님을 의지하고 다시 일어서야 합니다.

〈사 40:31〉 "오직 여호와를 앙망하는 자는 새 힘을 얻으리니 독수리가 날개 치며 올라감 같을 것이요. 달음박질 하여도 곤비하지 아니하겠고 걸어가도 피곤하지 아니하리로다."

오직 하나님만이, 오직 예수님만이 우리에게 새 힘을 공급해 주십니다. 부활하신 예수님과 천지를 지으신 하나님을 믿고 의지하는 사람은 우울한 생각을 떨쳐 버릴 수 있습니다. 온갖 스트레스를 이길 수 있습니다.

〈렘 17:13〉 "이스라엘의 소망이신 여호와여 무릇 주를 버리는 자는 다 수치를 당할 것이라. 무릇 여호와를 떠나는 자는 흙에 기록이 되오리니 이는 생수의 근원되신 여호와를 버림이니이다."

부활하신 예수님과 하나님아버지는 생수의 근원이 되십니다. 생수의 근원이 되시는 예수님을 잠시라도 떠나지 말고 늘 그 분과 동행함으로 날마다 승리하는 여러분들이 되시기를 바랍니다.

〈요 11:25~26〉 "예수께서 이르시되 나는 부활이요, 생명이니 나를 믿는 자는 죽어도 살겠고 무릇 살아서 나를 믿는 자는 영원히 죽지 아니하리니 네가 이것을 믿느냐?"

매일 피차 권면합시다.

뒤에서 비판하고 흉보는 것은 나쁜 일입니다. 그러나 정면에서 사랑하는 마음으로 권면하는 것은 좋은 일입니다. 우리는 서로서로 권면해야 합니다. 예수님을 열심히 믿어보자고 권면해야 합니다. 기도하자고 전도하자고 권면해야 합니다. 교회 가자고 권면해야 합니다.

서로 권면하지 아니하면 우리는 모두 다 마음이 무디어 져서 교회와 하나님을 멀리하고 죄를 가까이 하게 됩니다. 교인들 중에 열심히 신앙생활을 잘하는 분들도 있지만 교회생활을 게을리 하는 사람도 있습니다.

어떤 교인은 주일날 한가하면 교회에 나오고 조금이라도 바쁜 일이 생기면 교회에 나오지 않는 사람도 있습니다. 이런 사람은 훌륭한 교인이 아닙니다. 이런 사람은 복을 받지 못합니다. 하나님이 함께 하시는 복, 마음이 평안해지는 복을 결코 누릴 수 없습니다. 물질의 복도 복이지만 마음이 평안하고 든든하고 기쁨과 자신감이 넘치는 것이 최고의 복입니다.

그리고 정직하게 살고, 바르게 살고, 감사하며 사는 것이 복중의 복입니다. 교인들 중에는 큰 집에 살고, 좋은 승용차를 타고 다닌다고해서 자기가 예수님을 잘 믿어서 복을 받았다고 생각하는 사람이 있습니다.

물론 그럴 수도 있지만 그렇지 아니한 경우도 많습니다. 신앙생활을 제대로 하지 않고 있는데 경제적으로 윤택하다면 그것은 결코 복이 아닙니다. 저주입니다. 오히려 돈이 많은 것 때문에 마음이 교만해지고 하나님과 거리가 멀어지는 경우도 허다 합니다. 그래서 부자는 천국에 들어가기가 어렵다고 했습니다.

성경말씀에 순종하지 않는 사람, 교회에 나오다 말다 하는 사람,

예배시간을 귀하게 생각하지 않고 지각을 자주하는 사람은 에쿠스를 타고 다녀도 복 받은 것이 아닙니다. 저는 목회자로서 교인들이 잘못 행동하는 것을 보고 책망을 해야 하는데 그렇지 못할 때가 많습니다. 그래서 마음이 아픕니다. 책망을 했다가 하나님과 교회를 완전히 등지고 지옥백성이 될까 봐 그것이 걱정되는 것이지요.

어제 어떤 미국인 집에 들렀더니 그 외국인이 사람들에게 히브리서 3장 13절 말씀을 영어로 읽으면서 성경공부를 가르치더군요.

〈히 3:13〉 "오직 오늘이라 일컫는 동안에 매일 피차 권면하여 너희 중에 누구든지 죄의 유혹으로 완고하게 되지 않도록 하라."

우리는 내 자신이 완고하지 않도록 마음이 교만해지지 않도록 애써야 합니다. 그리고 또한 우리 가족이나 주위의 다른 사람들에게도 마음이 완고해지지 않도록 무디어지지 않도록 서로 서로 권면해야 합니다. 교회생활을 엉터리로 하는 날라리 교인이 있다면 권면해야 합니다.

"날라리 집사님, 우리 신앙생활을 똑바로 합시다. 우리 열심을 좀 내봅시다."하고 권면해야 합니다.

걸핏하면 자살하고, 툭하면 끔찍한 사건들이 꼬리에 꼬리를 물고 일어나는 것이 요즘 현실입니다. 지금은 기도해야 할 때입니다. 기도하지 아니하면 우리의 앞날은 더욱 캄캄해질 수밖에 없습니다.

예수님을 믿는 우리 그리스도인들이 정신 차려 기도한다면 우리나라의 앞날은 희망이 있습니다. 어제 영양군청 앞에서 깡패 여중생 언니들이 후배 여중생들을 불러 모아놓고 집단으로 폭행하고 괴롭혔다는 소식을 들었습니다. 청소년 문제는 청소년들만의 문제가 아닙니다. 청소년 문제는 부모의 문제요, 어른들의 문제입니다.

용돈 많이 준다고 우리의 자녀들이 바로 자라는 것이 아닙니다. 아이들에게 어려서부터 하나님을 경외하도록 가르쳐야 합니다. 십계명을 가르쳐야 합니다. 성경을 가르쳐야 합니다. 그리고 기도해야 합니다. 자녀들과 대화를 많이 나누어야 합니다. 사랑해야 합니다. 어른들이 먼저 본을 보여야 합니다. 어른들이 술집에 드나들고 도박이나 나쁜 습관에 빠져 있으면 곤란합니다. 엄마들이 사치와 허영, 그리고 불륜을 조장하는 TV드라마에 빠져 있으면 우리의 자녀들이 방황합니다.

가정마다 TV와 컴퓨터를 끄고 성경 읽고 가족끼리 손을 잡고 기도해야 합니다. 천지를 지으신 하나님께 기도해야 합니다. 이명박 대통령의 어머니처럼 새벽마다 자녀들을 깨워서 무릎 꿇게 하고 우리 모두 함께 기도한다면 어떤 일이 일어날까요? 아마 엄청나게 좋은 일이 일어날 겁니다.

기도만이 살 길입니다. 온 백성이 예수님을 믿고 하나님아버지께 기도하는 것만이 이 백성이 잘 되고 우리 민족이 사는 길입니다.

〈렘 33:2~3〉 "일을 행하시는 여호와, 그것을 만들며 성취하시는 여호와, 그의 이름을 여호와라 하는 이가 이와 같이 이르시도다. 너는 내게 부르짖으라. 내가 네게 응답하겠고 네가 알지 못하는 크고 비밀한 일을 네게 보이리라."

지금 주님과 함께

이 천지 만물을 지으시고 다스리시는 분이 계십니다. 그 분은 하나님이십니다. 하나님께서 만물을 다스리시고 모든 인간들의 생사화복을 주관하고 계십니다.

그러므로 하나님을 의지하고 그의 아들 예수님과 함께 하는 것이 인생 최고의 행복입니다. 그러나 하나님을 신뢰하지 못하고 내 마음대로 사는 것이 죄요, 또한 큰 비극입니다.

많은 사람들이 하나님께 모든 것을 맡기고 안식을 누릴 수 있는데도 불구하고 욕심 때문에, 교만 때문에 하나님을 거부하고 하나님과 원수가 되어서 고통스럽게 살고 있습니다.

당신의 영적 상태는 어떠합니까? 하나님과 하나가 되어서 평화를 누리고 있습니까? 아니면 하나님과 원수가 되어 있습니까? 혹시 하나님을 설득하려고 안간힘을 쓰고 있지는 않습니까? 하나님은 당신의 억지논리나 궤변에 설득 당하시는 분이 아닙니다. 하나님은 완전하시며 실수가 없으십니다.

하나님의 말씀에 순종하며 주님 안에 거하면 평화와 행복과 기쁨을 누릴 수 있습니다. 부자가 되어야, 성공을 해야, 자식이 서울대에 합격을 해야 행복해지는 것이 아닙니다.

자신의 무능과 부족을 깨닫고 하나님 앞에 철저히 낮아지고 겸손히 무릎을 꿇으면 지금 당장 우리는 평화와 자유를 누릴 수 있습니다. 물론 교만과 욕심의 사슬을 끊고 하나님과 친밀한 관계를 누리기 위해서는 시간과 정성을 투자해야 합니다. 그리고 하나님의 뜻을 알지 못해서 갈등을 느낄 때도 있습니다. 그러나 하나님을 끝까지 신뢰하고 기다리면 하나님께서는 합력하여 선을 이루어 주십니다.

〈롬 8:28〉 "우리가 알거니와 하나님을 사랑하는 자 곧 그 뜻대로 부르심을 입은 자들에게는 모든 것이 합력하여 선을 이루느니라."

지금 이 모습 이대로 주님 앞에 나아가는 것이 중요합니다. 나중에 돈 좀 벌어서 여유가 있으면 예수님을 믿겠다고 미루는 것은 매우 위험한 생각입니다. 사람은 돈 있고 여유가 생기면 더욱 교만해집니다. 지금 주님 앞에 무릎 꿇지 아니하면 나중에도 여전히 하나님께 항복하는 것이 쉽지 않습니다.

전 문화부장관 이어령 씨는 74세가 되어서야 간신히 그것도 사랑하는 딸의 암과 실명의 위기 앞에서 겨우 하나님 앞에 무릎 꿇고 세례를 받았습니다. 인간의 지식은 하나님 앞에서 먼지와도 같습니다. 인간의 지식과 상식과 경험을 의지하는 사람은 항상 불안하고 평화를 누리지 못합니다. 그러나 내 뜻과 고집을 버리고 선하신 하나님께 모든 것을 맡기면 하나님께서 내 생각보다 훨씬 더 좋은 길로 우리를 인도하십니다.

우리는 가까이 있는 사람들이 나를 힘들게 한다고 생각하기 쉽습니다. 내 아내가, 내 남편이, 부모 때문에, 자식 때문에, 돈 때문에, 환경 때문에 내가 힘들고 고통을 당한다고 생각합니다. 그러나 정확히 말하면 그것은 틀린 말입니다.

내가 하나님을 의지하지 않고 사람을 의지하고 환경을 의지하고 돈을 의지하기 때문에 내가 힘들고 늘 불안하고 초조한 것입니다. 하나님께 모두 다 맡기고 하나님 말씀에 순종하면 참된 평화와 자유를 누리게 됩니다. 지금 주님께로 나오세요. 지금 예수님을 구세주로 영접하시고 참된 기쁨과 평화 그리고 영생을 선물로 받으십시오.

〈마 11:28~30〉 "수고하고 무거운 짐 진 자들아, 다 내게로 오라. 내가 너희를 쉬게 하리라. 나는 마음이 온유하고 겸손하니 나의 멍에를 메고 내게 배우라. 그리하면 너희 마음이 쉼을 얻으리니 이는 내 멍에는 쉽고 내 짐은 가벼움이라 하시니라."

〈요 14:27〉 "평안을 너희에게 끼치노니 곧 나의 평안을 너희에게 주노라. 내가 너희에게 주는 것은 세상이 주는 것과 같지 아니하니라. 너희는 마음에 근심하지도 말고 두려워하지도 말라."

〈요 14:1〉 "너희는 마음에 근심하지 말라. 하나님을 믿으니 또 나를 믿으라."

공부 잘하는 방법

학생은 공부를 잘해야 합니다. 공부를 잘하면 성공할 가능성이 많습니다. 공부를 잘하면 좋아하는 직업도 얻을 수 있고 돈도 많이 벌고 사람들에게도 인정을 받습니다. 또한 멋진 배우자와 결혼해서 행복하게 살 수 있는 가능성도 많아집니다. 공부가 인생의 전부는 아니지만 학생에게는 대단히 중요합니다.

그러면, 공부를 잘하려면 어떻게 해야 할까요?

첫째, 공부를 잘하려면 공부를 좋아해야 합니다. 공부시간이 즐거워지면 피곤한 줄도 모르고 열심히 공부하게 됩니다. 그러나 싫은 공부를 억지로 하려고 하면 잡념이 생기고 빨리 피곤해지고 능률이 오르지 않습니다.

그런데, 공부를 좋아하려면 공부를 가르치는 선생님도 좋아해야 합니다. 수학선생님을 좋아하면 수학공부도 잘 하게 됩니다. 영어선생님을 좋아하면 영어시간이 즐거워 집니다.

그러나 선생님이 싫어지면 그 선생님이 가르치는 과목도 싫어지게 되고 성적이 떨어지게 됩니다. 모든 선생님을 좋아하고 학교를 좋아하고 친구들과도 잘 지내고 학교생활이 즐거우면 자연히 공부도 잘하게 됩니다.

그런데 공부를 좋아하고 모든 선생님을 진심으로 좋아하기가 쉽지 않습니다. 왜냐하면 선생님들이라고 해서 모두 성인군자들만 뽑아 놓은 것이 아니거든요.

선생님들 중에는 학생들을 편애하거나 부당하게 야단치시거나 학생들의 마음에 심각한 상처를 주는 분도 있을 수 있습니다. 나의 자존심을 짓밟고 상처 주는 말을 함부로 하시는 선생님을 사랑하고 존경하는 것은 쉽지 않습니다.

그러나 공부를 잘 하려면 그러한 선생님까지 사랑하고 존경해야 합니다. 만일 선생님이 미워진다면 하나님께 기도해야 합니다.

"하나님 아버지, 제가 ○○선생님을 사랑하고 존경하게 해 주세요. 선생님의 실수와 허물을 용서하시고 그 분에게 복을 내려 주세요. 제가 그 분을 미워하지 않게 해주세요."하고 기도해야 합니다. 하루에 10번씩 기도해 보세요. 며칠 지나지 않아서 그 선생님을 미워하지 않고 이해하고 사랑하는 마음을 갖게 될 겁니다.

그리고 미운 선생님에게 감사편지나 조그만 선물이라도 드리면서 선생님과 친하게 지내도록 노력해 보세요. 선생님을 미워하고 학교를 싫어하고 성적까지 떨어지면 나만 손해잖아요?

둘째, 공부를 잘 하려면 하나님께 기도해야 합니다. 매일 1시간 이상 하나님께 기도하면 하나님께서 공부를 잘할 수 있는 지혜를 주십니다. 그리고 컴퓨터 게임이나 여러 가지 유혹을 이길 수 있는 힘도 하나님께서 주십니다.

〈약 1:5〉 "너희 중에 지혜가 부족하거든 모든 사람에게 후히 주시고 꾸짖지 아니하시는 하나님께 구하라. 그리하면 주시리라."

황경애씨가 쓴 〈백만불 장학생 엄마〉, 〈엄마 울지마〉라는 책도 구해서 한번 읽어보세요. 그 분의 자녀 3남매는 모두 다 하버드대학을 비롯한 미국 명문대학의 4년 전액 장학생이 되었습니다. 게다가 막내 딸은 빌게이츠 재단의 100만불 장학금 수혜자가 되었습니다. 3남매의 장학금을 모두 합하면 한국 돈으로 24억이나 됩니다. (미화 170만 불)

그 분은 자녀들이 학교에 갈 때마다 현관에서 머리에 손을 얹고 기도해 주었다고 합니다. 엄마도 기도하고 학생도 기도하면 공부를 확실히 잘 할 수 있습니다. 만일 부모님이 교회를 다니지 않는 학생이 이 글을 읽는다면 본인이 출석하는 교회의 목사님이나 전도사님께 기도를 부탁드려 보세요. 특별 안수기도를 부탁해 보세요.

맨입으로 부탁하는 것 보다는 껌이라도 한통사서 선물한다면 더욱 확실히 기도해 주시겠지요?

학생 여러분! 공부를 잘 하고 싶습니까? 천지만물을 창조하시고 모든 인생의 생사화복을 주관하시는 하나님께 기도도 드리고 공부도 열심히 해 보세요. 하나님께서 도와주실 거예요.

셋째, 공부를 잘 하려면 주일날에는 꼭 교회에 나가서 예배를 잘 드려야 합니다. 교회에 나가다가 말다가 하는 학생, 게을러서 예배시간에 지각을 자주하는 학생은 하나님의 도우심을 받기가 어려울 겁니다.

그런 학생은 설령 공부를 잘 해서 좋은 대학에 들어간다 할지라도 자기노력으로 대학에 들어갔다고 생각합니다. 하나님의 도우심을 인정하지 않습니다. 하나님을 멀리하고 방황하다가 타락하고 불행해질 가능성이 많습니다. 그러다가 지옥에 떨어져서 영원히 고통당한다면 얼마나 억울한 일입니까?

이 글을 읽으시는 모든 학생들은 예수님을 철저하게 잘 믿으시고 하나님의 도우심으로 공부도 잘 하여서 대한민국을 빛내는 위대한 인물이 되시기를 바랍니다.

〈잠 3:5〉 "너는 마음을 다하여 여호와를 신뢰하고 네 명철을 의지하지 말라."

남편들에게

옛날에는 남자들이 큰 소리치고 살았습니다. 아내가 말을 듣지 아니하면 두들겨 패기도 했습니다. 유교의 영향으로 과거에는 이러한 일들이 가능했습니다. 그러나 지금은 기독교가 우리나라에 들어온 이후로 여성의 지위가 많이 향상되고 여성의 인권이 존중되고 있습니다.

지금은 남편들이 아내를 때리거나 학대하면 금방 이혼을 당합니다. 위자료까지 물어줘야 합니다. 그래서 불평하는 남자들이 많습니다. 남편 여러분! 불평하고 싸울 것이 아니라 성경은 아내를 사랑하라고 말씀하고 있습니다. 아내를 사랑하고 귀하게 여기라고 성경에 기록되어 있습니다.

설령 아내가 남편을 무시하고 아내의 의무를 전혀 행하지 않는다 할지라도 화를 내거나 주먹을 휘두르지 말고 오래 참으면서 설득해야 합니다. 아내가 남편에게 대들고 남편에게 잠자리를 거부한다 할지라도 인내하며 대화를 시도해야 합니다. 또한 하나님께 기도하며 온유한 마음으로 기다려야 합니다.

아내가 밥도 안 해주고 빨래도 안하고 남편의 성적 욕구를 해결해 주지 않는다고 해서 남편이 바람을 피우면 더욱 문제가 심각해지고 돌이킬 수 없는 상처를 남기게 됩니다. 성경에는 "간음하지 말라"(출 20:14)고 했습니다. 또한 이런 말씀도 있습니다.

〈벧전 3:7〉 "남편들아, 이와 같이 지식을 따라 너희 아내와 동거하고 그를 더 연약한 그릇이요, 또 생명의 은혜를 함께 이어받을 자로 알아 귀히 여기라. 이는 너희 기도가 막히지 아니하게 하려 함이라."

만약 이 글을 읽으시는 분 중에 아내 때문에 속 썩는 남편이 계시다면 예수님을 믿고 교회에 나와 보시기를 강력하게 권유합니다. 하나님은 우리가정의 모든 문제를 해결해 주실 수 있습니다.

가정 제도를 만드신 분은 하나님이십니다. 하나님께서 이 세상을 만드시고 에덴동산에 인류의 조상 아담과 하와(이브)를 만드셨습니다. 또한 가정의 행복도 하나님께로부터 옵니다. 사람들이 하나님을 떠나서 자기 마음대로 온갖 죄를 지으면서 살기 때문에 가정이 깨어지고 자녀들이 방황하고 있습니다.

남편 여러분! 여러분의 아내가 바가지를 날마다 긁습니까? 사치와 허영에 빠져 있습니까? 밥을 안 해 준다고요? 잠도 같이 안 잔다고요? 그러나 여기에 좋은 소식이 있습니다.

〈행 16:31〉 "주 예수를 믿으라. 그리하면 너와 네 집이 구원을 얻으리라."

이 말씀은 우리의 가정이 죄에서 구원받고 불행으로부터 구원받아 행복한 가정을 이룰 수 있다는 말입니다. 우리 주위에 이미 이혼하고 가정이 깨어진 경우를 종종 볼 수 있습니다. 혹은 재혼을 한 후에도 여전히 갈등과 불화로 고통을 당하는 분들도 있을 것입니다. 그러나 그러한 분들에게도 아직 희망이 있습니다.

누구든지 예수님께 나오면 희망이 있습니다. 예수님을 구세주로 영접하고 하나님을 의지하고 기도하는 사람에게는 소망이 있습니다. 기도는 불가능해 보이는 일들을 가능하게 만들어 줍니다. 우리는 모두 다 천지를 지으신 하나님께 무릎을 꿇고 기도해야 합니다.

"하나님 아버지, 저는 제 아내를 사랑하기가 너무 힘들어요. 도와주세요. 아내가 나를 무시하고 끊임없는 잔소리와 바가지로 나를 괴롭게 합니다. 아내를 사랑할 수 있는 힘을 주세요. 우리 부부가 행복한 부부가 되도록 도와주세요." 하고 간절히 기도해야 합니다. 기도하면 하나님께서 도와주십니다.

아내의 허물을 너무 크게 생각하지 말고 오히려 나 자신의 잘못이 무엇인지 곰곰이 생각해보고 반성해야 합니다. 서울 온누리교회에서 실시하는 "아버지학교"같은 프로그램에 참여해서 남편으로서 아버지로서 갖추어야 할 자질이 무엇인지 배우고 훈련해야 합니다.

좋은 남편, 훌륭한 아버지가 되는 것은 쉬운 일이 아닙니다. 돈만 많이 벌어 온다고 훌륭한 남편이 되는 것이 아닙니다.

"나는 아무 잘못이 없다, 모든 것이 아내의 잘못이다." 이렇게 생각하는 한 당신의 부부문제는 해결되지 않습니다.

〈엡 5:22,28〉 "남편들아, 아내 사랑하기를 그리스도께서 교회를 사랑하시고 교회를 위하여 자신을 주심같이 하라. …… 이와 같이 남편들도 자기 아내 사랑하기를 자기 자신과 같이 할지니 자기 아내를 사랑하는 자는 자기를 사랑하는 것이라."

아내들에게

하나님께서 아내들에게 요구하시는 것은 무엇일까요? 그것은 복종입니다. 대부분의 아내들은 이 말을 싫어 합니다. 하지만 성경은 아내들에게 복종하라고 말씀하고 있습니다.

〈엡 5:22~24〉 "아내들이여, 자기 남편에게 복종하기를 주께 하듯 하라. 이는 남편이 아내의 머리됨이 그리스도께서 교회의 머리됨과 같음이니 그가 바로 몸의 구주시니라. 그러므로 교회가 그리스도에게 하듯 아내들도 범사에 자기 남편에게 복종할지니라."

허물 많은 남편에게 복종하기란 쉽지 않습니다. 왜냐하면 실수가 전혀 없으신 하나님의 말씀에 복종하는 것도 어려운데 허물 많고 실수투성이인 남편의 말에 복종한다는 것은 말도 안 되는 것 같아 보입니다.

하지만 부당하게 느껴지는 성경말씀이라도 그대로 순종하면 놀라운 결과가 일어납니다. 또한 아내는 자기 남편을 존경해야 합니다.

〈에베소서 5:33〉 "아내는 자기 남편을 존경하라."

영어 성경에는 "반드시 존경하라."고 아주 강하게 표현되어 있습니다.(must respect) 자기 남편을 존경해도 되고 안 해도 되는 것이 아니라 "절대적으로, 반드시, 꼭, 목숨 걸고" 존경하라는 뜻입니다.

어리석은 아내는 이웃집 남자를 존경하고 자기 남편을 존경하지 않습니다. 이것은 남편을 화나게 만들고 남편을 비참하게 만드는 결과를 가져옵니다.

아내들이여! 바보 온달 이야기를 아시지요? 지혜로운 아내는 평강공주처럼 남편을 존경하고 칭찬하고 격려 합니다. 아내의 존경과 칭찬과 격려가 훌륭한 남편을 만들어 줍니다.

남편의 자존심을 세워 주어야 합니다. 특별히 자녀들이 보는 앞에서 남편의 권위를 세워줄 때에 아이들도 안정된 분위기 속에서 바르게 자라납니다. 자녀들 앞에서 남편을 무시하거나 멸시하면 자녀들도 자기 아버지를 무시하게 되고 아버지의 권위는 땅에 떨어지게 됩니다.

아버지의 권위가 무너지면 가정의 질서도 깨어지고 결국 엄마도 아이들에게 무시 당하게 됩니다. 그야말로 콩가루 집안이 되는 거지요. 제가 어렸을 때에 저의 어머니가 큰 바가지에 묵나물과 콩가루를 함께 넣고 흔들며 뒤집으시던 모습이 생각납니다.

콩가루를 뒤집어 쓴 나물은 무슨 나물인지 전혀 구분이 안 됩니다. 못 먹는 나물이 섞여 있어도 알 수가 없습니다.

내 자녀가 어른 아이를 구별할 줄 알고 윗사람의 권위를 인정하는 올바른 사회인으로 자라나기를 원한다면 남편의 권위를 세워주어야 합니다. 아내가 남편의 잘못을 반복해서 지적하거나 바가지를 긁으면 남편은 더욱 절망하게 되고 무능한 사람으로 전락하게 됩니다.

아내의 잔소리로 남편이 결코 변화되지 않습니다. 비난과 불평을 그치고 남편을 이해해 주고 존경하고 조금이라도 잘한 것이 있으면 칭찬하고 격려해야 합니다.

그리고 하나님께 기도해야 합니다.

남편의 장점 20가지를 종이에 적어서 남편에게 선물해 보세요. 생각나지 않는다고요? 기도하면 하나님께서 생각나게 해주실 겁니다. 아무리 내 남편이 못나 보여도 하나님께 기도하면 20가지 정도는 쉽게 찾을 수 있습니다.

저는 제 아내의 장점 100가지를 적어서 아내에게 선물한 적이 있습니다. 바보 온달씨가 자기 아내의 존경과 칭찬으로 변화되었다면 당신의 남편도 변화될 수 있습니다. 오늘부터 잔소리를 일체 삼가고 사랑과 존경과 칭찬과 복종으로 남편을 섬겨보세요.

아내 여러분! 죄가 되지 않는다면 내 고집을 너무 주장하지 말고 겸손한 태도로 남편의 뜻을 존중해 보세요. 남편과 정면 대결하여 남편의 기를 꺾어버리면 남편은 점점 무능해지고 비참해지고 결국 아내도 함께 비참하고 초라한 신세가 되고 맙니다.

남편이 하는 일에 대해서 사사건건 트집을 잡거나 간섭하지 마세요. 그저 말없이 얌전하게 남편에게 순종하며 하나님께 기도하는 아내가 최고의 아내입니다. 이러한 아내를 때가 되면 하나님께서 크게 높여 주십니다.

결혼을 앞둔 여성들에게

요즘 젊은 아내들은 자기 남편을 우습게 알고 함부로 대하는 것 같습니다. 신세대 아내들이 자기 남편에게 이래라 저래라 하며 시키는 대로 빨리 하지 않으면 화를 내고 짜증내는 경우를 여러 번 보았습니다. 그런 행동은 옳지 않습니다. 아내는 남편을 하늘처럼 받들어야 합니다.

〈엡 5:22〉 "아내들이여, 자기 남편에게 복종하기를 주께 하듯하라."

아내는 죄 짓는 일 외에는 남편에게 순종해야 합니다. 그렇게 해야 행복하게 잘 살 수 있습니다. 만일 남편이 예수님을 믿지 않을 경우에 교회에 못 가게 하고 예수님을 믿지 못하게 한다면 그러한 것은 순종하면 안 됩니다. 목숨 걸고 교회에 나와야 합니다.

왜냐하면 남편보다 하나님이 훨씬 더 높으신 분이시고 하나님의 아들 예수님이 우리의 구세주가 되시기 때문입니다.

그러나 그 외에는 가정의 중요한 일을 결정할 때에 남편의 뜻을 따르는 것이 좋습니다. 왜냐하면 아내가 남편을 휘어잡고 아내가 가정에서 왕 노릇하면 남편이 무능해지고 남편의 자존심이 무너져 내립니다.

가정에서 아내의 기세에 눌려 꼼짝 못하는 남편이 밖에 나가서 사회생활에 성공할 수가 있겠습니까? 그러므로 아내는 남편의 권위를 세워주고 남편을 존경해야 합니다.

아내로부터 존경과 지지를 받는 남편이 사회에서 성공합니다. 유능한 사람이 될 수 있습니다. 남편이 성공하고 남편이 행복하면 아내도 함께 행복을 누리게 됩니다.

그러나 남편의 기가 꺾여서 아내를 무서워하고 퇴근 후 집에 들어오는 것을 싫어하고 술집에 드나든다면 그 가정은 조만간 심각한 위기를 만나게 됩니다.

연애할 때는 남자가 여자의 말을 잘 듣습니다. 왜냐하면 여자의 환심을 사서 결혼하기 위해서 입니다.

그러나 일단 결혼하고 나면 남자의 마음은 달라집니다. 자기의 또 다른 꿈을 펼쳐보고 싶어 합니다. 새로운 목표를 향하여 달려갑니다. 그리고 아내의 간섭을 싫어 합니다.

아내들은 이러한 남편의 변화에 당황하지 말고 남편이 실수를 해도 고집을 부려도 오래 참아주고 기도하면서 남편을 끝까지 존경하고 격려해야 합니다.

남편이 아내의 말을 듣지 않는다고 해서 남편과 심하게 다투다가 이혼을 한다면 함께 불행해집니다. 자녀가 있는 경우에는 자녀에게도 큰 상처를 주게 됩니다. 자녀를 정말 사랑한다면 이혼하지 말아야 합니다. 자녀에게 줄 수 있는 최고의 선물은 배우자를 사랑하는 것입니다. 이혼을 한 후에 재혼을 해서 잘사는 경우가 그리 많지 않습니다. 일단 결혼했으면 이혼하지 말고 끝까지 참고 견디어야 합니다.

우리나라의 유명한 어느 여자 연예인이 이혼을 한 후에 우울증에 시달리다가 자살하고 최근에는 그 동생까지 자살을 하여서 우리를 놀라게 하였습니다.

결혼을 앞둔 젊은 여성들은 결혼하면 남편이 내 뜻대로 움직여줄 것이라는 착각을 버려야 합니다. 내가 먼저 남편을 섬기고 남편을 행복하게 해주기 위해 노력하겠다는 각오를 해야 합니다.

내가 행복해지기 위해 결혼한다면 그 결혼은 실패합니다. 하나님을 기쁘시게 하고 상대방을 행복하게 해주기 위해 노력해야 합니다.

〈벧전 3:1~5〉 "아내들아, 이와 같이 자기 남편에게 순종하라. 이는 혹 말씀을 순종하지 않는 자라도 말로 말미암지 않고 그 아내의 행실로 말미암아 구원을 받게 하려 함이니 너희의 두려워하며 정결한 행실을 봄이라…… 전에 하나님께 소망을 두었던 거룩한 부녀들도 이와 같이 자기 남편에게 순종함으로 자기를 단장하였나니"

자기 남편에게 순종하는 아내가 가장 훌륭한 아내입니다.

칭찬합시다.

서로 칭찬하는 부부가 있고 서로 상대방을 비난하고 빈정거리며 깎아 내리는 부부가 있습니다. 어느 쪽이 더 행복한 부부일까요?

그야 물론 서로 칭찬하는 부부가 행복한 부부입니다.

많은 사람들이 칭찬 듣는 것을 좋아합니다. 하지만 남을 칭찬하고 좋은 말해주는 일에는 서투르고 인색한 사람들이 많습니다. 특별히 부부사이에는 상대방을 끊임없이 칭찬하고 축복하는 말을 해야 행복하게 살 수 있습니다.

부부는 농담으로라도 상대방을 깎아내리는 말을 하지 말아야 합니다. 사람들은 웃기 위해서 배우자의 실수를 주위 사람들에게 공개하거나 배우자를 깎아내리는 농담을 하기도 합니다.

그렇게 하면 그 자리에서는 웃고 즐길 수 있습니다. 그러나 그러한 일이 몇 번 반복되고 습관이 되면 상대방에게 큰 상처를 입히게 됩니다. 특별히 배우자의 약점이나 외모에 대해서 농담하는 것을 조심해야 합니다. 부부사이에는 끊임없이 상대방을 칭찬하고 사랑을 고백해야 합니다. 누구든지 40~50대가 되면 배가 좀 나올 수 있습니다.

그럴 때에 배우자의 배가 나왔다고 놀리지 말아야 합니다. 오히려 배가 좀 나오니까 통통하고 의젓하고 듬직하고 보기가 좋다고 말해주는 것이 좋습니다.

그리고 칭찬할 때는 구체적으로 칭찬해야 합니다. 또 조금 과장해서 칭찬하는 것이 좋습니다. 과장하지 않고 사실대로만 말하면 칭찬할 거리가 많지 않습니다. 서로 칭찬하고 사랑을 고백하는 것은 행복한 부부들의 공통점입니다.

"부부 십계명"(에드영 지음)이라는 책에 보면 부부사이에 "당신이 최고야" "사랑해요"라고 고백하는 것은 말로 애무하는 것이라고 했습니다.

저는 며칠 전 경북 경산에 계시는 누님 댁을 방분했습니다. 그 때 70이 다 되어가는 누님께서 자형이 누님에게 사랑한다는 말을 거의 하지 않는다고 불평을 좀 하시더군요. 70이 되고 80세가 되어도 사랑한다는 말을 배우자로부터 듣는 것은 행복한 일입니다.

그런데 돈도 들지 않는데 왜 그 말을 못합니까? 저도 이 사실을 결혼 초에는 잘 몰랐습니다. 그러나 지금은 아내를 끊임없이 칭찬하고 또 사랑을 고백합니다.

부부는 서로 상대방을 변화시키려고 애쓰지 말아야 합니다. 충고하고 잔소리 하고 가르치려는 태도를 버려야 합니다. 상대방의 나쁜 습관을 고치려고 하지 말아야 합니다. 그냥 포기하십시오. 용납하세요. 나쁜 점은 못 본척하고 조금이라도 잘하는 것이 있으면 자꾸 칭찬해야 합니다.

그렇게 하면 누구든지 행복한 부부가 될 수 있습니다. 불평을 그치고 하나님께 감사하고 배우자에게 감사하고 배우자를 칭찬하면 당장 행복을 누릴 수 있습니다.

〈엡 4:29〉 "무릇 더러운 말은 너희 입 밖에도 내지 말고 오직 덕을 세우는 데 소용되는 대로 선한 말을 하여 듣는 자들에게 은혜를 끼치게 하라."

〈에베소서 4:31-32〉 "너희는 모든 악독과 노함과 분 냄과 떠드는 것과 비방하는 것을 모든 악의와 함께 버리고, 서로 친절하게 하며 불쌍히 여기며 서로 용서하기를 하나님이 그리스도 안에서 너희를 용서하심과 같이 하라."

〈엡 5:4〉 "누추함과 어리석은 말이나 희롱의 말이 마땅치 아니하니 오히려 감사하는 말을 하라."

이제 막 결혼하는 부부에게

최근에 저는 결혼 주례를 해달라는 부탁을 받았다가 결혼식을 일주일 앞두고 취소되는 일을 경험했습니다. 큰 교회 목사님들은 결혼 주례가 펑크 나면 오히려 좋아하신다고 합니다. 왜냐하면 너무 바쁘게 활동하시다가 조금 쉴 수 있으니까요.

하지만 저는 조그만 시골교회 전도사이기 때문에 평생처음 결혼 주례를 부탁받았다가 취소되고 나니 기쁘기는 커녕 좀 부끄럽고 창피한 생각이 드는군요. 우리 인생길에는 창피스런 일들이 종종 발생합니다. 그러나 우리는 낙심하지 말아야 합니다. 왜냐하면 예수님께서 우리의 모든 수치와 죄를 십자가에서 담당하시고 청산하셨으니 까요.

이제 막 결혼하는 젊은 부부들에게도 마찬가지 입니다. 대부분의 남녀는 자신의 수치와 허물을 감추고 데이트를 합니다. 자신의 가장 좋은 모습만 보여줍니다. 그러나 결혼해서 살다보면 수치와 허물이 하나 둘 드러나기 시작해서 상대방에게 실망을 주게 되고 자신에게도 실망하게 됩니다.

그렇다고 해서 결혼생활을 쉽게 포기하면 안 됩니다. 인간은 모두 다 이기적이며 불완전한 존재입니다. 자기 아내나 남편을 완전히 만족시켜 줄 수 있는 사람은 이 세상에 단 한명도 없습니다.

우리나라에서 크게 성공하고 유명한 사람이 몇 명 있었습니다. 그들은 자기 아내를 정말 영원히 기쁘게 해주는 멋진 남편인 것처럼 보였습니다. 그런데 그들은 자신의 수치와 허물이 드러나자 그만 견디지 못하고 자살을 하고 말았습니다. 어떤 분은 12층 화장실 창문에서 뛰어내렸고 또 어떤 분은 높은 바위 위에서 뛰어내렸습니다. 아내들에게 큰 충격과 슬픔과 실망을 안겨준 셈이지요. 그분들이 예수님을 잘 믿고 열심히 기도하는 사람이었다면 그러한 비극은 일어나지 않았을 것입니다.

그러면 결혼한 부부가 행복하게 잘 살려면 어떻게 해야 할까요?

첫째, 예수님을 잘 믿어야 합니다. 예수님을 잘 믿는 아내는 자기 남편을 왕처럼 생각하고 잘 받들어 모십니다.

〈엡 5:22〉 "아내들이여, 자기 남편에게 복종하기를 주께 하듯 하라."

남편을 대할 때 주님께 대하듯이 남편의 말에 순종하면 아내도 남편의 사랑을 받으며 행복하게 살 수 있습니다. 그러나 아내가 자기 남편을 시시하게 생각하고 남편의 말을 듣지 아니하고 오히려 남편을 종 부리듯이 부리려고 하면 다툼이 생기고 부부싸움이 일어납니다. 결혼생활은 쉽지 않습니다. 부부가 함께 예수님을 믿고 하나님께 날마다 무릎 꿇고 기도해야 합니다. 배우자를 사랑하고 존경할 수 있는 힘을 달라고 기도해야 합니다. 기도하지 아니하면 언제 사탄이 틈을 타서 가정에 큰 풍파가 일어날지 아무도 예측할 수 없습니다. 부부가 함께 하나님께 기도하는 가정은 문제가 생길지라도 그 문제를 지혜롭게 잘 극복할 수 있습니다.

그리고 부부싸움을 했을 때 시댁식구나 친정식구들에게 일러바치면 문제가 더욱 복잡해지고 집안싸움으로 확대 됩니다. 부부싸움을 할 때에는 절대 주위사람들을 끌어 들이지 말아야 합니다. 하나님께 기도로 일러 바치면 하나님께서 서로의 마음속에 용서하고 화해하고 싶은 마음을 주셔서 문제를 잘 해결할 수 있습니다.

둘째, 부부가 행복하게 잘 살려면 남편은 아내를 자기 몸처럼 사랑해야 합니다.

남편은 아내가 실수하고 잘못을 저질러도 오랫동안 참고 기다려 주어야 합니다. 또한 아내에게 늘 끊임없이 관심을 쏟으며 애정을 표현하며 사랑해 주어야 합니다. 아내가 수십 번 수백 번 잘못을 해도 또 참아주고 또 용서한다는 것은 쉽지 않은 일입니다. 그러므로 남편들은 아무리 바빠도 주일날에는 꼭 아내와 함께 교회에 나와서 예배를 드리고 하나님께 도움을 요청해야 합니다. '하나님의 도우심 없이 내 힘으로 얼마든지 잘 살 수 있다'라고 생각하는 것은 무서운 교만입니다.

〈시 127:1~2〉 "여호와께서 집을 세우지 아니하시면 세우는 자의 수고가 헛되며 여호와께서 성을 지키지 아니하시면 파수군의 깨어있음이 허사로다. 너희가 일찍이 일어나고 늦게 누우며 수고의 떡을 먹음이 헛되도다. 그러므로 여호와께서는 그 사랑하시는 자에게는 잠을 주시는 도다."

〈행 16:38〉 "주 예수를 믿으라. 그리하면 너와 네 집이 구원을 얻으리라."

기도를 잊지 마세요.

저는 어제 결혼식에 참석했습니다. 주례하시는 분이 결혼하는 신랑 신부에게 권면하시기를 '양가 부모님의 은혜를 잊지 말고 행복하게 잘 살아라' 는 말씀을 하셨습니다. 결혼하는 모든 부부들이 행복하게 잘 살기를 원합니다. 그러나 실제로 행복하게 잘 사는 부부는 많지 않습니다.

이혼하는 부부가 점점 더 많아지고 있습니다. 또 이혼은 안했지만 자식들 때문에 억지로 사는 부부도 많습니다. 그러면 어떻게 해야 행복한 가정을 이룰 수 있을까요? 세상을 만드시고 사람을 만드시고 가정 제도를 만들어 주신 하나님께 기도해야 합니다. 귀신에게 기도하지 말고 천지를 지으신 하나님께 기도해야 합니다.

한 때 크게 인기를 얻었던 가수 윤항기씨가 방탕한 생활을 하다가 폐결핵에 걸려서 죽을 지경이 되었습니다. 그 때 그의 부인이 남편을 살리기 위해서 목숨 걸고 40일 금식기도를 하였습니다. 주위 사람들이 만류했습니다.

"성한 사람마저 밥을 안 먹고 기력이 떨어지면 폐결핵에 같이 전염되어 함께 죽게 된다. 둘 다 죽으면 아이들은 누가 키우느냐?"고 말렸습니다.

그러나 그녀는 목숨 걸고 금식기도를 하였더니 다 죽어가던 남편 윤항기씨가 기적적으로 살아나서 완전히 건강을 회복하였습니다. 그리고 아내가 믿는 하나님을 함께 믿을 뿐만 아니라 지금은 목사님이 되었습니다.

하나님께 기도하면 이처럼 놀라운 일들이 일어납니다. 그런데 기도하려면 시간을 투자해야 합니다. 어제 결혼식을 치른 가정에서 저녁 때에 우리 집으로 전화를 걸어왔습니다. 결혼식 때 마을에서 오시는 하객들을 교회 봉고차로 태워주어서 감사하다고 음식 남은 것이 있으니 놀러오라고 했습니다. 그러나 저는 내일 주일설교 준비해야 한다고 사양을 하고 아내와 함께 1시간 30분 동안 가정예배를 드리면서 기도하는 시간을 가졌습니다.

이웃집에서 놀러오라고 할 때 다 좇아다니면 하나님께 기도하는 시간을 가질 수 없습니다. 사람들과 사귀는 시간도 중요하지만 하나님을 가까이 하고 하나님께 기도하는 시간은 더욱 중요합니다.

가수 윤항기씨가 죽음직전에서 살아나고 목사님이 되고 행복한 가정을 이룬 것은 그의 아내가 오로지 기도했기 때문입니다.

〈행 1:14〉 "더불어 마음을 같이하여 오로지 기도에 힘쓰더라.

행복한 가정을 이루기 위해서는 하나님께 기도해야 합니다. 예수님을 구세주로 영접하고 하나님께 기도하는 가정은 비바람이 몰아쳐도 흔들리지 않습니다. 하나님께서는 기도하는 가정을 지켜주십니다. 이제 갓 결혼한 신혼부부도 기도해야 합니다. 기도를 꾸준히 계속하면 신혼의 행복을 노년까지 계속 유지할 수 있습니다.

결혼 한지 오래된 부부도 기도해야 합니다. 나이 많은 부부도 함께 기도하면 잃었던 사랑과 열정을 회복할 수 있습니다. 이미 가정이 깨어진 경험이 있는 사람이라 할지라도 하나님께 부르짖어 기도하면 놀라운 일이 일어납니다. 저는 이혼한 지 10년 된 부부가 "아버시 학교" 프로그램을 통하여 다시 재결합하는 모습을 기독교 TV를 통해서 지켜본 적이 있습니다. 기도하면 신기하고 놀라운 일들이 일어납니다. 기도하면 문제가 해결됩니다. 결혼하기 전에 기도해야 합니다. 결혼한 후에도 기도해야 합니다.

〈마 7:7〉 "구하라 그리하면 너희에게 주실 것이요. 찾으라. 그리하면 찾아낼 것이요. 문을 두드리라 그리하면 너희에게 열릴 것이니"

〈렘 33:3〉 "너는 내게 부르짖으라. 내가 네게 응답하겠고 네가 알지 못하는 크고 비밀한 일을 네게 보이리라."

〈빌 4:6~7〉 "아무것도 염려하지 말고 다만 모든 일에 기도와 간구로 너희 구할 것을 감사함으로 하나님께 아뢰라. 그리하면 모든 지각에 뛰어난 하나님의 평강이 너희 마음과 생각을 지키시리라."

어려운 문제가 생기면 기도해야 합니다. 오로지 기도하는 일에 힘써야 합니다. 사도행전 1장 14절에도 이런 말씀이 기록되어 있습니다.

〈행 1:14〉 "여자들과 예수의 어머니 마리아와 예수의 아우들과 더불어 마음을 같이하여 오로지 기도에 힘쓰더라."

오로지 기도하는 일에 힘쓸 때 하나님께서 도와주셔서 문제가 기적적으로 해결됩니다.

가수 윤복희 씨도 한때 크게 절망스러운 일을 당한 적이 있습니다. 그때 그녀의 오빠 윤항기 씨 부부가 그녀를 위로 하고자 방문을 두드려도 윤복희 씨는 문을 열어주지 않았습니다. 윤항기 씨는 자기 여동생이 무슨 일을 저지를지도 모른다는 생각이 들어서 문을 부수려고 했습니다. 그 때 윤항기 씨의 부인이 남편에게 말했습니다.

"여보, 우리가 문을 부수고 들어가서 위로 한들 무슨 큰 위로가 되겠어요? 차라리 여기서 우리가 무릎 꿇고 하나님께 기도로 매어 달립시다."

그리하여 그들 부부는 그 자리에 무릎 꿇고 눈물을 흘리며 간절히 기도했습니다. 눈물로 기도하는 윤항기 씨에게 하나님께서는 성경 말씀으로 위로해 주셨습니다.

〈사 41:10〉 "두려워하지 말라. 내가 너와 함께 함이라. 놀라지 말라. 나는 네 하나님이 됨이니라. 내가 너를 굳세게 하리라. 참으로 너를 도와주리라. 참으로 나의 의로운 오른손으로 너를 붙들리라."

그리고 하나님께서는 즉석에서 작사 작곡하도록 영감을 주셨습니다다. 노래를 만든 윤항기 씨가 말했습니다.

"복희야! 방금 하나님께서 너를 위해서 노래를 주셨단다. 오빠가 불러볼게, 들어봐."

절망에 빠져 있는 여동생의 방문 앞에서 윤항기씨는 기타를 치며 노래를 불렀습니다. 그 곡이 바로 1979년 서울 국제가요제에서 대상을 수상한 〈여러분〉이라는 노래입니다.

절망에 빠져있는 동생의 방문을 부수고 들어가 말로 위로하는 것도 조금 위로가 될 수도 있습니다. 그러나 무릎 꿇고 하나님께 부르짖어 기도하는 것은 큰 위로가 되고 문제해결을 가져오는 엄청난 능력을 가져옵니다.

기도줄은 생명줄

무거운 빨래를 널다가 빨랫줄이 끊어지면 곤란한 일이 발생합니다. 빨래를 다시 해야 하고 철물점에 가서 더 굵고 튼튼한 나일론 줄을 사다가 다시 매어야 합니다. 그런데 빨랫줄이 끊어지는 것 보다 훨씬 더 위험한 일이 있습니다. 기도의 줄이 끊어지는 것입니다.

기도의 줄이 끊어지면 생명줄이 끊어지는 것과 같은 엄청난 시험과 위험이 따라옵니다. 기도를 쉬면 쥐도 새도 모르게 사탄이 우리 마음속에 들어와서 좌절과 절망 그리고 미움, 시기, 질투, 온갖 부정적인 감정에 사로잡히게 됩니다. 기도의 줄이 끊어지면 자기 마음을 다스리지 못하게 됩니다. 믿음을 잃게 됩니다. 자신감을 잃어버리고 방황하게 됩니다.

기도하지 않는 교인은 살았다 하나 죽은 교인입니다. 기도하지 않는 집사는 집사가 아닙니다. 기도하지 않는 목회자는 참된 목회자가 아닙니다. 그저 삯군에 불과합니다.

우리의 삶속에서 왜 고난이 닥치고 문제가 발생할까요? 고난은 하나님께서 우리로 하여금 기도하게 하시려고 보내시는 사랑의 채찍과도 같습니다. 고난당하는 사람은 하나님께 기도해야 합니다.

〈약 5:13〉 "너희 중에 고난당하는 자가 있느냐 그는 기도할 것이요."

70년대 인기가수 윤항기 씨는 잘 나갈 때, 인기가 절정일 때는 하나님을 믿지 않고 방탕한 생활을 했습니다. 몇 달 만에 한 번씩 집에 들어와서는 교회에 나가는 아내를 핍박하고 교회 문을 박살내기도 했습니다.

그러다가 폐결핵에 걸려 다 죽어가는 신세가 되니까 자기를 위해 기도해 주는 아내를 고맙게 여기고 자기도 함께 예수님을 믿고 교회에 다니며 하나님께 기도하는 사람이 되었습니다.

그는 아내의 간절한 기도로 폐결핵을 깨끗이 고침 받고 건강을 얻어 지금은 목사가 되었습니다. 저는 윤항기 씨가 쓴 책을 읽어보았습니다. 그는 그의 자서전 "여러분"이라는 책에서 이렇게 말하더군요.

"내가 인기가수로 잘 나갈 때는 많은 친구들이 내 곁에 있었습니다. 그러나 내가 병들어 죽게 되었을 때 그들은 모두 내 곁을 떠나가고 나는 처량하고 외롭고 비참한 신세가 되었습니다. 그 당시 나를 찾아와서 위로해 주고 기도해 주었던 사람들은 오직 내 아내와 아내가 출석하던 교회의 교인들뿐이었습니다."

윤항기 씨가 〈나는 어떡 하라고〉라는 노래를 불러서 한동안 인기를 누렸지만 어느 날 그는 노래를 부르다가 피를 토하고 쓰러졌습니다. 폐결핵 3기로 그는 죽음 문턱에 이르게 되었습니다.

그러나 그는 자기 아내와 교인들과 함께 하나님께 부르짖어 기도했더니 그는 다시 살아났습니다. 그리고 그는 희망찬 노래를 불렀습니다. "나는 행복합니다." "여러분" 등의 노래를 불러서 다시 옛날의 명성을 되찾았습니다.

인간은 누구나 죄를 짓고 실수를 많이 합니다. 그러나 죄를 회개하고 하나님께 돌아와서 부르짖어 기도하면 하나님께서는 사랑이 많으셔서 또 용서해 주십니다.

혹시 이 글을 읽으시는 분 중에 고난으로 괴로워 하는 분이 계십니까? 절망하지 마십시오. 주님께로 나오면 문제해결의 길이 보입니다. 어떤 경우에라도 절망하지 마십시오. 천지를 지으신 하나님께서 당신을 기다리고 계십니다.

〈마 11:28~30〉 "수고하고 무거운 짐 진 자들아. 다 내게로 오라. 내가 너희를 쉬게 하리라. 나는 마음이 온유하고 겸손하니 내게 와서 내게 배우라. 그리하면 너희 마음이 쉼을 얻으리니 이는 내 멍에는 쉽고 내 짐은 가벼움이라 하시니라."

제가 어느 날 길거리에서 전도하다가 만난 어떤 남자는 장사가 안되고 힘들 때마다 밤에 산에 가서 큰 바위 앞에서 촛불을 켜놓고 산신령에게 공을 들인다고 하더군요.

간혹 잡귀신에게 기도하는 것도 일시적인 문제해결에 도움이 될 수도 있겠지요. 그러나 근본적인 문제해결이 되지 않고 오히려 귀신에게 속아서 영원한 지옥에 떨어지는 결과를 가져옵니다.

잡귀신들도 일시적인 능력이 좀 있다면 천지를 지으신 하나님께서는 얼마나 능력이 많으시겠습니까? 하나님께서는 부르짖는 성도의 기도를 외면하시지 않습니다. 반드시 들어주십니다.

〈렘33:3〉 "너는 내게 부르짖으라. 내가 네게 응답하겠고 네가 알지 못하는 크고 비밀한 일을 네게 보이리라."

잘못된 사랑 1(삼하 13:14 / 2018.7.23)

'다윗'이 '밧세바'를 왕궁으로 데려와서 동침한 것은 잘못된 사랑입니다. 아버지 '다윗'이 간음죄를 지은 것처럼 아들 '암논'도 아버지처럼 성적인 죄를 저질렀습니다.

'암논'은 자기 이복 여동생인 '다말'을 성폭행하였습니다. 아버지 '다윗' 왕과 똑같이 성범죄를 저지른 것입니다. '다윗'이 살던 시대나 오늘이나 많은 사람들이 성적인 죄를 짓고 있습니다. '암논'은 '요나답'이라는 나쁜 친구의 계략을 받아들이고 누이동생 '다말'을 침실로 유인하여 억지로 동침했다고 성경은 말씀하고 있습니다.

〈삼하 13:14〉 "암논이 그 말을 듣지 아니하고 다말보다 힘이 세므로 억지로 그와 동침하니라."

억지로 동침하는 것은 사랑이 아닙니다. 그리고 두 사람이 서로 좋아해서 동침하는 것도 부부사이가 아니라면 모두 다 죄입니다. 남자 두 사람이 서로 좋아해서 동성애를 한다면 그것도 죄입니다. (레 18:22) 참된 사랑이란 한 남자와 한 여자 그리고 하나님이 허락하신 부부사이에 이루어지는 성관계만이 참된 사랑이요 아름다운 사랑입니다.

그런데 다윗왕은 충신 '우리아'의 아내 '밧세바'를 취하여 간음

죄를 지었고 다윗의 아들 ‘암논’은 이복여동생 ‘다말’을 침실로 유인해서 성폭행을 하였습니다. 옛날이나 지금이나 성범죄가 많은 것은 사람들의 마음이 어두워졌기 때문입니다. 왜 사람들의 마음이 어두워 졌을까요? 빛이신 예수님을 모르기 때문입니다.

예수님은 빛이시기 때문에 우리가 예수님을 내 마음속에 주인으로 모시고 그 분과 날마다 교제하면 우리의 마음이 밝아집니다. 그러나 예수님과 교제하기를 게을리 하고 악한 자 마귀와 세상 것들을 너무 자주 접촉하면 우리의 마음이 어두워집니다. 마귀, 사탄이 우리의 마음속에 들어와서 더러운 생각이나 나쁜 생각을 심어줍니다.

‘암논’은 ‘요나답’이라는 간교한 친구를 가까이 하다가 성범죄를 저지르게 되었습니다. 우리는 ‘암논’처럼 나쁜 사람을 가까이 하지 말고 신앙이 좋은 사람, 성령 충만한 사람을 친구로 사귀어야 합니다.

그리고 예수님을 친구처럼 늘 가까이 해야 합니다. 성경읽기와 기도생활을 힘써야 합니다. 예수님은 빛이시고 여호와 하나님은 해와 같으신 분이십니다. 예수님을 가까이 하고 하나님을 가까이 함으로 죄를 물리치고 승리하는 저와 여러분이 되시기를 바랍니다.

〈시 84:11〉 “여호와 하나님은 해요 방패이시라 여호와께서 은혜와 영화를 주시며 정직하게 행하는 자에게 좋은 것을 아끼지 아니하실 것임이니이다.”

잘못된 사랑 2(삼하 13:14 / 2018.7.26)

다윗의 아들 ‘암논’은 이복누이 ‘다말’을 사랑하여 상사병이 났습니다. 그러다가 간교한 친구 '요나답'이 악한 계략을 제시하자 그것을 받아들였습니다. 다윗왕까지 동원하여 아픈척하고 다말을 자기 침실로 유인하여 그녀를 성폭행하고 말았습니다.

'암논'이 이렇게 성범죄를 저지른 것은 평소에 성경 읽지 아니하고 기도하지 아니한 까닭입니다. 하나님을 떠나서 내 마음대로 살았기 때문입니다. 이 세상에는 성경 읽지 아니하고 기도하지 아니하고 자기 마음대로 살다가 육체의 본능에 이끌려 이처럼 죄짓는 사람들이 많습니다. 자기마음대로 살고 되는대로 사는 것은 쉽습니다. 이것은 넓은 길을 걸어가는 것처럼 쉬운 일입니다.

'암논'이나 '압살롬'은 넓은 길을 걸어가다 망한 사람들입니다. 우리 그리스도인들은 좁은 길을 걸어야 합니다. 좁은 길은 어렵고 힘들지만 예수님이 동행해 주십니다. 넓은 길은 편하고 쉬운 길이지만 사탄과 동행하는 것입니다. 철야기도를 하거나 새벽기도 혹은 금식기도를 하는 것은 좁은 길을 걷는 것처럼 힘든 일입니다.

저는 요즘 철야기도를 조금 흉내 내고 있습니다. 밤 12시부터 새벽 5시까지 40일 구국철야 기도회를 한다고 현수막을 내걸었습니다. 하지만 5시간을 온전히 깨어 기도한 적은 첫날 하루뿐입니다. 초저녁에 잠을 한두 시간 자다가 12시에 일어난다는 것은 쉬운 일이 아닙니다. 하지만 어렵고 힘들어도 우리 그리스도인들은 철야기도, 새벽기도, 금식기도, 작정기도를 끊임없이 힘써야 합니다. 나라와 민족을 위해서, 동성애 합법화 반대를 위해서도 계속 기도해야 합니다.

기독교인들이 기도하지 아니하면 개인이 타락하고 가정과 사회, 나라가 타락하게 됩니다. 사탄이 사람들의 마음을 미혹하고 있습니다. 동성애를 존중받아야 할 사랑이라고 주장하며 정치인들을 동원하여 동성애 합법화를 추진하고 있습니다. 동성애는 사랑이 아니고 죄입니다. 부도덕한 성행위에 불과합니다. 변태입니다. 하나님은 동성애를 가증하다고 말씀하셨습니다.(레 18:22)

동성애 뿐만 아니라 간음이나 혼전성관계나 모두 다 죄입니다. 성폭행은 더욱 큰 죄입니다. 압살롬은 자기 여동생이 성폭행을 당했다고 해서 여동생을 대신하여 복수의 칼을 휘둘렀습니다. 가해자 암논을 죽인 것입니다. 압살롬은 여동생을 사랑하기 때문에 여동생 대신 정의의 칼을 휘둘렀다고 생각했겠지만 하나님 보시기에는 살인죄를 저지른 것입니다.

'암논' 도 '압살롬' 도 모두다 '다말' 을 사랑한 것이 아닙니다. 사랑은 오래 참는 것입니다. 사랑은 무례하게 행하지 않습니다. 사랑은 악한 것을 생각하지 않습니다. '암논' 이 '다말' 을 성폭행한 것도 악행이지만 '압살롬' 이 '암논' 을 죽인 것도 역시 악한 행동입니다. 다윗은 늘 기도하는 사람이었지만 '암논' 이나 '압삼롬' 은 기도하시 않고 성경 읽지 아니하고 육체의 본능대로 살다가 큰 죄를 저질렀습니다. 우리가 죄 많은 세상에서 죄짓지 않고 거룩하게 살려면 늘 깨어 기도하며 성경을 가까이 해야 합니다.

기죽지 않고 사는 법(2018.7.31)

우리 그리스도인들은 겸손해야 합니다. 하지만 기가 죽어서 무기력하고 우울한 모습으로 살아가는 것은 겸손이 아닙니다. 우리는 겸손하되 기죽지 말아야 합니다. 활기차고 기쁘게 살아야 합니다.

당당하게 살아야 합니다.

그러면 우리가 항상 기죽지 않고 당당하게 살아가려면 어떻게 해야 할까요? 예수님을 믿고 천지를 지으신 하나님 아버지께 열심히 기도를 해야 합니다. 누구든지 성경 읽고 하나님 아버지께 기도를 열심히 하면 마음속에서 우울한 생각이 사라지고 근심 걱정이 사라지고 기가 살아납니다. 기쁨이 충만해집니다.

많은 사람들이 돈만 많이 벌면 기가 살아나는 것으로 착각하고 있습니다. 아닙니다. 돈이 많아도, 재벌 회장이 되어도 예수님을 믿지 아니하고 하나님 아버지를 모르면 사소한 일에도 낙심하게 되고 기가 죽게 됩니다. 심한 경우에는 자살도 합니다. 최근에도 어떤 잘나가던 정치인이 검찰조사를 받다가 자살을 하였습니다.

그리고 교회를 다니는 기독교 신자라 할지라도 죄를 짓거나 게으르게 살면 점점 죄책감에 짓눌려 기가 죽게 됩니다. 그러나 예수님을 믿을 뿐 아니라 늘 깨어 기도하는 사람은 기가 살아나고 기쁨이 충만한 삶을 살아갈 수 있습니다.

다윗왕은 어느 날 자기 아들 압살롬이 반란을 일으켰다는 소식을 들었습니다. 백성들의 마음이 다윗을 떠나 압살롬에게로 기울었다는 소식도 들었습니다. 압살롬이 군대를 이끌고 예루살렘을 공격해 온다는 소식도 들었습니다. 그래서 다윗은 허겁지겁 예루살렘 왕궁을 비워두고 후궁 10명에게 맡기고 도망을 갔습니다. 다윗이 압살롬의 공격을 피해서 도망을 갈 때 다윗은 마음이 너무 괴로워서 눈물을 흘렸습니다.

〈삼하 15:31〉 "다윗이 감람산 길로 올라갈 때에 그의 머리를 그가 가리고 맨발로 울며 가고 그와 함께 가는 모든 백성들도 각각 자기의 머리를 가리고 울며 올라 가니라."

다윗은 아들 압살롬의 칼을 피해서 예루살렘 왕궁에서 도망 나올 때 울기만 했을까요? 아닙니다. 다윗은 울면서 기도를 했습니다.

〈삼하 15:31〉 "어떤 사람이 다윗에게 알리되 압살롬과 함께 모반한 자들 가운데 아히도벨이 있나이다 하니 다윗이 이르되 여호와여 원하옵건대 아히도벨의 모략을 어리석게 하옵소서 하니라"

하나님은 다윗의 이러한 기도를 들으시고 응답하셨습니다. 다윗의 군대가 압살롬의 군대를 이겼습니다. 다윗의 기가 다시 살아나게 되었습니다.

기죽지 않고 활기차게 살아가는 방법이 있을까요? 네, 있습니다. 그것은 예수님을 믿고 죄를 끊어버리고 거룩하게 살기로 결심하는 것입니다.

죄를 끊고 거룩하게 살면 성령 충만을 받게 되고 성령 충만을 받으면 기죽지 않고 힘차게 살아 갈 수 있습니다. 죄가 사람의 마음을 어둡게 하고 죄가 인생을 불행하게 만듭니다. 인류의 조상 아담이 하나님의 명령을 거역하여 선악과를 따먹은 이후 죄가 이 세상에 들어왔습니다.

죄를 지은 모든 인류는 하나님과 친밀한 관계가 단절되고 죽어서 영원한 지옥형벌을 받아야 하는 신세가 되고 말았습니다. 하지만 우리 인생들을 위해서 예수님께서 이 땅에 오셔서 우리 죄를 대신하여 죽으시고 3일 만에 다시 살아나셔서 온 세상의 주인이 되시고 그리스도(구세주)가 되셨습니다.

그러므로 누구든지 부활하신 예수님을 나의 주, 나의 하나님으로 믿고 그 분의 말씀에 순종하면 죄를 끊고 새 사람이 될 수 있습니다. 죄를 끊고 새로운 피조물로서 기죽지 않고 활기찬 삶을 살아가려면 다음의 성경구절을 자주 암송하는 것이 좋습니다.

〈롬 6:6〉 "우리가 알거니와 우리의 옛사람이 예수와 함께 십자가에 못 박힌 것은 죄의 몸이 죽어 다시는 우리가 죄에게 종노릇하지 아니하려 함이니"

〈롬 6:11〉 "이와 같이 너희도 너희 자신을 죄에 대하여는 죽은 자요 그리스도 예수 안에서 하나님께 대하여는 살아있는 자로 여길지어다."

〈롬 6:14〉 "죄가 너희를 주장하지 못하리니 이는 너희가 법 아래에 있지 아니하고 은혜 아래에 있음이라"

위의 성경구절을 암송하면서 죄를 끊어 버리기로 결단하면 죄를 끊을 수 있습니다. 그러나 '나는 안 돼, 나는 죄를 끊을 수 없어' 하고 포기하면 죄를 끊을 수 없습니다.

또한 우리 그리스도인들은 누구든지 기도를 힘쓰면 죄를 이길 수 있습니다. 열심히 기도하면서 성경을 읽거나 요절을 암송하면 성령충만을 받게 되어서 기죽지 않고 힘차게 살아갈 수 있습니다. 실패했어도 가난해도 기죽지 않고 힘차게 살아 갈 수 있습니다.

그리고 아래의 성경구절을 자주 암송하는 것도 큰 유익이 됩니다.

〈고후 6:8~10〉 "영광과 욕됨으로 그러했으며 악한 이름과 아름다운 이름으로 그러했느니라. 우리는 속이는 자 같으나 참되고, 무명한 자 같으나 유명한 자요, 죽은 자 같으나 보라 우리가 살아 있고, 징계를 받는 자 같으나 죽임을 당하지 아니하고, 근심하는 자 같으나 항상 기뻐하고, 가난한 자 같으나 많은 사람을 부요하게 하고, 아무것도 없는 자 같으나 모든 것을 가진 자로다."

또한 기죽지 않고 활기차게 살아가려면 하나님 아버지께 기도하기를 힘써야 합니다. 왜냐하면 하나님께서는 천지를 창조하셨고 지금도 인간의 생사화복을 주관하시기 때문입니다. 누구든지 하나님의 뜻을 거스르고 행복하게 살아갈 수 있는 사람은 없습니다.

저는 닭을 몇 마리 키우고 있습니다. 암탉 4마리에 수탉 1마리입니다. 그런데 제가 닭장에 계란을 가지러 갔을 때 가끔 수탉이 주인인 저에게 달려들어 종아리를 할퀴거나 주인과 싸우자고 덤벼들 때가 있습니다. 그러면 제가 몽둥이로 죽지 않을 만큼 두들겨 팹니다. 수탉이 머리가 나쁜지 주인에게 덤벼들다가 많이 맞았음에도 불구하고 여전히 덤벼들 때가 있습니다.

이 세상에는 수탉처럼 멍청한 인생들이 많습니다. 하나님의 계명을 어기고 하나님께 기도하지 않고 자기 멋대로 살아가는 사람은 수탉 같은 인간입니다. 우리 인생들은 하나님께로부터 지음 받은 피조물입니다. 그러므로 당연히 주인 되시는 하나님께 여쭈어 보고 하나님의 뜻에 순종하며 살아야 합니다.

그런데 우리 인간들이 하나님의 계명을 어기고 하나님께 기도하지 않고 사기 멋대로 살면 마귀, 사탄에게 미혹되어 죄를 짓게 되고 죄책감에 짓눌려서 기가 꺾이게 됩니다. 그러므로 기죽지 않고 활기차게 살아가려면 날마다 하나님께 기도하며 성경을 읽으며 하나님의 말씀대로 순종하며 살아야 합니다.

최근에 저는 길거리에서 전도지를 나누며 노방전도를 하다가 어떤 남자를 만났습니다. 그는 부인에게 이혼을 당하고 직장도 잃었습니다. 자살을 시도한 적도 있다고 합니다. 저는 그 남자에게 이렇게 말했습니다.

“선생님, 예수님을 믿으세요. 지금까지 예수님을 믿지 않고 마음대로 사시다가 실패를 경험하셨으나 지금이라도 예수님을 믿으시면 희망이 있습니다. 부활하신 예수님을 주인으로 믿으시고 하나님 아버지께 간절히 기도하면 가정이 회복될 수 있습니다."

하나님은 전능하신 분입니다. 하나님께는 불가능이 없습니다. 인간의 생각으로 불가능해 보여도 하나님은 다 하실 수 있습니다. 그러므로 우리는 여러 가지 어려운 일을 만났을 때 낙심하지 말고 하나님께 부르짖어야 합니다.

〈렘 29:12~13〉 "너희가 내게 부르짖으며 내게 와서 기도하면 내가 너희들의 기도를 들을 것이요 너희가 온 마음으로 나를 구하면 나를 찾을 것이요, 나를 만나리라"

기도해서 응답받으면 기가 살아납니다. 기도를 통하여 하나님 아버지와 친밀함을 누리는 사람은 기죽지 않고 힘차게 세상을 살아갈 수 있습니다.

또한 기죽지 않고 힘차게 살아가려면 술을 멀리 해야 합니다. 얌전하고 온순하던 사람이 술을 마시면 갑자기 기가 살아서 아무에게나 큰소리치고 주위를 시끄럽게 하는 사람이 있습니다. 술의 힘을 빌려서 평소에 하지 못하던 말을 함부로 하고 술의 힘을 빌려서 폭행을 휘두르거나 거친 행동을 하는 사람들이 있습니다.

이러한 습관은 아주 좋지 못한 습관입니다. 술을 마시지 않고도 기가 살아나고 기쁘고 활기차게 살아가는 방법이 있을까요? 있습니다. 그것은 바로 예수님을 믿고 성령 충만을 받는 것입니다. 그래서 성경은 이렇게 말씀하고 있습니다.

〈엡 5:18〉 "술 취하지 말라 이는 방탕한 것이니 오직 성령으로 충만함을 받으라"

술을 마시는 사람들은 처음에는 상대방의 권유에 의해, 혹은 분위기에 휩쓸려 한두 잔 마시다가 나중에는 술에 취해 정신을 잃게 되고 중대한 실수도 하고 범죄도 저지르게 됩니다. 그러므로 술은 처음부터 아예 입에 대지 않는 것이 좋습니다. 우리 그리스도인들은 술에 취하지 말고 성령 충만을 받아야 합니다. 술에 취하면 대부분 가족을 힘들게 하고 주위 사람들에게 피해를 줍니다. 그리고 술을 많이 마시고 길거리에 오물을 토해 놓으면 여러 사람의 눈살을 찌푸리게 합니다.

작년에 전라도 어느 섬마을에서는 남자 주민 3명이 초등학교 여교사와 함께 저녁 식사 후 술을 함께 마시다가 여교사를 성폭행한 사건이 발생하여 이슈가 되었던 적이 있습니다. 이처럼 우리나라는 술에 취해서 이웃을 해치는 사건이 많이 일어나고 있습니다. 그러나 예수님을 믿고 성령 충만을 받으면 이웃을 사랑하게 되고 착한 일을 하고 싶어지고 전도하고 싶은 마음이 생겨나게 됩니다.

그러므로 이 글을 읽으시는 분 중에서 술을 아직 끊지 못한 분이 계시면 오늘부터 술을 끊으시기로 결심하시기를 바랍니다. 술을 끊으려면 술을 끊겠다고 단호하게 결심해야 합니다. 그리고 성경을 열심히 읽으며 기도를 열심히 하고 모든 예배에 적극 참석하면 누구든지 술을 끊을 수 있습니다.

〈잠 23:29~35〉 "재앙이 뉘게 있느뇨 근심이 뉘게 있느뇨 분쟁이 뉘게 있느뇨 원망이 뉘게 있느뇨 까닭 없는 상처가 뉘게 있느뇨 붉은 눈이 뉘게 있느뇨 술에 잠긴 자에게 있고 혼합한 술을 구하러 다니는 자에게 있느니라. 포도주는 붉고 잔에서 번쩍이며 순하게 내려가나니 너는 그것을 보지도 말지어다. 그것이 마침내 뱀 같이 물 것이요,

독사 같이 쏠 것이며, 또 네 눈에는 괴이한 것이 보일 것이요, 네 마음은 구부러진 말을 할 것이며, 너는 바다 가운데에 누운 자 같을 것이요, 돛대위에 누운 자 같을 것이며, 네가 스스로 말하기를 사람이 나를 때려도 나는 아프지 아니하고, 나를 상하게 하여도 내게 감각이 없도다. 내가 언제나 깰까 다시 술을 찾겠다 하리라"

며칠 전 국민일보에 이러한 기사가 실렸더군요.

"밤의 황제에서 목사로…… 가난한 어르신들을 섬기다, 10년째 효도관광봉사, 서울 늘사랑교회 이강호 목사, 대형카바레 열고 잘 나갈 때 사냥, 골프, 술에 빠져 이혼위기, 간절히 매달린 기도로 새 삶 얻어……"

이강호(72세) 목사님은 국내 최대 규모였던 경기도 부천 맘모스 카바레를 운영하다가 모든 것을 청산하고 지금은 목회를 하고 있으며 1m 27cm 높이의 나지막한 다락방에서 13년째 살고 있다고 합니다.

저는 이 기사를 가위로 오려서 저희 감천교회 게시판에 붙여 놓았습니다. 요즘 목사님들 중에는 비난받는 목사님들도 많지만 이강호 목사님은 참으로 훌륭하신 목사님이라 생각됩니다. 아마 개척교회인 것 같은데 무료급식을 열심히 하고 어르신들 효도관광도 시켜드린다고 하니 대단하신 분임에 틀림없는 것 같습니다. 그리고 교회를 24시간 개방하고 있는 것도 참 훌륭한 일입니다.

저는 이 분을 만나 뵌 적은 없지만 아마 술집 사장 노릇할 때보다 지금이 훨씬 더 행복하고 기죽지 않고 기쁘게 생활하실 것이라고 생각합니다. 술이나 사냥, 골프, 영화, 노래방, 각종 취미생활이 사람을 행복하게 만들어 주지 못합니다. 스마트폰도 마찬가지입니다. 스마트폰이 우리에게 참된 만족을 가져다주지 못합니다. 요즘 교인들도 스마트폰에 중독되어서 예배를 온전히 드리지 못하는 경우가 많습니다.

감림산 기도원을 비롯해서 "뜨레스띠아스"라는 영성훈련에 참가하면 스마트폰을 사용하지 못하게 합니다. 첫날 시작하기 전에 스마트폰과 신분증, 지갑, 자동차 열쇠까지 압수하여 3박 4일 집회가 다 끝나고 집에 돌아갈 때 돌려 줍니다.

그러므로 여러분께서도 교회에 와서 정말 은혜를 받고 싶다면, 정말 예배를 잘 드리고 싶다면 교회에 오실 때에 스마트폰을 집에 두고 혹은 자동차 안에 두고 오시길 바랍니다. 우리 한 번 따라해 보실까요?

"나는 다음 주부터 예배드리러 교회에 올 때에 스마트폰을 집에 두고 오겠습니다!"

예배시간에는 시계도 보지 말고 오직 예배에만 집중해야 은혜를 받을 수 있습니다. 예배시간에도 수시로 스마트폰을 만지거나 들여다보는 사람은 사탄이 틈을 타게 되고 온전한 예배를 드릴 수 없습니다. 예배를 드리는 사람이 되어야지 예배를 구경하는 사람이 되어서는 안 됩니다.

스마트폰이나 술이나 여러 가지 취미생활이 우리에게 잠시 기쁨을 주는 것 같지만 그것은 진정한 기쁨이 아닙니다. 참된 기쁨은 오직 예수님만이 주실 수 있습니다. 기죽지 않고 활기차게 살고 싶습니까? 그렇다면 스마트폰이나 세상 것을 멀리하고 성경책을 가까이 하고 기도를 열심히 해야 합니다.

또한 기죽지 않고 살고 싶다면 십일조를 드려야 합니다. 예수님을 정말 믿는다면 천국과 지옥이 정말 존재한다고 믿는다면 십일조를 드려야 합니다. 왜냐하면 물질을 드리는 곳에 내 마음도 따라가기 때문입니다.

〈마 6:21〉 "네 보물 있는 그 곳에는 네 마음도 있느니라."

예수님은 우리의 죄를 대신하여 죽으시기까지 하셨습니다. 그러므로 우리에게 수입 모두를 바쳐라 하여도 우리는 바쳐야 합니다. 그런데 수입의 십분의 일과 봉헌물을 드리라 하셨으니 얼마나 감사한 일입니까?

그런데 많은 사람들이 내가 땀을 흘리며 내가 수고해서 돈을 벌었으니 수입 모두를 내 것이라 생각하고 나를 위하여 내 마음대로 쓰는 사람들이 많습니다.

십일조를 드리지 않고 내 마음대로 쓰면 항상 돈이 모자라고 늘 돈 걱정이 사라지지 않습니다. 그런데 십일조를 온전히 드리면 마음이 편안해지고 든든해지고 하나님께서 채워주시는 것을 자주 경험하게 되고 신앙생활이 활기차고 재미있습니다.

〈말 3:8~10〉 "사람이 어찌 하나님의 것을 도둑질 하겠느냐 그러나 너희는 나의 것을 도둑질하고도 말하기를 우리가 어떻게 주의 것을 도둑질하였나이까 하는도다. 이는 곧 십일조와 봉헌물이라 너희 온 나라가 나의 것을 도둑질하였으므로 너희가 저주를 받았느니라. 만군의 여호와가 이르노라. 너희의 온전한 십일조를 창고에 들여 나의 집에 양식이 있게 하고 그것으로 나를 시험하여 내가 하늘 문을 열고 너희에게 복을 쌓을 곳이 없도록 붓지 아니하나 보라."

십일조는 하나님의 주권을 인정하는 행위입니다. 주일성수와 십일조는 신앙생활의 기본입니다. 주일성수와 십일조생활을 제대로 하지 않는 교인은 진실한 교인이라고 말할 수 없습니다. 하나님을 정말 사랑하는 사람은 십일조 때문에 시험 들지 않습니다. 그러나 예수님보다 돈을 더 좋아하는 사람들은 십일조가 아까워서 드릴 수 없습니다.

〈마 6:24〉 "한 사람이 두 주인을 섬기지 못할 것이니 혹 이를 미워하고 저를 사랑하거나 혹 이를 중히 여기고 저를 경히 여김이라 너희가 하나님과 재물을 겸하여 섬기지 못하느니라"

기죽지 않고 힘차게 살고 싶으신가요? 그렇다면 하나님께 온전히 십일조를 드려 보세요. 그렇게 하면 기가 살아나고 담대한 믿음을 얻게 될 것입니다.

그리고 말씀 암송도 유익합니다. 대구에 있는 엠마오 교회는 1년에 한 번씩 성경말씀을 암송하면서 하루에 30km씩 걸으면서 신앙수련회를 한다고 합니다. 3박 4일 동안 대구 시내 외곽 변두리 107km의 거리를 한 바퀴 돌면서 말씀암송도 하고 중보기도를 한다고 하네요.

며칠 전 국민일보에 기사가 실렸더군요. 오후에는 너무 더워서 쉬고 오전에 그리고 밤에 많이 걷는다고 합니다. 걸으면서 성경말씀을 암송한다고 하니 힘도 들겠지만 한편으로는 재미있을 것 같습니다. 아마 건강에도 좋으리라 생각됩니다. 걷기와 말씀 암송 중에서 한 가지를 택하라고 한다면 우리 그리스도인들은 당연히 말씀 암송을 선택해야 하겠지요. 성경을 열심히 읽거나 암송하면 자신감이 생기고 기가 살아납니다.

저는 인간적으로 생각하면 실패도 많이 경험하고 자랑할 만한 것이 없습니다. 그래서 저는 자서전을 쓸 때에도 실패하고 죄 지은 것밖에 쓸 것이 없더군요. 그래서 '자서전'보다는 '참회록'이라는 말이 더 어울릴 것 같습니다. 저의 '자전에세이' 책 제목은 오늘 설교제목과 똑같이 "기죽지 않고 사는 법" 이렇게 붙이려고 하는데 여러분 생각은 어떻습니까? 하여간 기도를 부탁드립니다. 기도를 열심히 하고 또한 성경을 열심히 읽거나 암송을 하면 우리 마음이 긍정적으로 변화됩니다. 기가 살아나고 우울한 생각이 사라집니다. 질병도 치료됩니다.

실패를 많이 했어도, 가난할 지라도 말씀을 자주 암송하면 희망이 생기고 기가 살아납니다. 자동차 운전할 때에도 약속시간보다 넉넉하게 일찍 출발하여 성경을 암송하면서 운전하면 과속도 하지 않게 되고 즐거운 여행을 할 수 있습니다.

또한 성경을 암송하면 처음사랑을 회복하게 됩니다.

〈계 2:4~5〉 "그러나 너를 책망할 것이 있나니 너희 처음사랑을 버렸느니라. 그러므로 어디서 떨어졌는지를 생각하고 회개하여 처음 행위를 가지라 만일 그리하지 아니하고 회개하지 아니하면 내가 네게 가서 네 촛대를 그 자리에서 옮기리라"

사랑하는 성도 여러분! 기도와 말씀 암송으로 처음 사랑을 회복합시다. 불평이나 모든 사물을 항상 삐딱하게 바라보는 마음은 사탄이 가져다주는 삐뚤어진 마음일 가능성이 많습니다. 우리는 감사한 마음을 회복해야 합니다. 처음사랑을 회복해야 합니다. 착하고 좋은 마음을 회복해야 합니다.

〈눅 8:15〉 "좋은 땅에 있다는 것은 착하고 좋은 마음으로 말씀을 듣고 지키어 인내로 결실하는 자니라."

말씀을 암송하면 은혜를 받게 되어 착하고 좋은 마음을 갖게 됩니다. 그리고 착하고 좋은 마음은 주님 안에서 기죽지 않는 마음입니다.

십일조 드릴까 말까 (2018.8.15)

옥토 밭 신자는 착하고 좋은 마음으로 말씀을 듣고 지키어 인내로 결실합니다. 옥토 밭 신자는 하나님의 말씀에 순종함으로 마음에 기쁨이 넘쳐납니다. 옥토 밭 신자는 십일조를 드리라는 말씀에도 기쁨으로 순종합니다.

〈말 3:10〉 "만군의 여호와가 이르노라. 너희의 온전한 십일조를 창고에 들여 나의 집에 양식이 있게 하고 그것으로 나를 시험하여 내가 하늘 문을 열고 너희에게 복을 쌓을 곳이 없도록 붓지 아니하나 보라"

옥토 밭 신자는 십일조 뿐만 아니라 십의 이조, 십의 삼조 드리는 것도 아까워하지 않습니다. 옥토 밭 신자는 모든 것을 다 드리고 싶어 하고 생명까지도 드리고 싶어 합니다. 그런데 가시떨기 신자는 이생의 염려와 재물과 향락에 기운이 막혀 온전히 결실하지 못합니다.

〈눅 8:14~15〉 "가시떨기에 떨어졌다는 것은 말씀을 들은 자이나 지내는 중 이생의 염려와 재물과 향락에 기운이 막혀 온전히 결실하지 못하는 자요, 좋은 땅에 있다는 것은 착하고 좋은 마음으로 말씀을 듣고 지키어 인내로 결실하는 자니라."

어떤 교인들은 교회에서 십일조나 헌금에 대해서 설교하면 아주 싫어합니다. 헌금설교를 싫어하는 교인들은 옥토 밭 신자가 아닐 가능성이 많습니다. 옥토 밭 신자들은 헌금에 관한 설교도 좋아 합니다.

"내가 어려운 중에도 십일조와 봉헌물을 열심히 드리고 있으니 천국에 가면 상급이 크겠지"하면서 마음이 설렙니다.

저는 서울에서 개척교회를 하다가 월세를 내지 못하고 결국 개척한지 2년 만에 교회 문을 닫은 적이 있습니다. 그 때 엎친대 덮친

격으로 폐결핵까지 걸려서 아주 어려웠던 적이 있습니다. 그래서 유명한 대형교회 목사님을 찾아가서 도움을 청한 적이 있습니다. 하지만 거절을 당하고 결국 교회 문을 닫았습니다. 그리고 이웃에 있는 조금 큰 교회에 평신도의 신분으로 등록하고 예배에 참석하곤 했습니다. 그런데 어느 날 그 교회의 담임목사님이 건축헌금을 하라고 작정을 시키더군요.

저희 부부는 그 당시 반 지하 단칸방에 살면서 조금 부담스러운 금액을 작정하고 제 아내가 보험설계사로 혹은 빌딩 청소부로 일하면서 작정 헌금을 드리느라 고생을 많이 했습니다. 저도 몸이 아픈 상태였지만 액세서리 장사를 하면서 돈을 벌어 조금 보탰습니다.

그 당시 저희 부부는 힘들기도 했지만 한편으로는 마음속에 천국의 소망이 넘쳐났습니다. 옥토 밭 신자는 하나님의 사랑에 늘 감사합니다. 하나님의 아들이신 예수님이 내 죄를 대신하여 십자가에 못 박혀 죽어주신 그 큰 사랑에 감격합니다. 어려운 중에도 십일조와 각종 헌금을 드리는 것이 기쁩니다.

여러분은 십일조 드릴 때에 아깝다는 생각이 듭니까? 아니면 십일조를 드릴 수 있다는 사실이 감사하고 행복합니까? 십일조를 온전히 드리는 사람은 기쁨이 넘쳐납니다. 십일조를 드리는 신자는 믿음이 흔들리지 않습니다. 그리고 십일조를 드리면 쓸데없이 나가는 불필요한 지출을 막아주시는 것을 경험하게 됩니다. 십일조를 온전히 드리며 기도하는 사람은 성령 충만을 받게 됩니다. 십일조를 온전히 드리는 신자는 기죽지 않고 활기차게 신앙생활을 할 수 있습니다.

저는 십일조를 잘 바치는 교인들에게 더 세게 복을 빌어주고 싶습니다. 왜냐하면 십일조 바치는 교인들이 수입이 늘어나면 교회에 바치는 십일조 액수도 늘어나게 되니까 교회 재정이 저절로 풍성해지기 때문입니다.

저희 영양 감천교회는 변기가 하나 뿐인 교회 화장실 변기가 고장난지 여러 달 되었습니다. 일반 가정집에도 화장실이 두 개인 가정이 많습니다. 그런데 저희 감천교회는 현재 사택 화장실 변기 1개만 정상으로 작동되고 있습니다.

저는 수년전 안동에 있는 어떤 큰 교회 문 앞에서 화장실을 찾지 못해서 옷을 입은 채로 설사한 적이 있습니다. 그래서 저희 감천교회는 조그만 시골 개척교회이지만 예배실도 화장실도 항상 개방하고 있습니다. 그런데 변기가 하나뿐인 교회 화장실을 향하여 누가 걸어가는 모습이 보이면 마음이 조마조마 합니다. 넘칠까봐 마음을 졸이게 됩니다.

우리 감천교회 교인들 중에 누가 물질의 복을 많이 받아서 십일조를 오백 만원이나 천만 원 정도를 바치는 사람이 있다면 하나 뿐인 교회 화장실 변기를 수리할 뿐만 아니라 변기를 한두 개 더 설치할 수 있을 것 같습니다. 그러므로 저희 감천교회 교인들 중에서 십일조 드리는 사람에게 더 많이, 더 세게 축복기도를 해준다고 해서 질투하거나 시기하지 말고 긍정적으로 해석해 주시기를 바랍니다.

저는 가끔 가까운 영양병원에 전도하러 갑니다. 영양 병원은 서울에 있는 유명한 대형교회인 명성교회에서 운영하고 있기 때문에 병실에 다니면서 마음껏 전도할 수 있습니다. 그래서 저는 명성교회에 대해서 그리고 영양병원에 대해서 고마움을 느끼고 있습니다. 매월 약간의 선교비도 지원받을 뿐만 아니라 저희 감천교회 전도지도 병원입구에 비치해 놓을 수도 있고 병실에 다니면서 전도도 할 수 있기 때문입니다.

그래서 저는 대형교회를 나쁘게 생각하지 않습니다. 그런데 교인들 중에서도 대형교회를 무조건 나쁘게 생각하고 비판하는 사람들이 있습니다. 그러한 사람은 마음이 비뚤어진 가라지 신자(쭉정이 신자, 가짜신자)가 아닐까요? 알곡신자, 옥토 밭 신자는 크든지 작든지 교회를 긍정적으로 생각하고 십일조도 긍정적으로 생각하고 기쁘게 잘 바칩니다. 십일조를 기쁜 마음으로 잘 바치는 신자들은 기죽지 않고 활기차게 신앙생활을 할 수 있습니다.

글을 마치며(Epilogue)

이 책을 쓸 수 있도록 모든 과정에 돕는 손길을 붙여 주신 하나님께 감사드리며 영광을 돌립니다. 하지만 저는 책을 처음 써보는 것이라 서툴고 부족한 점이 많았습니다. 목회를 하면서 매주 설교준비를 하면서 책을 쓰려니 시간을 확보하기가 쉽지 않았습니다. 그래서 많은 부분이 전도지와 블로그에 실었던 글을 그대로 실을 수 밖에 없었습니다. 양해를 부탁드립니다.

이 책의 앞부분에는 저의 어린 시절과 청년시절의 죄와 허물을 참회하는 마음으로 기록하였습니다. 21세 때 예수님을 확실히 믿게 되고 27세 때부터 시작된 저의 목회생활은 실패와 고난의 연속이었습니다.

하지만 실패와 고난 속에서 좌절을 느끼기도 했지만 고난 중에서도 하나님의 사랑을 순간순간 체험하며 행복했던 시간들이 훨씬 많았습니다. 지나고 보니 고난이 저에게 오히려 유익했음을 알게 되었습니다.

〈시 119:71〉 “고난 당한 것이 내게 유익이라 이로 말미암아 내가 주의 율례들을 배우게 되었나이다.”

고난을 통해서 겸손을 배우게 되었고 고난을 통해서 예수님을 믿게 되고 더욱 하나님을 의지하게 되었습니다. 아무쪼록 이 책을 통해서 한 사람이라도 예수님을 믿으시고 구원받기를 바라는 마음 간절합니다.

그리고 이 땅에서의 삶이 끝나고 천국에 이르렀을 때 하나님께로부터 “착하고 충성된 종”이라는 칭찬을 듣게 된다면 얼마나 좋을까요?(마 25:23)

하늘나라의 상을 바라보며 저도 사도바울처럼 남은 삶을 복음전파를 위해서 열심히 끝까지 달려가고 싶습니다.

〈행 20:24〉 내가 달려갈 길과 주 예수께 받은 사명 곧 하나님의 은혜의 복음을 증언하는 일을 마치려 함에는 나의 생명조차 조금도 귀한 것으로 여기지 아니하노라”

기죽지 않고 사는법

인쇄일 2019년 3월 30일
발행일 2019년 3월 30일

지은이 김병옥
발행인 김화인
펴낸곳 도서출판 조은
편집인 김진순
주소 서울 중구 을지로20길12 405호(인현동1가, 대성빌딩)
전화 (02)2273-2408
팩스 (02)2272-1391
출판등록 1995년 7월 5일 등록번호 제2-1999호
ISBN 979-11-88146-37-6
정가 15,000원